JN245229

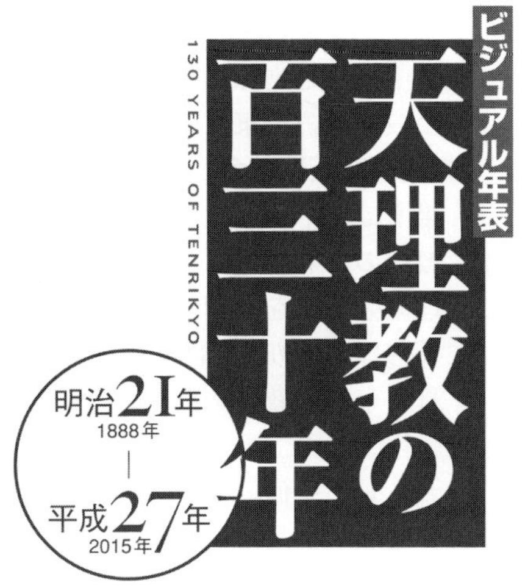

凡　例

★この年表は、教祖がお姿をかくされた翌年の明治21年（立教51年＝1888年）、つまり教会本部設置から、平成27年（立教178年＝2015年）までの天理教の主な出来事を収録したものである。

★参考のために、下段に日本と世界の出来事をまとめて付した。

★日本の出来事の欄の、歌「……」、本『……』、映「……」は、その年に流行した歌、本、映画を示す。

明治 21 年

立教51年／1888年

教祖1年祭執行
神道直轄天理教会設立

3.8（陰正.26）　**教祖1年祭。**
　櫟本警察分署、祭典中止を命じる。

3.9　天理教会設立につきおさしづ伺い。
　「ぢば一つ理は、独り立ち出来てあるのやで。今一時の所を変えて」。安堵村飯田宅で、教会設立の協議。

3.30　真柱中山眞之亮様ら教会設立のため東京へ出発。

4.7　教会設立願書を東京府庁に提出。

4.10　**「神道直轄天理教会」東京府知事**（高崎五六）**より認可。**
　場所は、下谷区北稲荷町42番地（現、台東区東上野＝東大教会のある場所）。

7.23　**天理教会本部をお屋敷に移転。**
　「ぢばがありて、世界治まる」（7.2　おさしづ）。8月5日、東京の教会本部は出張所となり、のち東分教会設立。

7.24　神殿増改築。
　おさしづを伺い、つとめ場所に南接して、ぢばを取り込んで着工。10月落成。

11.1　**『みかぐらうた』本、本部より公刊。**

11.29（陰10.26）　**天理教会本部開筵式。**

11.30　神道天理教会規約制定。

本部より初めて公刊された『みかぐらうた』本　東京で印刷された

おぢばに移転後の本部神殿　「つとめ場所」の南に続けてぢばを取り込んで建てられた

明治21年・1888年

日　本

4.25　市制・町村制公布（翌年4月から順次施行）。

4.30　枢密院設置（議長伊藤博文）、第1次伊藤内閣から黒田清隆内閣へ。

6.18　雑誌『日本人』が高島炭鉱の惨状告発を開始、世論沸騰。

7.15　磐梯山大噴火、死者477人。

10.27　皇居の造営落成、宮城と改称。

11.5　狩野芳崖没（死の直前まで「悲母観音」の筆を執る）。

11.30　メキシコと修好通商条約調印（最初の対等条約）。

12.4　香川県が愛媛県から分離（43県がそろう）。

この年　『東京朝日新聞』『大阪毎日新聞』創刊。
　秋、川上音二郎「オッペケペー節」を演じる（明治24年ごろ、全国に大流行）。

世　界

5.13　ブラジルで奴隷制廃止。

6.15　ドイツ皇帝にウィルヘルム2世即位。

明治22年

立教52年／1889年

部属教会の地方庁認可第1号

1月　奈良県王寺村馬坂山道切り下げ工事ひのきしん。
おぢば帰りのための道造り。通称、天理街道。延べ5000人参加。

2．5　**郡山分教会が奈良県の認可を受ける。**
部属教会の地方庁認可の第1号。

5月　本席の新宅完成。
のち永尾よしゑ（本席の長女）宅となる。

9月　名張街道岩屋ケ谷開削工事。
初代真柱様先頭に、延べ3600人がひのきしん。

10.17　**別席は9カ月9回の運びとなる。**
おさづけの理を頂きたいと願い出た者に対して、別席で取次人が神様の話を9回取り次ぐことになる。

11．7　三年千日のおさしづ。
明治24年に迎える教祖5年祭を前に。「ひながたの道を通らねばひながた要らん。ひながたなおせばどうもなろうまい。……僅か千日の道を通れと言うのや。……三年の間や」。

………………………………………………………………

4．1　町村制実施により奈良県山辺郡山辺村誕生。
丹波市、三島、川原城など20カ村合併。明治26年9月、山辺村は丹波市町となる。

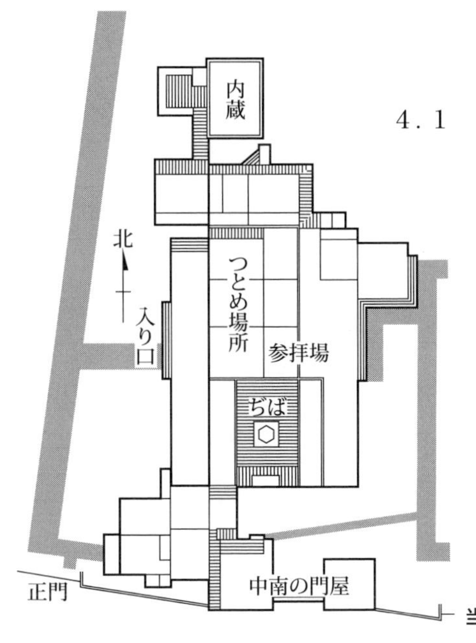

当時の本部の様子

明治22年・1889年

日　本

2．11　大日本帝国憲法（明治憲法）発布、皇室典範制定、衆議院議員選挙法など公布。
森有礼文相が刺される。翌日没。

5．31　新聞『日本』が『ロンドンタイムズ』の大隈外相の条約改正案の論評を訳載、反対運動のきっかけとなる。

7．1　東海道線全通（新橋－神戸間）。片道約20時間。

10.13　富山県魚津で米騒動、窮民2000人が参加（以後各地で農民騒擾増加）。

11.21　木挽町に歌舞伎座開場。

12.24　三条首相・大隈外相の免官発令、第1次山縣有朋内閣成立。

この年　日本法律学校（のちの日本大学）創立。

世　界

7．14　パリで国際労働者大会開催。22カ国の社会主義組織の代表が参加、国際社会党（第2インターナショナル）成立。

この年　パリ万博。エッフェル塔建設。

明治23年

立教53年／1890年

別席制度の確立
初代真柱様、
たまへ様と結婚

1.13　**別席制度が確立し初試験始まる。**
「貰うたとてじいと納してある者もある。……たゞさづけだけ貰うた、これでよいという者もある。……心の宝を求めて居て、世上の理を通る。これは不愍じゃな」（1.13おさしづ）。

3.17　**お守りについてのおさしづ。**
これまで、教祖の衣類（赤衣）をお守りに使っていたが、みな出し尽くしてしまった。「守いつ／＼続かさにゃならん。……赤き着物に仕立てゝ供え、これをお召し更え下されと願うて、それを以ていつ／＼変わらん道という。……さあ／＼これまで住んで居る。何処へも行てはせんで、何処へも行てはせんで。日々の道を見て思やんしてくれねばならん。……夏なれば単衣、寒くなれば袷、それ／＼旬々の物を拵え、それを着て働くのやで。姿は見えんだけやで、同んなし事やで、姿が無いばかりやで」。

10.13　教祖伝編纂につきおさしづ。

12.7（陰10.26）　**真柱眞之亮様**（24歳）**、中山たまへ様**（13歳）**と結婚。**

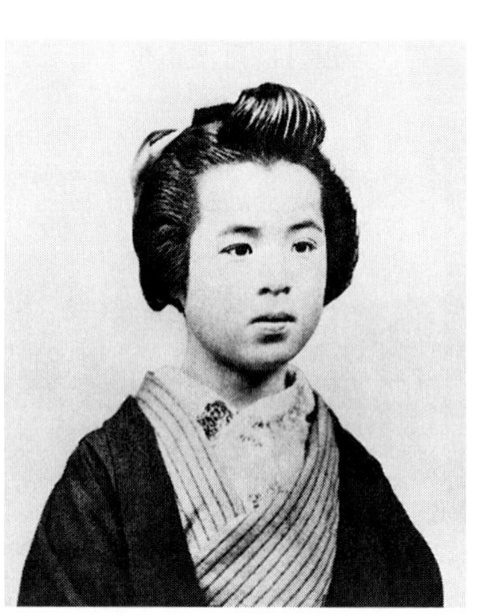

眞之亮様（上）とたまへ様　教内のだれもが待ち望んだ２人の結婚式は秋季大祭の当夜、盛大に執り行われた

明治23年・1890年

日　本

4.4　ラフカディオ・ハーン（小泉八雲）来日。９月、松江中学教師となる。

5.17　府県制・郡制各公布（郡制は町村制施行後、府県制は郡制・市制施行後に施行）。

7.1　第１回総選挙（大同倶楽部55、改進党46、愛国公党35議席）。

10.24　初代貴族院議長に伊藤博文を任命。

10.30　「教育ニ関スル勅語」（教育勅語）発布。

11月　第１回帝国議会開く。

12.4　北里柴三郎がジフテリア及び破傷風の血清療法を発見。

12.23　東京盲唖学校の石川倉次らが日本訓盲点字を完成。

この年　『国民新聞』創刊。

世　界

3.20　ドイツでウィルヘルム２世の要求でビスマルクが宰相を退く。

7.29　オランダの画家ゴッホがピストル自殺。

明治24年

立教54年／1891年

教祖5年祭執行
『道の友』創刊

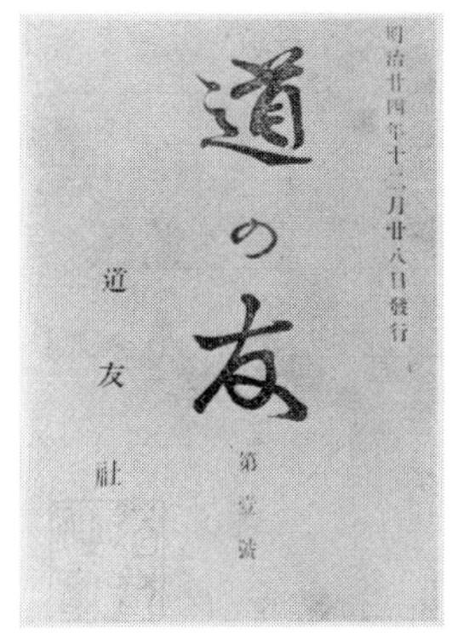

『道の友』創刊号（四六判）

3．6（陰正.26）　**教祖5年祭。**
教団として初めての教祖年祭。8日まで。参拝者延べ10数万人。

4．6　神道本局直轄1等教会に昇格。
天理教会は明治18年5月に神道本局から直轄6等教会として設置認可を受け、22年5月に3等教会に昇格していた。

12.14　濃尾大地震に際し災害復興ひのきしん隊出動。
11月1日の本部慰問使に続いて、和歌山の南海支教会が名古屋方面に30数人を派遣。ここから、のちの東愛大教会が始まる。

12.28　**機関誌『道の友』創刊。**
この年8月4日「教会にて雑誌発刊致し度きに付伺」に対してのおさしづ。「さあ〳〵どういう事も心得て働いてくれ。十分許し置く。他に一つ見て一つ成程という中に、こんな事も言う。又々の事情のため治まるである。そら心置き無う働いてくれるがよい」。
月刊。発行所として道友社が誕生。1部3銭5厘（まんじゅうが1個1銭）。25年3月9日、逓信省より第3種郵便物認可。

この年　真柱宅新築。

5年祭当時の主立った人々（前列左より、井筒梅次郎、桝井伊三郎、鴻田忠三郎、初代真柱様、前川菊太郎、辻忠作、宮森與三郎、増野正兵衞　中列左より、板倉槌三郎、松村吉太郎、平野楢蔵、山中彦七、山澤為造、高井猶吉、篠森乗人、上村吉三郎、梅谷四郎兵衞　後列左より、飯降政甚、永尾楢治郎、橋本清、山本利三郎、清水與之助）

明治24年・1891年

日　本

3．8　神田駿河台のニコライ堂開堂式。
3．24　度量衡法公布（明治26年1月1日施行、単位は尺貫）。
5．6　第1次松方正義内閣成立。
5．11　大津で巡査津田三蔵が来日中のロシア皇太子に斬りつける（大津事件）。
9．1　日本鉄道、上野－青森間全通。
10.28　岐阜・愛知県一帯に濃尾大地震（M8.0）、全壊焼失14万2177戸、死者7273人。
12.22　樺山海相が海軍省経費削減に反対し薩長政府の力を誇示する演説を行う（蛮勇演説）。
この年　岩手県に小岩井農場設立。

世　界

3．29　アレクサンドル3世がシベリア鉄道建設の勅書を発布（5月31日着工）。

明治 25 年
立教55年／1892年

教祖墓地、豊田山へ改葬

1.26　教祖墓地新設につきおさしづ。

6.30　御札、御供（ごく）などにつきおさしづ。

（御供の事伺）「所々にて重い軽いの理は無く……さあ〳〵それはもうその通り、大切にせにゃならんで。掴（つか）んで喰（た）べるようではならん。大切が第一。大切にすればするだけ、重々の理に増すと言うて置こう」。

7.5　**豊田山墓地工事始まる。**

連日2000人余のひのきしん。

12.7　**豊田山墓地完成。**

12.13（陰10.25）　**教祖墓地、善福寺から豊田山へ改葬。**

参拝者10数万人。

12.20　**天理教一派独立につき真柱様ら東京へ。**

この年　大二階建築。

教会設立143カ所、総計193カ所。

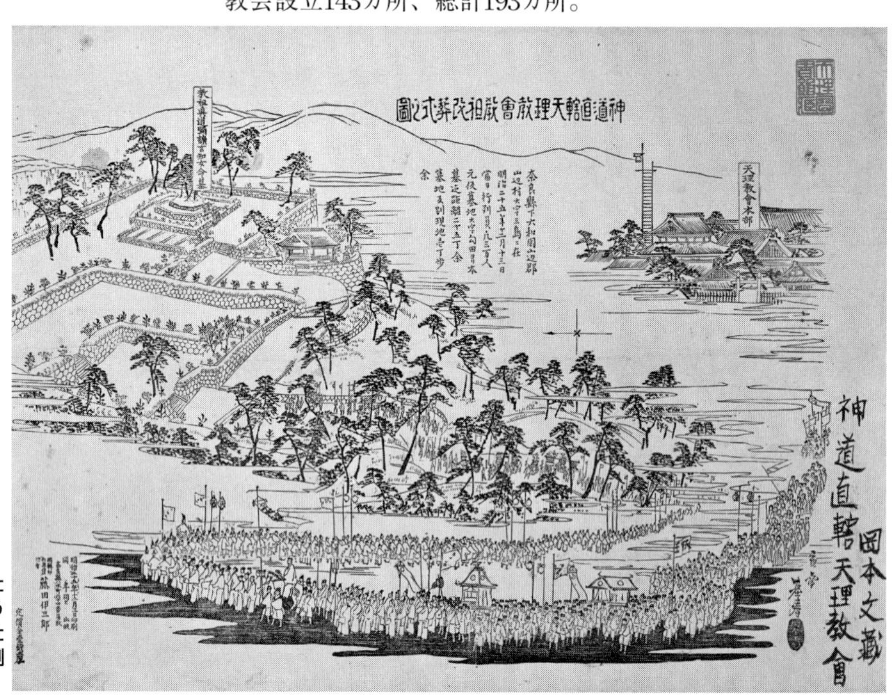

教祖墓地改葬の予想図
カメラの普及していなかった明治、大正時代にはこのような絵図が私製市販されていた
右図は明治25年12月３日印刷と記されている

明治25年・1892年

日　　本

1月　久米邦武の論文「神道は祭天の古俗」が問題化（3月4日、久米は帝大教授を辞職）。

2.3　出口ナオが京都府綾部郡で大本教開教。

2.15　第2回総選挙。選挙干渉で各地に騒擾。

7.30　松方首相、閣内不統一のため辞表提出。

8.8　第2次伊藤博文内閣成立。

8.20　古在由直が渡良瀬川流域の土壌を分析、「足尾銅山鉱毒研究」発表。

11.1　黒岩涙香が『万朝報』創刊。

11.30　軍艦千島が英国ラヴェンナ号と衝突し沈没、乗組員70人余溺死、政府は英船の責任追及（千島艦事件）。

世　　界

2.22　米国で人民党結成。

8.17　露・仏間に軍事協約成立（三国同盟に対抗し、独・伊の対仏攻撃、独・墺の対露攻撃に際して、相互に全面援助を行うことを約束）。

この年　米で最初のガソリン・エンジン自動車完成。

海外布教の嚆矢

6.13　**神殿ふしんのおさしづ願い。**
教祖10年祭を前に「分支教会長より本部普請の事情議決に付願」をするが、「天然というは、縄を張って何間何尺定めたるようなもの」と神の計画は大要定まっているものの、「急いてはいかん」とお許しなし。

6月　お屋敷で一致幼年会結成。

7月　山名分教会の奥羽（東北）布教開始。
明治35年ごろまで続き延べ70人の布教師が東北6県と北海道へ。80余カ所の教会設置をみた。

10.17　おたすけと医薬につきおさしづ。
「薬を以て治してやろうと言うやない。脈を取りて救けるやない。医者の手余りを救けるが台と言う。……病人を放って置いてはならん。こゝらにはそういう者はあろうまいなれど、もし千に一つでもありては道の疵、教の理に無き理である。医者の手余りと言えば、捨てもの同様である。それを救けるが教の台と言う」。

12.3（陰10.26）　**本席、新築なった御用場**（本部の南＝南屋敷）**に移る。**

この年　**髙知分教会の里見治太郎・半次郎父子が韓国**（釜山）**布教へ、海外布教の嚆矢となる。**

里見半次郎　里見父子が布教に奔走したのは日清戦争前の日韓関係厳しい最中だった

本席の御用場　本席は明治40年の出直しまでこの部屋で伺いの「おさしづ」を下し、「おさづけ」を渡した（祭壇は後のもの）

明治26年・1893年

日　本

1.12　衆議院で軍艦建造費削除の予算案を決議。政府不同意。

1月　文芸雑誌『文学界』創刊。

2月　詔書を発し文武官に製艦費の補助を下命。

3.20　海軍大尉郡司成忠らが千島探検に出発。

7.8　閣議で条約改正案・交渉方針を決定（内地雑居を認め領事裁判権放棄など）。

9.10　富岡製糸場を三井に払い下げ。

この年　御木本幸吉が半円真珠の養殖に成功。津村順天堂開店、婦人薬（中将湯）を発売。山高帽子普及。バケツの使用始まる。

世　界

1.14　ハワイで米人支援のクーデター起こる。リリウオカラニ女王、新憲法公布。

1.17　ハワイに臨時政府が樹立され、王制廃止を宣言（翌年、共和国となる）。

この年　ノルウェーのナンセンが北極探検に出発。エジソンが映画を発明。

明治27年
立教57年／1894年

一般教会の礼拝「目標(めど)」、本部より下付

4.10　**米国人D・C・グリーン博士来訪、のち『天理教』刊行。**

「東京牛込市ケ谷仲ノ町に居を占めらるゝデシグリーン氏は客月中旬本部に参拝し親しく部員に向つて教祖の御履歴教理等を聞かれその上豊田西の森なる教祖の御墓所に参拝してひたすら感動を起し帰京されたりと　同氏は頗(すこぶ)る宗教学に熱心の聞へ高き人の趣きなるが帰京の後も書翰(しょかん)を寄せて教理を聞かれしこと再三なりしと」(『道の友』5月号)。同氏の『天理教』は外国人による天理教紹介書の最初。

4月　**本席が中国・四国を巡教。**

9日から25日まで。そのうち四国は香川・多度津から愛媛・三津浜までV字型に4県を横断した。

10.12　**一般教会の礼拝「目標」を本部より一定して下付。**

この年　教会数547、教師数1万3316人。

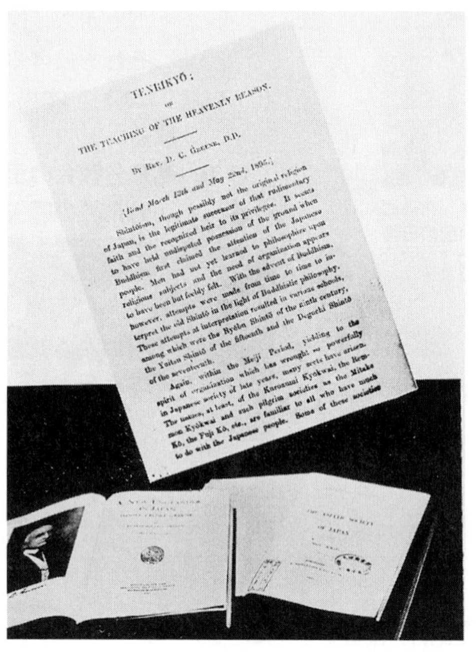

D・C・グリーンの『天理教』

明治27年・1894年

日　本

3.9　天皇大婚25年記念祝典、最初の記念切手発行。

6.6　清国が日本に朝鮮出兵を通告。翌日、日本が清国に朝鮮出兵を通告。

7.4　日本基督教会が、『Japanese Bride』で日本の恥を紹介したとして田村直臣の牧師の資格を剥奪（日本の花嫁事件）。

7.16　日英通商航海条約調印。

7.25　日本艦隊が豊島沖で清国艦隊攻撃。8月1日、清国に宣戦布告（日清戦争）。

8.25　北里柴三郎がペスト菌を発見。

9.17　連合艦隊が清国北洋艦隊と遭遇、5艦を撃沈（黄海海戦）。

世　界

1.4　露仏同盟正式に成立。

3.28　日本へ亡命していた朝鮮の政治家金玉均が上海で暗殺される。

3.29　朝鮮の全羅道で東学党蜂起。

7.4　ハワイ臨時政府がハワイ共和国成立を宣言。

明治28年

立教58年／1895年

信者詰所のはじまり
反対攻撃激化

2月　**内務省社寺局の呼び出しで松村吉太郎ら東京へ。**
天理教の悪評記事の件で尋問受ける。この前後から反対攻撃盛ん。

2月　本部青年鴻田利吉（25歳）、諸井政一（18歳）ら4人が大分県佐賀関へ布教。

3.10　**教祖殿新築につきおさしづ。**
（教祖御霊殿本部北寄りで六間に八間の建物建築致し度きにより願）「十年経っても、未だ教祖建家無いとは更々思うな。……親の内は地所さい拡がりたら十分。建家住家して居りても、多くの子供戻るぢば無うてはどむならん」。

8月　水原事件。
新潟県水原村で反対者らが暴行。

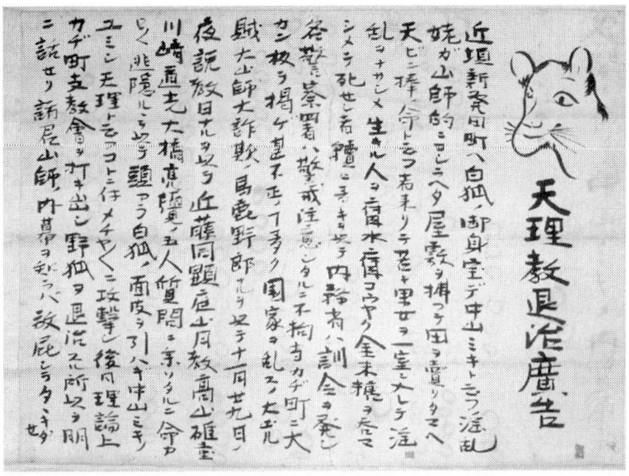

悪口雑言の限りを尽くした「天理教退治広告」　明治30年ごろ同じ新潟の新発田に貼られたもの　道の信仰者集団を恐れる反対運動が盛んだった

8.31　**兵神講社取扱事務所**（信者詰所）**ふしんにつきおさしづ。**
「普請は皆ざあとするのやで。ざあとして、これではいかんとすれば、又するのやで。さあ〳〵許し置こう」。
再三教祖殿のふしんを願うが「をやという、子供という、子供十分さしてをやが楽しむ」「（教祖殿の普請は）未だ不都合やで〳〵」（11.14）とお許しが出ず、信者詰所のふしんが先行。教祖10年祭を前に本部周辺に兵神、山名、高安、船場、河原町、北、郡山、中河の8カ所の詰所ができる。

12.16　教祖仮殿の敷地地ならしのひのきしん始まる。

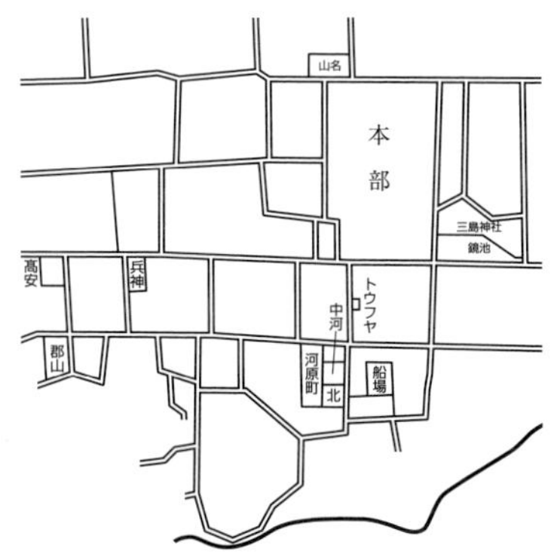

明治29年ごろの詰所配置図

明治28年・1895年

日　本

2.1　京都電気鉄道開業（電車営業のはじめ）。

3.15　平安遷都1100年を記念して平安神宮創建。

4.17　日清講和条約（下関条約）調印。

4.23　三国干渉。独、仏、露3国公使、遼東半島の清国への返還を勧告する覚書提出。

8月　台湾総督府設置。

9.18　住友銀行設立認可（住友吉左衛門の個人経営、本店大阪）。

この年　博文館より雑誌『太陽』（総合雑誌の最初）『少年世界』『文芸倶楽部』創刊。銀座に洋食屋煉瓦亭開店（カツレツ考案、大当たり）。樋口一葉「たけくらべ」「にごりえ」発表。

世　界

7.6　朝鮮で閔妃ら、露公使と結んでクーデター。親日派を追放し、親露派を登用。

10.8　日本人壮士・軍隊が大院君を擁してクーデター、閔妃を殺害。

この年　ドイツのレントゲンがX線を発見。

明治29年
立教59年／1896年

教祖10年祭執行
内務省訓令発令

2.29　教祖10年祭の日取りにつきおさしづ。
「二十六日というは、始めた理と治まりた理と、理は一つである。……さあ〳〵二十六日は夜に出て昼に治まりた理」。

3.9（陰正.25）　**教祖10年祭。**
神殿北側に20間に10間の仮祭場を設けて執行。翌日は春季大祭。参拝者15万人。大阪鉄道会社は往復割引切符を発売（当時、大阪から奈良まで開通）。

4.6　**内務省訓令甲第12号発令。**
当局の取り締まり厳しくなり、東京・中央新聞などが本教を淫祠邪教と攻撃文を掲載（長期連載）。
訓令の趣旨は①医薬妨害②寄付強制③男女混淆で、全国の警察に秘密裏に天理教を取り締まるよう通達したので、「秘密訓令」とも呼ばれた。

内務省訓令甲第12号　（『稿本中山眞之亮伝』から）

近来天理教ノ信徒ヲ一堂ニ集メ、男女混淆動(やや)モスレバ輒(すなわ)チ風俗ヲ紊(みだ)ルノ所為ニ出デ、或ハ神水神符ヲ付与シテ愚昧ヲ狂惑シ、遂ニ医薬ヲ廃セシメ、若クハ紊リニ寄付ヲ為サシムル等、其ノ弊害漸次蔓莚ノ傾向有之、之レヲ今日ニ制圧スルハ最モ必要ノ事ニ候条、将来ハ一層警察ノ視察を厳密ニシ、時宜ニ依ツテハ公然会場ニ臨ミ、若クハ陰密ノ手段ヲ以テ非行ヲ抉摘シ、其刑法警察令ニ触ルルモノハ直チニ相当ノ処分ヲ為シ、又其ノ然ラザルモノハ、必要ニヨリテハ祈禱説教ヲ差止メ、若クハ制限スル等臨機適宜ノ方法ヲ用ヒテ、其取締ヲ厳重ニシテ殊ニ金銭募集ノ方法ニ付テハ最モ注意ヲ周密ニシ、且其ノ状況ハ時々報告スベシ、尚神仏各宗派ニシテ禁厭祈禱、風紀並ニ寄付金ニ関シ天理教会ニ譲ラザル弊害アルモノモ可有之、是亦同様ノ取締ヲ為スベシ

明治二十九年四月六日　　　　内務大臣　芳川顕正

明治29年・1896年

日　本

3.7　沖縄県の郡区編成及び沖縄県区制を公布。
3.24　航海奨励法、造船奨励法公布（大型鉄鋼汽船に対し奨励金を交付）。
3月　山川健次郎・水野敏之丞らがそれぞれX線による写真撮影に成功する（レントゲン写真の初め）。
6.6　黒田清輝らが白馬会創立。
6.9　山縣有朋特派大使が露外相ロバノフと朝鮮に関する議定書に調印（朝鮮財政の共同援助、軍隊創設、電信線管理など。山縣・ロバノフ協定）。
6.15　午後7時半、三陸沖で大地震発生（津波により死者2万1959人、流失1万余戸）。
8.28　伊藤博文、内閣不統一で辞表提出。
9.1　新橋－神戸間に急行列車運転開始。所要時間は4時間短縮され17時間22分。
9.18　第2次松方正義内閣成立。22日、大隈重信を外相に任命、松隈内閣といわれる。
10.1　川崎造船所設立（のちの川崎重工業）。

4.21　内務省訓令につきおさしづ。

「心さえしっかりして居れば、働きをするわ〳〵。反対する者も可愛我が子、念ずる者は尚の事。なれど、念ずる者でも、用いねば反対同様のもの。……泥水の間は、どんな思やんしてもどうもならん。……いかんと言えば、はいと言え。ならんと言えば、はいと言え。どんな事も見て居る程に〳〵」。

5.18　**内務省訓令につき連日会議。おさしづに基づき次の改革を決議。**

①朝夕のおつとめは「あしきをはらうて」をやめ「ちよとはなし」と「かんろだい」にする。

②月次祭にはお面を机上に置き男のみで勤め、鳴物は男のみで女鳴物は改器なるまで見合わせる。

③守礼（目標）は神鏡に改める。

④天理王命の神名は天理大神と称する。

7.2　6月に起こった三陸大津波に対し義援金を全教から募り送付する。

7.26　船場分教会の玉置仙太郎、アメリカ布教へ。

11.1　神道本局より通達。

「向う三箇年間、普通教会及講社結成を停止す」。

この年　教会数1348カ所。

明治21年から29年までの教会設立数（累計）

21年	22年	23年	24年	25年	26年	27年	28年	29年
2	13	27	50	193	351	547	930	1348

（『第3回天理教統計年鑑別冊』から）

11.23　樋口一葉没（24歳）。

11.25　神戸・神港倶楽部でキネトスコープ興行。活動写真の始まり。

この年　赤痢で2万2356人、腸チフスで9174人死亡。小林富次郎がライオン歯磨き発売。東京で朝顔栽培流行。

世　界

4.6　第1回近代オリンピックゲーム、アテネで開催（4月15日まで、13カ国・285選手）。

5.26　ニコライ2世の戴冠式（1891年、大津事件で切り付けられた皇太子）。

6.3　露・清間に日本の攻撃に対する共同防衛と、東清鉄道に関する条約調印。

8.26　フィリピンでアギナルドの率いる独立要求の武装蜂起。1898年に米西戦争が起こり、アメリカ軍の支援を受けてスペインから独立するも、パリ条約によりアメリカの領有となる。

この年　仏のベクレルが放射能（ウラン鉱）を発見。

明治30年
立教60年／1897年

安堵事件、前橋事件起こる

1.11　皇太后崩御で、30日間国中喪につき歌舞音曲停止のため、朝夕のおつとめ・月次祭は鳴物を用いず。
(別席3日間休務などいずれも)「応法(おうぼう)の理に委(まか)せ置こう」(1.15　おさしづ)。

6月　**安堵(水屋敷)事件。**
奈良県生駒郡安堵村の教会本部準役員・平安支教会長飯田岩治郎が神様が下がると言って異説を唱えた事件(6月3日におさしづ伺い)。水のさづけを頂いていた飯田が、こちらは水屋敷で本部は火屋敷、水は火に勝つのだから自分の屋敷こそ中心地であると主張した。本部ではおさしづを伺いながら協議を重ねた結果、11月、飯田を免職し、同支教会を移転(生駒郡竜田)することで落着。
(飯田岩治郎だん〳〵相つのりしに付、処分方に付願)
「ものというは、放って置いて大事無いものと、害になるものとある。放って置いて為になるものなら、放って置いてもよい。……二所も三所も出来るものなら、元のやしきは要らんもの。元分からんから、そういう事するのや。……今日の日は一寸(ちょっと)片付けて、すっきりして了(しま)うがよいで」
(11.13　おさしづ)。

7.18　山名分教会長諸井國三郎ら台湾布教へ

11.20(陰10.26)　**秋季大祭より九つの鳴物のうち三味線を薩摩琵琶に改器。**
「皆寄り合(お)うて、喜ぶ心を以てすれば、神は十分守護するとさしづして置く。鳴物は許そ〳〵」(11.20　おさしづ)。

12.4　**橋本清本部理事辞職。**
前橋事件……秘密訓令後、安堵事件と相前後して、教会本部内の前川菊太郎、橋本清両本部理事が相次いで辞職した事件。秘密訓令後、意見が容れられず心を腐らした橋本が明治29年9月に辞表を提出、12月には前川も同調した。同32年、橋本は『天理教会の内幕』を出版。

…………………………………………………………………

3.26　丹波市郵便局で電報取り扱い開始。

薩摩琵琶　胡弓も八雲琴(3弦)に改器

明治30年・1897年

日　本

1.1　尾崎紅葉「金色夜叉」読売新聞に連載開始。
3.3　足尾銅山鉱毒被害民800人が上京し各方面に請願運動開始。
3.29　貨幣法公布(純金の量目2分を1円とする。金本位制の成立)。
4.1　台湾銀行法公布(1899年設立)。
6.22　京都帝国大学設立。従来の帝国大学を東京帝国大学と改称。
8.29　島崎藤村『若菜集』刊。
11.6　大隈外相辞任、進歩党は内閣と絶縁。
12.25　志賀潔が赤痢の病原体を発見。
この年　俳句雑誌『ほとゝぎす』創刊。

世　界

4.5　オーストリアで言語令公布。ドイツ語と諸民族語の使用範囲を定める。
6.16　米・ハワイ間に併合条約調印、翌年よりアメリカ合衆国の主権下に入る。
この年　ドイツのブラウンがブラウン管発明。

明治31年
立教61年／1898年

婦人会結成につきおさしづ
別席台本作成

2.27　前川菊太郎本部理事辞職。

3.25　**婦人会結成につきおさしづ。**

「婦人会始め掛け。……婦人会というは何のためにするのや。義理でするやない。又人間の体裁でするやない。又世上に対してするやなし」（「増野いと身上願」に対して出されたお言葉）。続いて「男女の隔て無いという理は、重々の理に諭したる。……この道、男だけで、女は世界へ出さんのか。婦人会という、一日の日を以て研究さしてみよ。出けるか出けんかさしてみよ」（3.30）。

5.12　**別席台本作成につきおさしづ。**

「各人まち〳〵では、どうもならん。一手一つに、しっかり元の理を諭せ。とのお言葉を頂いて、取次全員、教祖からお教え頂いた処を書いて、眞之亮に提出し、眞之亮の手許に於て、一冊の台本に取りまとめ、親神様の思召を伺うて決定したものが、現行の台本である」（『稿本中山眞之亮伝』）。

7.28　学校設置につきおさしづ。

「一時道理として許し置こう、許してやろう」。

8.3　**一派独立につきおさしづ。**

（天理教別派独立運び方の願）「心さえ綺麗な心持って居れば、綺麗な道が付く。あちらこちらから、十分旨(うま)い事言うて来る。旨い事言うて来ても直きに取らりゃせん。……綺麗な道は急(せ)いてはいかん。急いては綺麗とは言えん。成って来るが綺麗なもの」。

…………………………………………………………………

5.11　奈良（京終(きょうばて)）－桜井間に奈良鉄道開通。丹波市駅（現ＪＲ天理駅）営業開始。

明治31年・1898年

日　本

1.12　第3次伊藤博文内閣成立。
1.20　元帥府条例公布。山縣有朋、彰仁親王、大山巖、西郷従道に元帥の称号授与。
6.22　自由・進歩両党合同し憲政党結成。
6.30　大隈重信内閣成立（首相兼外相大隈・内相板垣、いわゆる隈板内閣）。
8.21　文相尾崎行雄の共和演説。
11.8　第2次山縣有朋内閣成立。
12.18　上野公園の西郷隆盛像除幕式（高村光雲作）。
この年　東京美術学校騒動、日本美術院創設。

世　界

4.20　アメリカがキューバの独立戦争に介入し米西キューバ戦争始まる。12月10日終結、パリ講和条約調印。
9.21　戊戌の政変が起こり、西太后実権を握る。
この年　中国の半植民地化激化。

一派独立運動始まる

2月　**金米糖御供について風説盛んなため内務省大阪衛生試験所に検査依頼。**

28日付で「本品ハ一モ有害性物質ヲ含有セサルヲ以テ衛生上害ナキモノトス」と検査結果が出る。

5.21　神道本局管長稲葉正善、初代真柱様に天理教一派独立を勧める。

「貴教は、明治二十七年の本局が負債のため閉局しようというような窮状に陥った時、その負債償還の道を講じたるのみならず、その後は又、本局の敷地を寄付し、その上建築の際には普請監督となってこれを成功せしめ、昨年管長選挙の際にも一方ならぬ尽力をしてくれられたため、今日では本局も一教派として立派に面目を保つ事が出来るようになった。然るに、貴教も追々隆盛になり、今日に於ては、もう十分教派として立つ資格が出来たのみならず、元来本局と天理教とは、教義を異にする点もあるから、この際、独立の請願をした方がよかろう、と思う。いよ〳〵独立請願をされるという事になれば、本局は何時なりとも、喜んで添書する」（『稿本中山眞之亮伝』）。

5.30　**一派独立運動始まる。**

「事情は世界の理に結んでも、尚々元々紋型無き処より始め掛けた一つの理を以て、万事括り方治め方結び方という。……ぢば始めた理というは容易やないで。世上世界の理と一つに成ってはならん。……尋ねた事情、成る成らんはさて措き、一箇年二箇年では鮮やかな事情は見られようまい。さあ〳〵始め掛け。ぼつ〳〵始め掛け」（5.30　おさしづ）。

以降、並行して一派独立のための教内の環境づくりが進む。

8.9　**第1回一派独立請願書を内務省宗教局に提出。**

天理教校設立請願書を奈良県庁に提出。

9月26日付で認可。

明治32年・1899年

日　本

1.15　『中央公論』発刊（明治20年創刊の『反省雑誌』を改題）。

2月　東京－大阪、東京－神戸間に長距離市外電話回線開通。

3.14　正岡子規が根岸短歌会を始める。

5.25　山陽鉄道で初めて食堂車を使用。

7.17　改正条約実施による外人内地雑居の初日、米人ミラーが横浜の酒屋で内外人3人を殺害。8月19日、死刑判決（外国人裁判のはじめ）。

8.3　私立学校令公布。文部省は公認の学校において宗教上の儀式・教育を禁止。

8.4　日本麦酒会社が東京・銀座にビヤホール開店。

8.15　森永太一郎が赤坂でキャンディー・ケーキの製造開始（森永製菓のおこり）。

10.15　浅草に初の常設水族館できる。

この年　ペストで45人死亡（ペスト流行のはじめ）。

松村吉太郎　初代真柱様とともに一派独立運動に奔走　当時32歳だった

一派独立運動の経緯

明治25.12.20	一派独立につきおさしづ伺う。
31. 8. 3	同おさしづ伺う。
32. 5.30	一派独立運動始まる。
6.14	松村吉太郎、清水與之助（34年5月出直し）を交渉委員に任命。
8. 9	第1回請願書提出。
33. 2.27	増野正兵衛、松村吉太郎を請願委員に任命。
3. 6	当局より教義、組織改善要求を受ける。
10.22	請願書、訂正のため取り下げ。
34. 6.27	第2回請願書提出。
36. 1.11	請願書取り下げ。
5.27	衆議院へ天理教解散請願書が提出される。
37. 8. 1	第3回請願書提出。 松村吉太郎を全権委員に任命。
8.13	請願書取り下げ。
12.16	第4回請願書提出。
38.11.	金米糖事件で独立請願に支障。
12.18	独立請願一時見合わせ。
39.12.20	請願書取り下げ。
40. 6.21	真柱様と松村上京、独立請願につき折衝。
41. 3.20	第5回請願書提出。
7. 1	真柱様上京、促進運動。
7.	西園寺内閣総辞職し、もう一歩のところで頓挫。 松村必死の奔走で再び好転。
11.27	一派独立認可。

世　界

2. 4	フィリピンで反米武力闘争開始。
3月	山東で義和団蜂起。 列強による中国分割競争が激化し、ドイツの進出がはげしかった山東省で呪文を唱え拳法を武器とする秘密結社義和団が勃興。1900年に入って義和団の活動は中国全土に広がり、列国は軍隊を派遣して北京に入城。殺人・暴行・略奪の末に義和団を鎮圧。
5.18	ハーグで第1回万国平和会議開く（7月29日まで。26カ国参加。国際紛争の平和的解決、戦争法規の確定、国際仲裁裁判所の設置などを決める）。
9. 6	米国務長官ヘイが英・独・露に中国の門戸開放覚書を通告。11月13日に日本、17日にイタリア、21日にフランスに通告。
10.11	南アフリカ（ボーア）戦争始まる。
この年	中国の敦煌石窟で経典数千巻発見。トルストイ「復活」。

明治33年
立教63年／1900年

天理教校開校

4.1　**天理教校開校式。**
校主・中山新治郎（眞之亮＝初代真柱様）、校長・山中彦七、入学者110人。本部南の北詰所を仮校舎とする。
（開校式執行に付御許し願）「応法（おうぼう）世界の理は心に持って、道は一つやで／＼。成るも道成らんも道、成って来るは道、ぼつ／＼が道。最初から大きなものは無い。大きなものは末は枯れ掛けたるようなものや。ぼつ／＼掛かるがよい」（3.30　おさしづ）。
《学則》第1条・本校ハ神道教師ヲ養成スルヲ目的トス　第4条・本教校ノ修業年限ヲ四箇年トス而シテ毎学年ニ順次壹級ヲ卒ルモノトス　第12条・本教校第1年級ニ入ラントスル者ハ高等小学校卒業者ニ限リ試験ヲ要セズ又同等ノ学力ヲ有スルモノト認ムルモノハ試験ノ上之ヲ許ス　第20条・授業料ハ1カ月50銭トス
《科目》倫理　歴史　皇典　国語　漢文　作文　地理　数学　礼式　習字　体操（1週28時間）

5.17　独立運動の一環として大阪朝日新聞記者・宇田川文海を招き『道の友』の一新に着手。

8.1　**当局より教義、組織改善要求を受け、天理教教規、天理教教典、天理教礼典、教祖系伝、教務本末、御神楽歌釈義などを編纂**（逐次請願書に追加提出）。

この年　教内の活気取り戻し、秋季大祭には別席者数万人。

明治33年・1900年

日　本

3.10　治安警察法公布（労働運動、農民運動も規制）。
5.10　「〽汽笛一声新橋を……」の『地理教育鉄道唱歌』第1集出る。
6.15　閣議で清国に陸軍派遣を決定。
6.16　金光教、神道本局より独立。
9.14　津田梅子が女子英学塾を設立。
10.19　第4次伊藤博文内閣成立。
12.5　吉岡弥生が私立東京女医学校を開設。
12.25　熊本第九銀行支払停止に陥り、九州金融界混乱。以後、全国に波及し中小銀行の倒産続出。
この年　泉鏡花「高野聖」発表（2月）。『明星』創刊（4月）。滝廉太郎作曲「四季」発表（11月）。

世　界

6月　北京で義和団事件（北清事変）おこる。8月14日、連合軍が北京総攻撃を開始。

土持ちひのきしんの人波が続く

4．6　本部北側空地で大日本赤十字社山辺郡第1回総会。同所で山辺郡各小学校大運動会。

4．10　教導職尋常試験実施。

5．8　**天理教校土持ちひのきしん始まる。**

本部西に1万7000平方メートルの土地を買収。校舎新築工事にあたり地ならしのため、真柱様家族はじめ職員、生徒、本部家族ら総出の土持ちひのきしんが続く。初めての学校ということで、近県の信者も連日馳せ参じる。

6．27　第2回一派独立請願書提出。

12．30　山名分教会高室清助、清国廈門（アモイ）布教へ。

明治34年・1901年

日　本

1．1　慶應義塾で午前0時から19・20世紀の送迎会開催（「20世紀」の語が流行）。

2．3　福沢諭吉没（67歳）。

2．5　官営の八幡製鉄所火入れ式、操業開始。

4．29　裕仁親王（昭和天皇）誕生。

5．18　幸徳秋水、安部磯雄、片山潜らが社会民主党結成（20日禁止）。

6．2　第1次桂太郎内閣成立。

6．21　前逓信大臣星亨が東京市役所で刺殺される。

8．15　鳳（与謝野）晶子の歌集『みだれ髪』刊。

12．10　田中正造が足尾銅山鉱毒事件で天皇に直訴。

この年　高峰譲吉がアドレナリン発見。

世　界

1．1　オーストラリア連邦発足。

1．22　ヴィクトリア英女王没。

9．7　義和団事件最終議定書（辛丑条約）調印。

12．10　第1回ノーベル賞授賞式。物理学賞はドイツのレントゲンに。

明治35年
立教65年／1902年

全国に10教区を置き教区制度始まる

開校式当日の天理教校

1.7　天理教校校舎落成奉告祭及び開校式挙行。

6.25　内務省宗教局の勧告により、本部は教会内の共同生活解散の「達」を出す。

7.13　**全国に10教区を置くにつきおさしづ。**

「修理肥は何処までもせにゃならん。蒔き流しでは、何も取れるものやない。修理肥というはせにゃならん」。

7.29　教会所取締条規、神道管長認可。

《条規》第１条・本教会部属ノ分支教会所出張所布教所ノ教務一切ヲ監督スル為メニ教務取締員ヲ置キ其条規ヲ定ム

第１教区＝奈良　大阪　和歌山　兵庫　京都　三重（取締員・増野正兵衛）
第２教区＝滋賀　岐阜　愛知　静岡　山梨（同・山澤為造）
第３教区＝東京　神奈川　埼玉　茨城　千葉　群馬　栃木（同・山中彦七）
第４教区＝福島　宮城　秋田　山形　岩手　青森（同・板倉槌三郎）
第５教区＝北海道（同・板倉槌三郎）
第６教区＝長野　福井　石川　富山　新潟（同・高井猶吉）
第７教区＝岡山　広島　鳥取　島根　山口（同・桝井伊三郎）
第８教区＝徳島　香川　愛媛　高知（同・桝井伊三郎）
第９教区＝福岡　大分　佐賀　長崎　熊本　宮崎　鹿児島　沖縄（同・喜多治郎吉）
第10教区＝台湾（同・喜多治郎吉）

…………………………………………………………………

11.16　三島郵便受取所開設。

明治35年・1902年

日　本

1.1　京都に明治座開場（松竹の始まり）。

1.23　青森歩兵第５連隊第２大隊が八甲田山で耐寒雪中行軍中に遭難（210人中199人凍死）。

1.30　日英同盟協約をロンドンで調印。

9.2　東京専門学校が早稲田大学と改称。

9.19　正岡子規没（35歳）。

12.2　国勢調査に関する法律公布（第１回は大正９年に行われ、以後５年ごとに実施）。

12.17　小学校教科書の採択をめぐる府県担当官と教科書会社との贈収賄事件の一斉検挙を開始。

この年　西本願寺の大谷光瑞らがロンドンから中央アジア仏跡探検に赴く。小学校の就学率が初めて90％を上回る。

世　界

4.8　ロシアと清国が満州条約調印（ロシアは満州からの撤兵を約束するが第１期撤兵のみ履行し、以後履行せず）。

5.20　キューバが実質的な米保護国として独立。

『天理教教典』(明治教典)編纂

『天理教教典』(明治教典)
章立ては以下の通り

第一　敬神章
第二　尊皇章
第三　愛国章
第四　明倫章
第五　修徳章
第六　祓除章
第七　立教章
第八　神恩章
第九　神楽章
第十　安心章

2月　甲府支教会神沢常太郎、サンフランシスコ布教へ。

5.29　**一派独立請願書類として『天理教教典』**(明治教典)**を編纂。**

（教典提出致しますと申し上げ）「さあ〳〵出すものは出したがよい〳〵。まあ〳〵出したからとて〳〵何も分からん者ばかりや」(5.29　おさしづ)。

神名の一つ「大斗之地之命」(たいしよく天)を「大日孁命」（天照大神）に変え、総称して「天理大神」とする。

同教典は本部員松村吉太郎が中心となり、国学者井上頼圀、逸見仲三郎が執筆、神道学者宮地巌夫が校閲。印刷は数千冊を東京で、続いて数千冊を大阪で行った。

5.29　衆議院に天理教禁止解散の請願書が提出されたことにつきおさしづ。

「さあ〳〵直ぐ〳〵行って来るがよい。どんな事も話して来るがよい。隠し包みは、すっきり要らんで、要らんで」。

8.10　教典普及のため「天理唱歌」作成、出版。

8.18　**第1回教師講習会。**

神道天理教会教師講習会規程に基づき、翌年にかけ各地でも順次連続長期の講習会を開催、教典の普及徹底を図る。

12.13　最初の「諭達」。

「神道天理教会長大教正中山新治郎」名で、天理教教典編纂、頒行などに関して。

明治36年・1903年

日　本

5.22　一高生藤村操が日光華厳の滝に投身自殺。

6.10　東京帝大教授7人が政府の対露方針に反対して建議書を提出（7博士事件）。

9.30　祇園芸妓加藤ゆきが米人モルガンに身請けされ、モルガンお雪と評判になる。

10.12　内村鑑三、幸徳秋水、堺利彦らが開戦論に転じた朝報社を退社。

11.15　幸徳秋水、堺利彦らが平民社を結成し週刊『平民新聞』を創刊、非戦論と社会主義を唱導。

11.21　第1回早慶対抗野球試合が行われる。

12.28　第1・第2艦隊を合わせ連合艦隊を編成（司令長官東郷平八郎）。

この年　日本法律学校を日本大学、明治法律学校を明治大学、和仏法学校を法政大学と改称。

世　界

4.18　ロシアが清国に満州撤兵条件として7項目の要求を提示。清国拒絶。

12.17　アメリカのライト兄弟が初飛行に成功。

明治37年
立教67年／1904年

御供が金米糖から洗米に代わる

2.13　日露戦争に関する諭達発布。

3月　**天理教婦人会活動のはしり。**

日露戦争の軍人遺族、戦死者等の救済に従事（傷病兵慰問など）。

4.10　**御供(ごく)は金米糖から洗米に代わる。**

御供は、初めはハッタイ粉（麦こがしに砂糖の入ったもの）で明治11年に金米糖に代わったが、不思議なたすけが続出したため、天理教攻撃の材料になっていた（明治32年参照）。独立運動に際し、明治34年ごろから宗教局の廃止勧告を受け、35年7月におさしづを伺ったがお許しは出ず、再度37年3月29日から金米糖を洗米に改めるにつきおさしづを伺いながら協議を重ねた結果、4月3日お許しを頂く。

（洗米御供幾粒ずつにして包めば宜しきや願）「御供というは大変の理なる。……さあ〳〵何も御供効くのやない。心の理が効くのや。気の休め、心の理の休まりに出したるものや」（押して、三つまみ入れて三粒入れますものか）「世界何と言うたて、おめも恐れもするやない。ほんの凌(しの)ぎに出すのや〳〵。……多くの中不思議やなあ、不思議やなあと言うは、何処から見ても不思議が神である。これだけ一寸言うて置こう」（4.3　おさしづ）。

8.1　第3回一派独立請願書提出。

12.16　第4回一派独立請願書提出。

明治37年・1904年

日　本

2.6　日露国交断絶を通告。

2.8　陸軍は朝鮮の仁川に上陸開始、連合艦隊は旅順港外のロシア艦隊を攻撃。

2.10　ロシアに宣戦布告（日露戦争）。

2.23　日韓議定書調印。

8.22　第1次日韓協約調印。

12.5　二〇三高地占領。

この年　新潮社創立、『新潮』創刊。

専売煙草発売。敷島8銭、大和7銭、朝日6銭（口付き20本入り）、スター7銭、チェリー6銭（両切り10本入り）。

世　界

1.23　韓国が日露戦争に対して中立を宣言（2月12日、清国も）。

8.14　第2インターのアムステルダム大会で日露戦争の反対を決議。

明治38年
立教68年／1905年

中山正善様（2代真柱様）誕生
金米糖事件おこる

4.23　**中山正善様誕生。**

11月　**青森県南津軽郡で金米糖事件。独立請願に影響及ぼす。**

金米糖事件……病人のおたすけに行った婦人布教師が風呂敷包みに金米糖を持っていて、警察が分析するとモルヒネが入っていたというもの。金米糖御供（ごく）は37年、洗米に変更されていたが、遠隔地のためこの布教師はそれを知らず持ち歩いていた。本部の板倉槌三郎（青森県の取締員）らが現地に飛び、警察に「目の前で分析してくれ」と迫った。もともとこの事件は天理教を攻撃するための中傷であり、その後、真相が判明、全くの間違いであったとの通知が届いて、一件落着。

12.11　**教祖20年祭につきおさしづ。**

（二十年祭には、参拝人一般へ御神酒及び餅御供与える事願）「心だけは十分に与えてくれ〳〵。あたゑは十分の心、皆々心それ〳〵戻るで〳〵。多くの人戻るから、満足より国の土産は無い程に。その心持って、日々の処通りてくれ。あちらどう、こちらどう、なか〳〵人で〳〵人でならん程、人が出る程に」。

12.12　東北地方の飢饉に対し義援金を送る。

宮城、岩手、福島3県へ教会本部、各分教会出張事務所、中山新治郎、飯降伊蔵など個人名で合計480円。

翌年1月発行の絵図「大和本部土産」
当時の本部やお墓地、信者詰所が描かれている

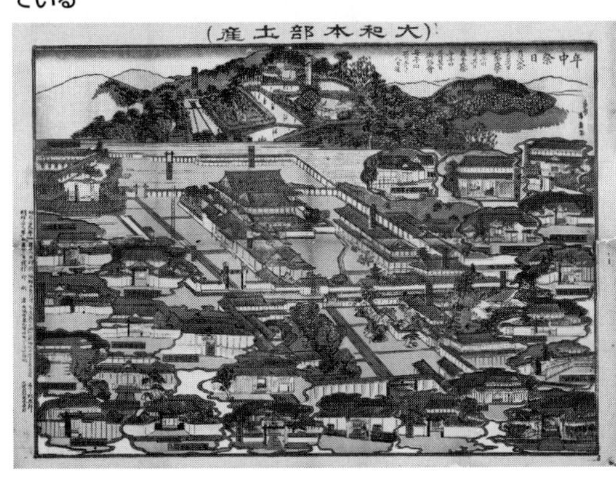

明治38年・1905年

日　本

1.1　旅順のロシア軍降伏。

1月　夏目漱石が「吾輩は猫である」を『ホトトギス』に連載開始。

3月　奉天会戦。日本陸軍、コサック騎兵を封じ込める。

5.27　日本連合艦隊が日本海海戦でバルチック艦隊を撃滅。

6.8　米大統領ルーズベルトが日・露に講和を勧告。

9.5　日露講和条約（ポーツマス条約）調印。
東京・日比谷で講和反対国民大会。群衆が交番、新聞社などを襲撃（日比谷焼き打ち事件）。以後、各地で講和反対の集会。

11.17　第2次日韓協約調印。

この年　森下博薬房が仁丹を発売。

世　界

1.22　ロシアで「血の日曜日」事件。

10.26　ペテルブルグに最初の労働者代表ソビエト成立。

この年　アインシュタインが特殊相対性理論を発表。

明治39年
立教69年／1906年

教祖20年祭執行、帰参者10数万

2.17　信徒参拝心得を発布。
本部はじめ各教会で「朝夕神拝祝詞」を朝夕のおつとめ前に奏上、礼拝場には「信徒参拝心得」が掲げられた。これは昭和22年まで続く。

2.18(陰正.25)　**教祖20年祭。**
本部の西北の広場に20間四方、高さ72尺の仮祭場を建てて執行。日露戦争直後であること、東北の大飢饉に鑑み、人を集めることはしない方針だったが、「あちらどう、こちらどう、なか〳〵人で〳〵人でならん程、人が出る程に」（38.12.11　おさしづ）の通り帰参者10数万で親里は埋まった。警戒に当たった巡査80人。
新制定の舞楽「神の御国」初奏。
「御神楽歌」を廃止せよという当局との折衝の結果、採用したもの。

教祖20年祭・参拝者で埋まった神苑
『大阪毎日新聞』（明治39年2月19日付）は当時のもようを次のように伝えている。
「……大和一国を通じて、これくらい人間が集まったことはあるまいという。まことにそうであろう。15日より式の行われる前日、すなわち17日にかけて、この丹波市駅に止まる関西鉄道列車は、毎車絶えず千四五百名ずつの人間を吐き出し吐き出し、それが1時間ごとに繰り返されて、ことごとく三島の一小村落にのまれてしまう……」

明治39年・1906年

日　本

1.7　第1次西園寺公望内閣成立。
1月　伊藤左千夫「野菊の墓」発表。
2.17　坪内逍遙・島村抱月らが日本文芸協会創立。
2月　韓国統監府設置。
3.15　東京市電値上げ反対のデモ隊が電車など襲撃、軍隊が鎮圧。
3.25　島崎藤村が『破戒』を自費出版。
3.31　鉄道国有法公布（10月より私鉄の買収開始）。
4月　夏目漱石「坊っちゃん」発表。
6.12　日本エスペラント協会成立。
8.4　ロシアと通商条約交渉を開始。14日、漁業協約交渉開始。
9.1　大衆煙草「ゴールデンバット」発売（10本入り4銭）。
11.10　清国政府が日本政府のみによる満鉄設立は条約違反と抗議（日本は回答せず）。
11.26　南満州鉄道株式会社（満鉄）設立。
この年　丙午（ひのえうま）にあたり丙午吉凶論が盛ん。鈴木久五郎が戦後株式好況の波に乗り、巨万の富を得て

2.19　春季大祭のあと、東北地方凶作救援大演説会。

「東北の飢饉は実に見るに忍びず、聞くに堪えざるほどの惨状で、幾十万の男女老幼がその日の食事に困り、木の根を掘り草の葉を採り、煮焼きして飢えを支えている由を聞きます。我々はこの不幸な人々に一飯を分かつことを惜しんでいられましょうか。殊に互い立て合いたすけ合いという教えを信じていらるる諸君は、この際これを見逃すわけにはゆきますまい」（松村吉太郎＝『道の友』を要約）。

5.28　**初めて神殿ふしんに関わるおさしづ。**

「大きい木買（こ）うて欲しい〜〜〜。大きい木、これ買おうと思て居る。けれど、どうもならん。一本の木やそこらでは、始まらん、何もならんようではあるけれど、一本の木から定約出けたら、一本の木から追々出ける」。

11. 6　全国市長及び関西各市小学校長の団体300余人来訪、仮祭場で招宴。

信徒参拝心得

一、参拝の時は、容儀を正し挙動を慎み、至誠を以て、先づ神恩を謝し奉るべし

一、所願の意を陳ぶるには、必ず先づ宝祚の長久国家の安穏を祈り奉り、次に一身一家の幸福を祈るべし

一、一身一家の幸福を祈るにも、無理なる願をせぬやうに心掛け、己が本分を尽して、安心の地を得むことを期すべし

右三個条の旨意可相守もの也

「成金」の語が流行。

世　界

3.7　カリフォルニア州議会が日本人移民制限に関する決議案採択。

6.14　ロシアでユダヤ人迫害事件。

8.7　清国が日本への留学生派遣を中止。この時すでに1万2000人が留学。

8.31　ノルウェーのアムンゼンが「北極北西航路」初横断に成功。

10.11　サンフランシスコ市教育委員会が日・韓の児童を白人から隔離し、東洋人学校に通学することを決める。翌年3月、命令取り消し。

12.28　インド国民会議派大会でスワデーシー（国産品愛用）、ボイコット（外国品排斥）、民族教育、スワラージ（独立）の4決議採択。

12.30　ダッカでインド・ムスリム連盟設立準備大会開催。

本席・飯降伊蔵出直し

3.13　**「百日のおさしづ」始まる**（6月9日まで）。

この日午前8時30分、「一万二千足らんと聞いた（本部会計のこと）。そんな事でこの道どうなるぞ。……さあ〳〵今日はどういう話仕掛けるかも分からん」と、にわかに刻限のおさしづが本席飯降伊蔵の口を突いて出る。

その要点は、①つなぎ、つまりおさづけを渡す後継者・上田ナライトのこと　②三軒三棟、つまり飯降家姉弟（よしゑ、まさゑ、政甚）のこと　③本部神殿建築のこと。

本席の身上を台に息詰まる約100日が続く。6月9日、ようやく神殿ふしんに対して「部下教会長一同わらじの紐を解かず一身を粉にしても働かさして頂」く決意を伝えると、「もう十分の満足をして居る。……皆々心勇んでくれ〳〵」と最後の言葉を残して本席は正午ごろ出直す。「十年掛かる話、百日で止（とど）めて了（しま）う」（40.6.5）の一節から「百日のおさしづ」と呼ばれる。

4.20　**神道天理教会教会規程実施。**

部属教会の階級とその標準

①分教会　信徒10,000戸以上

②支教会　〃　5,000戸以上

③出張所　〃　600戸以上

④布教所　〃　100戸以上

本席・飯降伊蔵
元治元年（1864）31歳で入信後、誠を尽くして教祖につかえ、のち一家あげてお屋敷住み込み。教祖お姿おかくし直後の明治20年（1887）3月25日、本席となる

明治40年・1907年

日　本

1.15　幸徳秋水らが日刊『平民新聞』創刊。

1.21　東京株式相場暴落（戦後恐慌の始まり）。

2.4　足尾銅山で坑夫と職員が衝突。6日には大騒動となる。

2.17　清国の要請により早稲田大学・中央大学で中国革命党に関係している中国人留学生39人を退学処分。

2.23　麒麟麦酒設立。

4.1　三越呉服店に食堂が開店。

4.10　文部省が官立医学専門学校の必修外国語を英語からドイツ語とする（独医学の採用）。

6.7　浪花節の桃中軒雲右衛門が東京・本郷座で興行、1カ月満員の大当たり。

6.10　日仏協約調印（清国における両国の勢力範囲を確定）。

6.22　東北帝国大学を仙台に新設。札幌農学校を東北帝国大学農科大学とする。

7.3　韓国統監伊藤博文が「ハーグ密使事件」での韓国皇帝の責任追及。7月19日、皇帝譲位。

上田ナライト（当時44歳）
大正７年まで「おさづけ」のお運びをする

6．6（陰4．26）　**上田ナライト、おさづけのお運び初め。**

6．9　**本席飯降伊蔵出直し**（74歳）。
　葬儀は６月15日、豊田山で。会葬者２万人。

9．15　東海日日新聞読者団体約800人来訪。

9月　**各府県に教会組合事務所開設、組合長任命。**
　増野正兵衛……奈良　大阪　兵庫
　梅谷四郎兵衛…京都　和歌山
　高井猶吉………三重　高知　愛媛
　桝井伊三郎……岡山　香川　徳島
　山澤為造………滋賀　愛知　静岡　岐阜
　諸井國三郎……広島　山口　島根　鳥取
　松村吉太郎……東京　神奈川　埼玉　千葉
　山中彦七………山梨　群馬　栃木　茨城　福島
　宮森與三郎……福井　石川　富山　新潟　長野
　板倉槌三郎……宮城　岩手　山形　秋田　青森　北海道
　喜多治郎吉……福岡　大分　佐賀　長崎　熊本　宮崎
　　　　　　　　鹿児島　沖縄　台湾
　各布教師は現住所・所属教会名・生年月日等を、それぞれの組合長に届け出ることになった。

10．30　教師式服制定。
　神道本局指定、内務省認可による。
　大阪の松本組洋服店の手になるもので、同店を通して販売された。紋章は丸に梅鉢、胸の刺繍は日陰かずら。日陰かずらには、公事無私、伸び栄える、の意味がある。

『道の友』掲載の教服の広告（部分）

　以後、各地で反日暴動起こる。

7．30　第１回日露協約調印。

8．1　日本の統監府が韓国軍解散。韓国軍、日本軍と衝突。以後、反乱が全土に広がる（義兵運動）。

9月　田山花袋「蒲団」発表。

10．1　鉄道の国有化完了、17私設鉄道を買収。

10．25　第１回文部省美術展覧会（文展）。

10月　雑誌『新思潮』創刊。

11．16　オブライエン駐日米国大使が、日本人労働者の渡航制限の厳重な励行を書簡で申し入れ、日本も自主規制を約束する（日米紳士協約）。

世　界

5．9　アメリカのアンナ・ジャービスが毎年５月の第２日曜日を「母の日」とし、胸にカーネーションをつけようと提唱。

6．15　第２回ハーグ平和会議（10月18日まで）。
　６月、韓国皇帝が密使を派遣して日本の侵略を訴える（ハーグ密使事件）。

8．31　英露協商調印。これにより英・仏・露の三国協商が成立し、独・墺・伊の三国同盟と対立。

明治41年
立教71年／1908年

一派独立なる
天理教庁開設
天理中学、教校別科開設

1.15　天理教公開演説。
天理教への誤解を解き、その本質を社会に説明するため、大阪、神戸などの６教会で開催。以降、各地で。

1.16　**天理中学校設立認可。**

2.4　**天理教校**（本科・別科）**設立認可。**
青少年の向学心の旺盛さから天理教校を分化。高等普通教育を施す私立天理中学校と、あらためて教師養成の専門道場としての天理教校を設立。中学校は４月１日開校、教校のうち別科のみ９月26日開設。
〈天理中学校〉４月８日入学式、入学者111人（旧天理教校１、２、３年生が中学２、３、４学年に編入）。初代校長・吉川万次郎。科目は修身、国語、漢文、英語、歴史、地理、数学、博物、図書。５年制。
〈天理教校別科〉９月26日入学式、入学者41人。校長・初代真柱様。科目は教義、神祇史、倫理、礼典、祝辞作文、宗教法令、宣教実習。６カ月制（以降２月、９月入学）。満20歳以上。

3.20　**第５回一派独立請願書提出。**
初代真柱様と松村吉太郎が度々上京、努力するが、７月４日西園寺内閣総辞職のため頓挫。最後の力を振り絞って必死の奔走を重ね、好転する。

11.27　**天理教一派独立認可。**

> 内務省秘乙第五四号
> 　　書面願之趣許可ス
>
> 　　明治四十一年十一月二十七日
> 　　　　内務大臣法学博士男爵　平田　東助

明治41年・1908年

日　本

1月　外務省、ハワイ移民を停止。
2.5　武器搭載の汽船第２辰丸が清国軍艦に抑留される。
2.18　外相林董が米国提案の移民制限の実行方法につき回答（日米紳士協約成立）。
4.28　初のブラジル移民781人出発。
5月　米と仲裁裁判条約。
6.8　関東地方に大降雹（ひょう）。直径12センチに及ぶものあり農作物の被害甚大。
6月　岩谷商会が20世紀冷蔵庫（家庭・営業・運搬用など）発売。
7.14　第２次桂太郎内閣成立。
7.25　池田菊苗がグルタミン酸塩を主成分とする調味料製造法の特許を取得（12月、鈴木三郎助が「味の素」の名で売り出す）。
9.15　川上貞奴の帝国女優養成所開所。
10.13　戊申詔書発布（23日、文部省は詔書の国民道徳作興を実現するよう学校長らに訓令）。
10月　女子高等師範学校、東京女子師範学校と改称。

達第壹号
部下一般
今般内務大臣ヨリ本教一派独立許可相成候此段相達候事
明治四十一年十一月三十日
天理教管長勲六等　　中山新治郎

「神道直轄天理教会本部」は「天理教教会本部」と改められる。

11.27　東京の青年会、機関雑誌『焔の嵐』発行。
42年発行の３号より『教の光』と改題。

11.28　**初代真柱中山眞之亮様が天理教管長に就職。**
教会本部に天理教庁開設。

11.30　**一般教会の名称を大教会、教会、分教会、支教会、宣教所と改称。**
大教会（信徒10,000戸以上）、教会（信徒5,000戸以上）、分教会（信徒2,000戸以上）、支教会（信徒500戸以上）、宣教所（信徒100戸以上）。
翌年までに大教会になった教会は16カ所。

12. 1　天理教教規及び規程制定発布。

12.14　教会本部本部員、教庁幹事及び録事を任命。
本部員＝桝井伊三郎、梅谷四郎兵衛、高井猶吉、諸井國三郎、板倉槌三郎、宮森與三郎、喜多治郎吉、山中彦七、上原佐助、山澤為造、上田民蔵、飯降政甚、島村菊太郎、増井りん、深谷源次郎、松田音次郎、松村吉太郎、増野正兵衛、土佐卯之助

12.21　東京で学生布教人連合青年会結成。
学生の諸井慶五郎、増野道興、中臺赤太郎、布教師長谷川理一ら。会長・梶本宗太郎（組合事務所書記）。

雑誌『阿羅々木』創刊（翌年『アララギ』と改称）。

11.30　高平・ルート協定。

12.12　北原白秋らが文芸サロン「パンの会」結成。

世　　界

1.24　英陸軍退役将軍のロバート・パウエル卿がボーイスカウト創設。

3.23　日本政府推薦の韓国外交顧問スチーブンスが新聞紙上で日本の韓国保護政治を称賛したため、サンフランシスコで韓国人に狙撃され死亡。

7.24　青年トルコ党の革命。

11.14　清の光緒帝没。翌日、西太后没。12月２日、３歳の溥儀が宣統帝として即位。

天理教独立奉告祭執行
神殿ふしんへ始動

2.18　青年教徒有志懇親会。
　天理教青年会設立を呼びかける。

2.19　**天理教独立奉告祭。**
　「奉告祭参列の人を歓迎すべく、又奉告祭を粧飾すべく各所に美麗なる緑門が設立された。汽車より降りし正面の道路に立られた第一の緑門、上に天の字を赤く、其下に『祝天理教独立』の字を白く染抜き、門の周囲を杉モールにて飾りたるは丹波市町より、其次なるは三島より、此二個の緑門に対して、『むらかたはやくたすけたい』の教祖の御言

独立奉告祭　当日は雨であったが、帰参者は10万人に達した

明治42年・1909年

日　本

1月　雑誌『スバル』創刊。
2月　小山内薫、2代目左団次が自由劇場創立。
3.15　北原白秋の詩集『邪宗門』刊。
3.21　大阪毎日新聞社主催の神戸－大阪間マラソン競争が行われる（マラソン呼称のはじめ）。
3.25　発行予定の永井荷風『ふらんす物語』が発禁・押収。
4.7　東京盲学校設立（翌年、従来の東京盲唖学校を聾唖学校とし盲・聾唖教育を分離）。
4.11　日糖疑獄事件（砂糖官営法案をめぐる贈収賄事件）の検挙始まる。
5.31　浅間山大噴火（12月7日、再噴火）。
6.2　両国国技館の開館式。
6.23　スリの親分・仕立て屋銀次が逮捕される。
6月　片山東熊設計の東宮御所（赤坂離宮）竣工。
10.26　伊藤博文がハルビン駅頭で射殺される。
11.21　鹿児島本線、門司－鹿児島間全通。
11.23　大阪・ミナミに心斎橋できる。
12.15　竹久夢二『夢二画集』刊。

の実現さるゝを歓ばざるを得ず。其次なるは教庁の御用達松本組洋服店より寄付せるもの、次は天理中学校門前に立られ、最後のものは本部境内二十間四方の仮祭場の前に之に匹敵せる高さ七間の、緑葉で作つた大鳥居の緑門、之を仰ぐ者誰か本教の偉大荘厳を感ぜざらんや」「恰(あたか)も好し、春季大祭（２月16日＝陰暦正月26日）の前夕を以て電灯は点され、之が為に又一層の景気を添へられた。殊に人の目を驚かせしは、本部邸内の大鳥居の緑門に、関西水力電気会社の電光飾(イルミネーション)が点ぜられし、其陸離たる光彩であつた。立列ねたる数千の提灯の灯火と相映じて、美観、壮観、実に一大偉観であつた」（『道の友』）。

また、前夜に中学・教校の生徒職員、三島・丹波市の青年らの提灯行列も。帰参者10万人。取材した新聞社は大和新聞、新大和、奈良新聞、奈良朝報、大阪毎日、大阪朝日、大阪時事、大阪日報、大阪新報、京都中外日報、京都新聞、美濃新聞、東京報知、東京国民。

４月　釜山に韓国布教管理所設置。

明治44年５月31日、ソウルに移転し朝鮮布教管理所となる。

山名青年団結成。

11.20　毎年11月27日を天理教独立記念日として祝祭執行の旨通達。

11.24　教祖20年祭の大仮祭場、風のため倒壊。

「百日のおさしづ」で「三箇年の模様、五箇年の普請」と言われた神殿ふしん始動へ。

…………………………………………………………

2.19　丹波市地区に電灯会社設立。丹波市、三島、櫟本で点灯。

12月　東京・日本橋に日本初の本格的鉄骨構造ビル「丸善」竣工。

この年　生糸輸出量が清国を凌駕して世界１位となる。電話機設置台数11万2977台（1936年に100万台突破）。ビリケン（米国製福の神）流行。
歌「金色夜叉の歌」、「ハイカラ節」流行。

世　界

4.6　アメリカの探検家ロバート・ピアリーが初めて北極点に到達。

7.26　スペイン・バルセロナの急進派がモロッコへの軍隊動員令に反対してゼネストを宣言。修道院を焼き打ちし司教らを殺害。スペイン政府は戒厳令下に鎮圧（血の一週間）。

9.20　英議会が南アフリカ法を可決。翌年、南アフリカ連邦が成立。

11.6　米国務長官ノックスが満州鉄道の中立化案をイギリスに提案。賛成を得て12月18日、日露両国に通知。

この年　ジード「狭き門」、メーテルリンク「青い鳥」。

明治43年
立教73年／1910年

天理教婦人会創立 船場教会、ロンドン布教へ

1.9 **天理教（天理）養徳院設立の旨通達。**
「世ノ不幸薄命ナル境遇ノ下ニ在ル少年少女ヲ救済シ之ヲ其父母ニ代リテ人ト為ラシムヲ目的トス」（養徳院章程）。満８歳以上、16歳以下の児童対象。院長・中山たまへ様。
１月27日、鑵子山（かんすやま）（天理市守目堂町）に養徳院落成。
「人の子も吾が子も同じ心もて　おほし立てゝよ　この道の人」（初代真柱様＝『道の友』）。

1.26 **春季大祭より祭典日を陽暦に改める。**
文部省の勧告による。

1.28 **天理教婦人会創立。**
明治31年おさしづを頂いて以来、各教会で動きがあったが、その個々の婦人会を統一、本部の認可を得る。会長・中山たまへ様。１月29日、直轄教会長夫人を招集して発会式。事務所は奈良県教会組合事務所内（２月14日養徳院内へ）。婦人会規程第４条「本会ノ目的ヲ達スル第一着手トシテ天理教養徳院ノ事業ヲ翼賛ス」。

４月 初代真柱様身上障り。
６月11日、真柱様身上障りにつき役員会議。

5.28 **神殿ふしんのため、仮神殿手斧始め。**

6.25 船場教会（当時）の３人ロンドン布教へ。
赤木徳之助（43歳）、正信藤次郎（33歳）、高見庄蔵（25歳）が宗教事情視察のため神戸港から。勧めたのは大阪電球会社の顧問技師として来日していた英国電気工業士Ｔ・Ａ・ローズ。大正９年断念。

７月 河原町大教会の宇野又三郎ら樺太布教。

8.6 教会組合事務所を廃し、全国14カ所に教務支庁を設置。

８月 東海、関東、東北地方の水害に対し救助活動。
本部から13府県に義援金1400円を送る。以降、義援金が続々寄せられる一方、各組合事務所や教会が現地救助活動を展開。

船場教会のロンドン布教・神戸埠頭出立のもよう

水害救援のため東京・日本橋大教会前（神田）を出発する救助品輸送隊

明治43年・1910年

日　本

1.21 日露両国が米の満州鉄道中立化案に不同意と回答。
1.23 鎌倉の七里ケ浜で逗子開成中学のボート部員ら12人が遭難死（のちに哀悼歌「七里ケ浜」が作られ流行）。
2.1 株式会社いとう呉服店創立（のちの松坂屋）。３月１日、名古屋栄町に百貨店オープン。
4.11 カトリックの聖心会が聖心女子学院を開校。
４月 文芸雑誌『白樺』創刊。
5.19 ハレー彗星接近、流言広がる。
6.1 大逆事件で幸徳秋水逮捕。
6.13 長塚節が「土」を東京朝日新聞に連載開始。
6.14 柳田國男が『遠野物語』出版。
7.14 文部省が『尋常小学読本唱歌』を出す（文部省唱歌のはじめ）。
8.22 韓国併合に関する日韓条約調印。
8.29 韓国併合の詔書発布。日本政府が韓国の国号を朝鮮と改め朝鮮総督府を設置（首都名も京城と改称）。

9月　東京教務支庁内に東京学生寮を置く。
のち三才寮となる。

10.23　初の『天理教会名称録』発行。
道友社刊、60銭。

11. 1　**海外布教規程発布。**
内務大臣の認可を得たもの。
海外布教者の資格は「教師職級十級以上ノ者」「年齢満二十五歳以上ノ者」「身体健全品行端正ナル者」。

教務支庁の名称と所管区域

東京教務支庁＝東京府、神奈川県、埼玉県、千葉県、茨城県（松村吉太郎）
奈良教務支庁＝奈良県、三重県（山澤為造）
大阪教務支庁＝大阪府、兵庫県（増野正兵衞）
京都教務支庁＝京都府、滋賀県、福井県、石川県、富山県（梅谷四郎兵衞）
和歌山教務支庁＝和歌山県（梅谷四郎兵衞）
名古屋教務支庁＝愛知県、静岡県、山梨県、岐阜県（山中彦七）
前橋教務支庁＝群馬県、栃木県、長野県、新潟県（宮森與三郎）
福島教務支庁＝福島県、宮城県、岩手県、青森県、山形県、秋田県（板倉槌三郎）
北海道教務支庁＝北海道、樺太（板倉槌三郎）
岡山教務支庁＝岡山県、広島県、山口県、島根県、鳥取県（諸井國三郎）
徳島教務支庁＝徳島県、香川県（高井猶吉）
高知教務支庁＝高知県、愛媛県（高井猶吉）
福岡教務支庁＝福岡県、大分県、佐賀県、台湾（喜多治郎吉）
熊本教務支庁＝熊本県、鹿児島県、宮崎県、沖縄県、長崎県（喜多治郎吉）

―9.20付―

11.16　横浜元町に洋菓子店「不二家」が創業。
11.29　白瀬中尉ら南極探検隊が出帆。
12. 1　石川啄木『一握の砂』刊。
12.22　九州帝国大学を福岡に新設。
この年　邪馬台国論争起こる。北海道で初めてラッセル車使用。自動車保有台数121台（2年後には512台）。レコード・蓄音機が普及。

世　界

5.31　南アフリカ連邦が英国自治領として発足。
11.20　トルストイ没（82歳）。
メキシコ革命始まる。
12. 6　フランスの社会主義者が大逆事件の犯人逮捕に抗議して日本大使館にデモ。
この年　リルケ（独）の『マルテの手記』刊行。

神殿建築起工式「五箇年の普請」へ

1.26　本部青年会が初の公開講演会。
未組織ながら月２回の例会を開き、社会公衆と共に語ろうと開催。

1.27　**天理教婦人会第１回総会。**
「目下数百万の信徒を有して旭の昇るが如き勢ひを以て全国に其の教義を布きつゝある天理教の婦人大会は二十七日午前十時より大和国丹波市字三島の同教本部に於て第一回大会を開催した……縦三十余間横四十間の広場は胸に徽章を付けたる会員にて立錐の余地もなく満たされ壇上より見下すと宛然丸髷束髪或は銀杏返しの婦人の頭を一面に並べ埋めたる如き観があつた、此厳寒に而かも此野天の会場に四時五時より屹立したまゝ身動き一ツだにならぬ窮屈さにも拘らず一万余人の顔には誰一人不平不満の色も見えず始終微笑を湛へられ……」。(午後は講演会)「花のやうな蒲原春子嬢あり、見るも優しき高野里子夫人あり、中川よし子夫人の肥大なる、銀杏返しにて一風変りたる秋岡のぶ子嬢など顔も風采も皆おの〳〵一様では無いが一人々々の卓(テーブル)を

婦人会第１回総会のもよう

明治44年・1911年

日　　本

1.24　幸徳秋水ら11人死刑執行。

1.30　西田幾多郎『善の研究』刊行、学生の間でベストセラーに。

1月　鈴木梅太郎が、米ぬか中に脚気を予防する成分（オリザニン）が存在するとする論文を発表（世界で初めてビタミンを発見）。

2.21　日米新通商航海条約調印（関税自主権確立)。夏目漱石が博士号を辞退。

3.1　東京・帝国劇場開場。

4.3　石造塔橋になった東京・日本橋開通式。大混雑で負傷者が数十人。

5月　上野動物園に日本で初めてカバ入園。

6.1　平塚らいてうが青鞜社を結成。

7.8　野口英世が梅毒スピロヘータの純粋培養に成功。

8.29　東京朝日新聞が「野球とその害毒」を連載開始。９月16日、読売新聞は対抗して野球支持演説会を開催。

8.30　第２次西園寺公望内閣成立。

前に説き出づる言葉は皆熱心溢るゝばかり……教祖美伎子の艱難辛苦を説いて『聞きます丈けでも本当に堪へられません』と弁者先づ泣き聴者斉しく涙を押拭ふ有様は天理教信徒ならぬ記者までも其熱誠に動かされた……」（１月28日、大阪毎日＝特派婦人記者）。

4.25　仮神殿へ親神様、教祖、祖霊を遷座、奉告祭。

4.26　遷座記念の大演説会（旧神殿で、28日まで）。

鑵子山　おやさとやかた真南棟の西側にあった小高い山

9.10　**鑵子山（かんすやま）に天理教校校舎を新築。**

建坪は本館、教室２棟など293坪。講堂は旧神殿（明治21年につとめ場所に増築したもの）を移築。９月14日、教校別科第７期から使用。

10.27　**神殿建築起工式。**

「五箇年の普請」の始まり。仮本殿（神殿、礼拝場＝きりなしふしんのためか、一時「仮」という言い方がされた）、教祖殿のほか祖霊殿、教庁、真柱宅も同時建築。

神殿建築起工式　当日は天候に恵まれ秋季大祭の翌日とあって多数の参拝者があった

……………………………………………………………

3.26　三島郵便局開設。

４月21日電話取り扱い事務開始。50回線単式交換機１席。

4.1　三島尋常小学校開校。

8月　警視庁、特別高等課を設置。

9.22　文芸協会がイプセンの「人形の家」初演。松井須磨子のノラが人気を呼ぶ。

10月　大阪の立川文明堂が「立川文庫」の刊行開始。第１編は『諸国漫遊一休禅師』。

世　界

7.7　日・英・米・露がラッコ・オットセイ保護条約調印。

10.10　清国の武昌で革命軍が武装蜂起。翌日、武昌全市を占領（辛亥革命始まる）。

12.14　ノルウェーのアムンゼンが初めて南極点に到達（翌年１月、イギリスのスコット隊が到達。帰途、全員死亡）。

12.25　孫文が16年にわたる亡命から上海に帰る。

明治45年 大正I
立教75年／1912年

神殿上棟式執行

6．1　**かんろだいの地搗きひのきしん。**

7．23　**婦人会、第１回公開演説会。**

増井りん、諸井甲子、中西ゑいら９人が出演。

（７月30日改元）

10．8　**神殿立柱式。**

10月７日夜、仮神殿で立柱奉告祭。丸柱は10本で直径２尺３寸、角柱は40本で１尺５～８寸。木曾、北山、高野、津山、伊賀、土佐、伊予、筑前から檜材が陸路・海路をへて続々親里へ。

11．28　**神殿上棟式。**

上棟式奉告祭のあと屋上で工事員の祭典。

「同祭典は先づ工事長の祝文に始まり、式礼、槌打、歌司、弓取……と云ふ順序にて終りを告げたる……かくて婦人会役員、各教会役員等を屋上に案内したるが、七十尺以上の高台とて、皆な胆を寒ふして観覧したり」（『道の友』）。

神殿上棟式　明治天皇崩御のため質素に行おうと一般信者には知らされなかったが、いつのまにか知れわたるところとなって多数が参集、にぎやかに執り行われた

三島の人口

明治９年	67戸	358人
明治45年	272戸	2214人
大正５年	357戸	3017人

明治45年＝大正１年・1912年

日　本

3．1　美濃部達吉『憲法講話』刊行。これに対して上杉慎吉が反論、天皇機関説論争が起こる。

4．1　大阪の吉本吉兵衛が寄席経営を始める（吉本興業の誕生）。

4．13　石川啄木没（26歳）。

7．20　宮内省が尿毒症で天皇重体と発表。以後、皇居前に平癒を祈る市民が集散。

7．30　明治天皇崩御（59歳）。皇太子嘉仁が皇位を継承し、大正と改元。

9．13　明治天皇の大喪。同刻、陸軍大将乃木希典夫妻が殉死。是非を巡り世論わく。

12．21　第３次桂太郎内閣成立。

この年　日本がオリンピック初参加（ストックホルム）。

世　界

1．1　中華民国建国宣言。孫文が臨時大総統に就任。

2．12　清国の宣統帝退位、清朝滅亡。

4．14　英国豪華客船「タイタニック号」が大西洋横断の処女航海中に氷山に衝突、沈没。

大正 2 年

立教76年／1913年

教祖殿上棟式
神殿新築落成

5.10　英人デビソン・綾子夫妻（船場）ロンドン布教へ。

8.15　**教祖殿上棟式。**

11.23　満州布教管理所設置。

12.25　**神殿新築落成。**

建坪926.87平方メートル、高さ23.6メートル。

新築落成した神殿（左が現・北礼拝場）
ちばの地点には板張り２段の台が置いてあり、参拝場の中央には花道と呼ばれる板廊下があった

この年の丹波市駅乗降客数
　乗客数　15万9328人
　降客数　18万7492人
丹波市局電報数
　発信　5760余通
　受信　6300余通

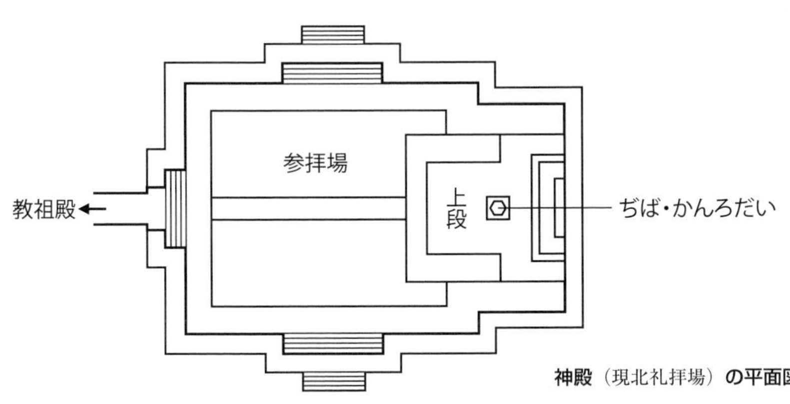

神殿（現北礼拝場）**の平面図**

大正 2 年・1913年

日　本

2.5　政友会、国民党が桂内閣不信任決議案を提出。尾崎行雄が桂首相の弾劾演説。

2.10　桂内閣が不信任案回避のため国会を停会。憤激した民衆が議会を取り囲み、翌日桂内閣総辞職。政府系新聞社・交番などを焼き打ち。

2.11　日本結核予防協会設立（理事長・北里柴三郎）。

2.20　第１次山本権兵衛内閣成立。

6.10　森永製菓がミルクキャラメル発売。翌年の東京大正博覧会で20粒入り小箱が大好評。

7.1　小林一三が宝塚唱歌隊を結成。

7.8　文芸協会が解散。芸術座結成。

9.12　中里介山が「大菩薩峠」の新聞連載開始。

世　界

7.12　中国の第２革命始まる。

8.8　広東独立に失敗した孫文が日本へ亡命。

9.1　袁世凱が南京を占領。第２革命失敗に終わる。

大正 3 年
立教77年／1914年

大正ふしん完了
初代真柱様出直し

1.15　５教師がアメリカ布教へ。
高知大教会土南分教会の３人がハワイへ、２人が北米モンタナ州へ、それぞれ布教認可される。

4月　**教祖殿新築落成。大正ふしん完了。**
建坪123.57平方メートル。
４月24日、皇太后崩御（４月11日）のため遷座祭のみ執行。

8.25　日独開戦につき諭達第７号発布。
教庁に時局事務取扱に関する臨時部を設置、天理教婦人会は慰問袋の寄贈などの活動を起こす。

8.27　本部祖霊殿に一般教信徒の霊を合祀し、毎年３月と９月に霊祭を行うことになる。

12.31　**初代真柱中山眞之亮様出直し**（48歳）。

新築落成した教祖殿（上・現祖霊殿）**と、その前での真柱様家族と本部員の記念撮影**（左・前列中央が真柱様、その左が正善様）

大正 3 年・1914年

日　　本

1.12　桜島大噴火、大隅半島と地続きになる。
1.23　独シーメンス社の贈賄事件報道から日本海軍当事者の収賄が暴露。
2.10　シーメンス事件で内閣弾劾国民大会、群衆が雪崩を打って議事堂へ殺到。
4.16　第２次大隈重信内閣成立。
8.23　ドイツに宣戦布告。第１次世界大戦に参加。
10.1　二科会設立、第１回展。
10.14　日本軍が赤道以北のドイツ領、南洋諸島を占領。11月７日、青島を占領。
10.25　高村光太郎の詩集『道程』刊。

世　　界

6.28　オーストリア皇太子が暗殺される（サラエボ事件）。
7.28　オーストリアがセルビアに宣戦布告（第１次世界大戦開戦）。
8.1　ドイツがロシアに宣戦布告。
8.15　パナマ運河が開通。

大正 4 年
立教78年／1915年

2代真柱様、管長職就任 管長職務摂行者に山澤為造

1.8　初代真柱様の葬儀。

1.21　**2代真柱中山正善様、管長職に就任**（9歳8カ月）。
管長職務摂行者に山澤為造就任、1月25日同奉告祭。

4.25　**神殿新築落成奉告祭。**

6.27　松村吉太郎、小川作次郎に関する事件の容疑で奈良監獄署未決監房に収容。

11.4　**教祖30年祭の日取り発表。**
大正5年1月25日、教会本部で執行、一般教会でも同様の祭典をする旨通達。

この年　本部青年会で図書館設立への胎動。
『道の友』8月号に「寄贈図書歓迎」の記事掲載……「天理教本部青年会にては予て図書を購入し、将来御地場に図書館を設立する準備に着手中なれば、特志家は本部青年会増野道興宛にて寄贈せられん事を望む」。

神殿新築落成奉告祭　仮神殿前の大群衆

2.7　天理軽便鉄道開通。
川原城－法隆寺間（約9キロ、単線）。

大正 4 年・1915年

日　本

1.18　中国に21カ条の要求を提出。

5.25　日・中間で21カ条要求に基づく条約調印。

8.18　大阪朝日新聞社主催第1回全国中等学校野球大会開会（10校参加、京都二中が優勝）。

11.10　大正天皇即位の礼。御大典で長寿者に下賜金、百歳以上が全国に626人。新島襄、留岡幸助、山室軍平、成瀬仁蔵、矢島楫子らキリスト教徒に初の叙位・叙勲・授章。

11月　芥川龍之介「羅生門」発表。

12.4　東京株式市場暴騰（大戦景気の始まり）。

世　界

5月　イタリアが三国同盟を破棄しオーストリアに宣戦布告、独・伊国交断絶。

7.6　台湾で約2500人が抗日蜂起（西来庵事件）。

12.11　中華民国参政院が袁世凱を皇帝に推戴。

12.25　中国第3革命始まる。

大正 5 年
立教79年／1916年

教祖30年祭執行
朝夕のおつとめ復元

教祖30年祭・神殿(現北礼拝場)前の参拝者
30年祭は一派独立、大正ふしん、初代真柱様の出直しなど、さまざまなふしを乗り越えて勤められた年祭だった

1.10 真柱宅完成。

1.25 **教祖30年祭。**

この年祭から陽暦によって勤められる。帰参者15万余（朝鮮、満州から150余人)。団体列車15本。

教会数……大教会18、教会5、分教会146、支教会688、宣教所2713、合計3570

3. 18 松村吉太郎、保釈。

「教祖三十年祭を獄舎で迎えた私であつた。……教会長として、教師として、ついに三十年祭の奉仕活動に参じ得ず、霊様（注、初代真柱様）との固い約束まで果せなかつたのであつた。事あるたびに、それが思念に浮び上つて、いつまでも悔に心がかまれてならなかつた」(松村吉太郎著『道の八十年』)。このことが40年祭への「何物にも代えがたい『活素』」(同）となる。

8月奈良地方裁判所無罪判決、大正6年3月大阪控訴院無罪判決、4月小川作次郎、大審院へ上告するが上告棄却の判決。

この事件以来、一切の公職を退く（無罪確定後、復帰)。

大正 5 年・1916年

日　本

1.6 名古屋監獄全焼。囚人2320人を抜剣の看守・警官が厳重警戒。

1.12 大陸浪人福田和五郎らが袁世凱排撃を主張して大隈重信首相に爆弾を投げつけるが、不発のため失敗する。

1月 吉野作造が『中央公論』に論文を発表。上杉慎吉の日本主義を批判して民本主義を主張。『婦人公論』創刊。

2.9 イギリスがインド洋・シンガポール方面に軍艦派遣を要請。3月30日、日本軍艦8隻を派遣。

2月 芥川龍之介が出世作「鼻」を発表。

5.26 夏目漱石が「明暗」を朝日新聞に連載開始。12月9日、漱石没（49歳）のため未完。

5.29 インドの詩人タゴール来日。6月11日、東京帝国大学で講演。

7.26 警視庁が闘犬などを禁止、闘犬流行に歯止め。

9.1 工場法施行。12歳未満者の就業禁止、15歳未満者と女子の12時間労働制。

教祖30年祭・丹波市駅（現ＪＲ天理駅）に着いた参拝者　駅舎は現在の天理駅から南へ約150メートルほどのところ（道友社の前）にあった

教祖30年祭は帰参者が激増、各詰所では臨時宿泊所を設けた（写真は郡山大教会の臨時宿泊所）

３月　湖東大教会の信者71戸百数十人が北海道の原野に集団移住。
昭和50年記念碑建立。

７.27　本部巡回講師制度実施。

10.26　**明治29年の秘密訓令によって改められていた朝夕のおつとめが復元。**
「ちよとはなし」「かんろだい」のみであったのが本来の「あしきをはらうて」が唱えられるようになる。

12.31　初代真柱様命日祭（以降年祭を除き毎年同日執行）。

10.９　寺内正毅内閣成立。

10.10　憲政会結成、総裁加藤高明。

11.３　裕仁親王の立太子礼挙行。

12月　倉田百三「出家とその弟子」発表。

この年　チャップリン映画が人気。

世　界

１.１　袁世凱が帝位に即く。３月22日、帝政の取り消しを宣言。

２.21　ドイツ軍がベルダン要塞を攻撃開始。ベルダン攻防戦の死傷者はフランス軍37万7000人、ドイツ軍33万7000人。

６.６　袁世凱病没、翌日排袁の各省が独立を取り消し、第３革命終わる。

この年　アインシュタイン、一般相対性理論を定式化。
シベリア鉄道（9334キロ）完成。

独立10周年記念祭執行

1.26　青年機関誌『三才』発刊。
　東京学生寮「三才寮」（大正５年に命名、東京府下巣鴨町染井）から。１部14銭。

３月　松村吉太郎、本部役員など公職に復帰。

4.20　台湾から30人おぢば帰り。

10月　大暴風雨の被災地（関東、大阪など）へ義援金、古着を送る。
　東京教区は延べ540人のひのきしん者を動員。

10.22　**授訓場開き。**
　授訓とは、おさづけの理を戴くことをいう。

10.28　**独立10周年記念祭。**
　記念の扇１万8700本。帰参者５万人。

独立10周年記念の扇
初代真柱様筆で「『誠』／ものにあたり／ことにふれても／うごかぬは／神のさだめしまことなりけり／眞之亮」と記されている

春季大祭でにぎわう街のようす
（現在の天理本通りの筋）

大正 6 年・1917年

日　　本

1.20　西原借款始まる（翌年９月までに約１億4500万円）。

1月　菊池寛「父帰る」発表。

2.14　『主婦之友』創刊。

3月　理化学研究所の設立認可。

4.27　読売新聞社主催京都－東京間東海道五十三次駅伝競争（初めて駅伝の名が登場）。

4月　澤田正二郎、新国劇を結成。

11.2　日米間に石井・ランシング協定成立（中国の日本特殊権益承認）。

世　　界

2.1　ドイツ無制限潜水艦戦を宣言。

3.12　ロシア２月革命勃発（15日、ニコライ２世退位、ロマノフ王朝滅亡）。

4.6　米がドイツに宣戦布告。

11.7　ロシア10月革命。ソビエト政権樹立を宣言。

天理教青年会創立

1.16　茨木基敬（本部員・北大教会初代会長）免職。
茨木事件といわれた。

4.9　真柱中山正善様、天理中学校に入学。

7.11　**中山たまへ様、おさづけのお運び初め。**
41歳。上田ナライト（明治40年から）に代わって。

7月　真柱様、東北・北海道へ見学旅行。
翌年３月には四国・中国などと休暇を利用しての見聞広めの旅行は続く。

10.25　**天理教青年会創立。**
趣旨書「本教の青年を大観するに個人としての信仰は全たしとするも団体としては未だ統一なく……上神意に対し下万衆に対して意を安ずる能(あた)はず……茲(ここ)に本教青年を一団となし組織ある体系の下に……」。
初代会長に山澤為造（61歳）就任。

青年会創立当時の顧問と役員（前列左から板倉槌三郎、松村吉太郎、山澤為造、梅谷四郎兵衞、高井猶吉、後列左から増野道興、山澤為信、喜多秀太郎）

11.27　故中山新治郎（眞之亮）管長様追想講演会。
道友社主催、天理中学校講堂で、28日も。

このころ、毎年春秋大祭とおせち期間中、本部境内に提灯が立てられていた。その数は、この年１月６日・2518張、１月25日・2840張、同26日・2921張。

大正７年・1918年

日　本

1.1　警視庁が赤いオートバイによる交通取り締まりを始める（昭和11年、白バイとなる）。

1.12　第１回全国蹴球大会（大阪豊中グラウンド）。

3.7　松下幸之助が松下電気器具製作所創業。

7月　鈴木三重吉らが児童雑誌『赤い鳥』創刊。
徳富蘇峰『近世日本国民史』第１巻刊行（昭和27年完成）。

8.2　政府がシベリア出兵宣言。12日、陸軍ウラジオストク上陸。

8.3　富山県で米騒動、全国に波及。

9.29　平民宰相の原敬内閣成立。

世　界

1.8　米のウィルソン大統領が平和のための14カ条を発表。

11.3　ドイツ革命始まる。９日、ドイツ皇帝退位。

11.11　ドイツと連合軍が休戦協定調印。第１次世界大戦終わる。
オーストリアの皇帝カール１世が退位。

大正 8 年

立教82年／1919年

天理女学校設立
青年会発会式

青年会発会式　当日は晴天に恵まれ式場となった天理中学校北側の約1000坪の運動場は会員の熱気に包まれた

1.25　**婦人会役員会で天理女学校設立を決議。**
大正4年ごろから発案、布留に1万2000余坪の土地を購入。10月1日女学校建築起工式。

1.27　**天理教青年会発会式。**
天理中学校新設運動場で。5会場で記念の大講演会。

1月　芦津大教会で雅楽研究会（雅道会）結成。

4.27　第7回天理教婦人会総会。
この年から4月は婦人会（従来は10月27日）、10月は青年会の総会開催となる（昭和9年まで）。

5.6　豊田山墓地拡張工事始まる。
7月中旬竣工。

7.20　第1次世界大戦後の宗教思想に関する論達公布。
「民力涵養と天理教」「天理教と現代思想」を刊行、配布。講演会も行われる。

7.27　第1回青年会夏季講習会。
主な演題と講師……神言講義（増野道興）、教義大要（武谷兼信）、教会発達史（小野靖彦）、教規講義（諸井慶五郎）、宗教学（山澤為信）、宗教心理学（堀越儀郎）。
8月2日まで。

8.2　文部省訓令に関する論達公布。
世界大戦後、食料問題に関する理解を学生生徒児童に得ようとする訓令に対し「能ク其趣旨ヲ体シ実行致候様……」と44文字の論達第11号。

10.27　**第1回天理教青年会総会。**
天理中学校北側大運動場、参加者約8000人。山辺郡長、丹波市署長、三島区長らも参列。3会場で記念講演会。

この年　本部境内地拡張のため、本部前三島本町（通称三島銀座通り、南北に走る筋）取り払い、詰所移転。道路も拡張。

……………………………………………………………

この前後から大和すいかづくりが盛んになる。

大正 8 年・1919年

日　本

2.9　東京で普通選挙期成大会開催。11日、都下17校の学生が普選要求デモ。

3.1　万歳事件。朝鮮で独立運動が全土に広まる（三・一運動）。

5.23　選挙法改正（小選挙区、納税資格3円）。

7.16　深田千代子が大阪市で円応教を開教。

9月　警視庁が上野広小路に「トマレ・ススメ」の木製回転交通信号台を設置。

10.14　帝国美術院第1回展覧会(帝展。文展は廃止)。

世　界

1.5　ドイツ労働者党（ナチス）結成。

1.18　パリ講和会議開く。

5.4　北京で五・四運動起こる。

6.28　ベルサイユ講和条約調印。

7.31　ドイツ国民議会がワイマール憲法を採択。

大正 9 年
立教83年／1920年

路傍宣伝講演盛ん「街頭に立て!」

1．6　一般おせちが座食となる。
　饗応場に別席場を開放、食器は栗椀から塗り椀に（1000人前新調）など。8日までの入場者1万6928人（5日の村方300人余は含まず）。

2．24　**教庁内に教学部新設。**
　3月1日松村吉太郎、部長に就任。これを機に天理教校長増野道興、天理中学校長山澤為信、同教頭堀越儀郎、天理女学校長松村吉太郎、同教頭諸井慶五郎と新陣容固まる。

3．18　財団法人天理教教会本部となる。

4．25　天理女学校開校式。
　本部の東、布留街道沿いに石の正門が立つ。

5．1　天理教校予習科始業式。
　同科は天理中学校、女学校の生徒に教義を教えるもの。

10．2　中山玉千代様、分家し山澤為信と結婚。

10．28　道友社30周年記念大講演会。

この年　**路傍宣伝講演会盛んになる。**

天理教宣伝歌できる。
　（〽闇の醜雲打ち払ひ　人世眠りの夢醒ませ……）

本芝宣教所で印刷したビラ
　「悩める者、病める者、現代に飽きたらぬ者は来たれ、天理教はこれらの者に解決を与へん」。

増野道興、『道の友』10月号巻頭に「街頭に立て、巷に出でよ、其の声を高うして、天理王命の名を唱へよ」と、求道者たちに檄（げき）。

路傍講演をする天理教校生（神戸で）

大正 9 年・1920年

日　本

1月　日本、国際連盟に正式加入。

2．5　大学令による初めての私立大学として早大・慶大が設立認可（4月15日、明治・法政・中央・日本・国学院・同志社）。

2．11　東京で111団体、数万人の普選大示威行進。

5．2　上野公園で日本初のメーデー開催。

5月　ニコライエフスク（尼港）でソビエトの共産パルチザンによる日本人居留民虐殺事件（尼港事件）。

6月　松竹キネマの蒲田撮影所完成。

10．1　第1回国勢調査。内地5596万3053人。

世　界

1．10　国際連盟発足。

1．17　アメリカで禁酒法施行。

7．14　中国で安直戦争起こる。

大正10年
立教84年／1921年

教祖40年祭へ「教勢倍加」打ち出し

1.9　お地場こども会発会式。
数年前の三島小供会が自然消滅し、代わって三島小学校生を中心に結成、婦人会本部で挙行。73人。

1.22　青年会事業として青年会館、図書館建築を山澤為造管長摂行者から許可。

1.26　**教祖40年祭の日取り発表。**
５年後の大正15年１月に執行する旨通達。
「かくの如く五年以前の今日に於いて、未前事を公表せられたのは、蓋(けだ)し本部としては異数の事例に属するのである。これを以て見ても教祖四十年祭は、如何に重大な意義を有(も)つてゐるかを知る事が出来る」（小野靖彦＝『道の友』）。

2月　てをどりの手揃え。
地方の教会に行くに従って少しずつ変わってきているため統一する意味で本部で実施。直属教会から２、３人が出席。

4.4　東京で月刊新聞『よのなか』創刊。
東京教務支庁新築落成を期して。本社は同支庁内に設置。１部３銭。

10.10　**教祖40年祭提唱の諭達第13号公布。**
「教祖四十年祭ヲ一転機トシテ本教ハ茲ニ面目ヲ新ニシ以テ文化ノ大勢ニ乗ジテ一大飛躍ノ絶好期ニ入ルベシ　是レ本教ノ歴史ニ考ヘ教祖ノ予言ニ徴シ時代ノ趨勢ニ検シテ深ク確信スル所ナリ　世直リノ旬ハ今ヤ本教ノ上ニ到来セルノミナラズ全世界ニ亘リテ改造ノ声トナリテ其熱ト力トヲ加ヘツヽアリ……以テ大ニ神意ヲ実現シテ教勢ヲ進展セシムル最大ノ道ナルヲ信ズ　故ニ部下一般深ク此ノ趣旨ヲ体シ教祖四十年祭ノ為ニ渾身ノ勇奮ヲナシ以テ遺憾ナキヲ期スベシ　是レ特ニ諭告スル所以ナリ」。

大正10年１月ごろの神殿の南側のようす
８年ごろから整備が進んでいた

10.25　**『御教祖四十年祭』の冊子を一般教会に配布。**
「教勢の倍加」をうたう。

この年　教会数4231カ所。

大正10年・1921年

日　本

1月　志賀直哉が「暗夜行路」（前編）を発表。
2.11　栄養菓子グリコ発売（1粒300メートルと宣伝）。
2.12　大本教が不敬罪・新聞紙法違反で幹部一斉検挙（第１次弾圧）。
3.3　皇太子裕仁親王が欧州巡遊に出発。
4.12　度量衡法改正公布（メートル法を採用）。
9.28　安田財閥創設者の安田善次郎が大磯別邸で刺殺される。
11.4　原敬首相が東京駅頭で刺殺される。
11.13　高橋是清内閣成立。
12.13　ワシントン会議で日英米仏四国条約調印、日英同盟廃棄。

世　界

3.8　第10回ロシア共産党大会開く。レーニンの新経済政策（ネップ）案採択。
7.1　上海で中国共産党創立大会。
11.12　ワシントン会議開催。

大正 II 年

立教85年／1922年

教会長講習会開催 大軌（現・近鉄）天理駅開設

1.19　東京教務支庁で第1回神道連合大会。

3.28　**教会長講習会開催。**
全教会長を対象に3日間（2回目は3月31日から）、教校、中学校、女学校の3講堂で。
松村吉太郎（四十年祭準備委員長）「現在20万の教徒を40万に、4500の教会を9000にしよう。決して不可能なことではない」。

4月　天理中学校の本館、校舎、寄宿舎新増築。
定員600人を800人に増員。

6.5　『道の友』月2回発行となる。
教祖40年祭を前に時代の要求にこたえたもの。毎月5日、20日発行。

7.8　**天理高等女学校設立認可。**
5年制。大正12年4月開校。校長・松村吉太郎。

10.27　青年会第4回総会を天理教館で初開催。
同館未完成のまま四方に幕を巡らして挙行。

11.20　**シンガポール宣教所設立。**
担任・板倉タカ。

11月　丹波市駅と本部間の道路（新道）着工。別科生が毎日放課後ひのきしん。

当時の大軌（現・近鉄）天理駅

この年　教会数4690カ所。
教校別科生増加にともない校舎増築。養徳院、鐘子山から豊田に移転。

4.1　**大阪電気軌道株式会社「天理駅」開設。**
平端－天理間が開通（軽便鉄道を買収）し、大阪（上本町6丁目）－天理間が直通電車で65分、65銭。

大正11年・1922年

日　本

1.10　大隈重信没（83歳）。

2.1　山縣有朋没（83歳）。

2.6　ワシントン会議で海軍軍備縮小条約などに調印。同会議終了。

3.3　京都で全国水平社創立大会、2000人参加。

5.11　『点字大阪毎日新聞』創刊。

6.12　加藤友三郎内閣成立。

7.9　森鷗外没（60歳）。

8月　陸軍、山梨軍縮を公示。

11.17　アインシュタイン来日。各地で講演、相対性理論ブームおこる。

世　界

10.28　ファシストのローマ進軍。31日、ファシスト政権成立。

12.30　ソビエト社会主義共和国連邦（ロシア・ウクライナ・白ロシア・ザカフカス各共和国の連邦）の樹立を宣言。

大正12年

立教86年／1923年

別科生急増
関東大震災
救援活動
天理教館竣工

6カ月の修養を終え卒業証書を受けた喜びの別科生

二階堂村田井庄に移転した詰所群

1.21　第1回道友社特別講演大会。

3.6　全国巡回講習会。
教祖40年祭の趣旨徹底のため。30日まで。

4.10　真柱様、大阪高等学校入学。
大阪教務支庁（現在の東大阪市岩田）に勉強室建設（のち天理大学構内に移築、「創設者記念館〈若江の家〉」）。

5月　**天理教館、婦人会・青年会本部竣工。**
教館の両翼に青年会（東側）、婦人会（西側）両本部ができる。

7.27　教内定期刊行物関係者懇親会。
『道の友』編集長増野道興が呼びかけ。三才社、よのなか社、興道の日本社、心の友社、うちわけ社、正道社、修養新聞社、天理新報社、しきしま社。

9.3　**関東大震災の救済事業に関する諭達第14号公布。**
臨時震災救済本部は直ちに義援金6万円を送り、全教に50万円の救恤金を募集。各地から衣類などの供出、ひのきしん活動続く。罹災者（児）のための慰安会、活動写真会を催すところも。
1年後の同日同時間、本部でも太鼓、汽笛を鳴らし弔慰の式典を挙行。

9.14　**別科の2部授業始まる。**
第31期の入学者が4000人を超えたため。カラスと呼ばれた黒い制服の生徒が町にあふれた。2部授業は第35期まで。

12月　雑誌、書籍などの発行者に対し教学部の通告。
本教に関する雑誌、新聞、単行本を発行する教会、教師はその届け出をし、発行の都度送本すること、と。

この年　御供（ごく）所、別席場などのほか、詰所建設が西へ西へ延び、天理駅の西周辺（現天理市田井庄町）に林立。
養徳院は増築し少年部（定員約20人）のほかに新たに少女部（約30人）を設ける。大正14年に幼児部も。

大正12年・1923年

日　本

1月　菊池寛が『文藝春秋』創刊。
2月　丸の内ビルディング完成。
4.3　日本共産党の機関誌『赤旗』創刊。
5.9　北一輝『日本改造法案大綱』刊行。
6.9　有島武郎が軽井沢の別荘で心中自殺（45歳）。
9.1　午前11時58分44秒、関東大震災起こる（M7.9）。死者約10万人。被害額65億円。
9.2　第2次山本権兵衛内閣成立。戒厳令公布。
11月　国民精神作興に関する詔書。
12.27　難波大助が皇太子を狙撃（虎ノ門事件）。山本内閣辞表提出。

世　界

1.11　フランス・ベルギー軍がルール地方占領。
8月　ドイツ・マルクが大暴落。

大正13年
立教87年／1924年

2代真柱様、青年会長に就任

当時の2代真柱様

1月　本部に電気部新設。
2.11　本部雅楽部第1回大会。
設置1カ年を記念して。
2月　**新別席場竣工。**
6棟。現在の修養科鳴物教室。
3.1　天理教校内に研究科設立。
3月　真柱様、被災地のバラック教会視察。
春の休暇を利用して関東大震災後の東京・横浜の教会を回り激励。
4.4　社会講習会開催。
養徳院主催。山辺郡長、丹波市署長・署員、小学校教員ら。11日も。
4.26　本部の専用電話開通。
親里の敷地が広がったため、各詰所、学校、本部員住宅などを結ぶ。
4月　『三才』廃刊し『地場思潮』創刊。
三才社と『道の友』同人が合併して。月刊、25銭。
5.20　**本部前広場地上げの土持ちひのきしん始まる。**
南屋敷といわれた飯降本家・分家、永尾家（三軒三棟）、上田ナライト宅（現和楽館）など移転へ。
6.3　天理高等女学校生の小林・鴨井が、全日本庭球選手権女子ダブルスで初代王者。
7.27　中山こかん様50年祭。
10.27　**真柱中山正善様**（19歳）**青年会長に就任。**
11月　**教祖40年祭の日取り決定。**
混雑を避けるため、大正15年1月15、20、25日の3回に分けて祭典を行うことを決める。
この年　炊事場移転。
秋、ローマ宗教博覧会へ実写フィルムなど出品。
秋季大祭、青年会総会などの情景フィルム3巻と神殿図面、英文天理教その他。

大正13年・1924年

日　本

1.7　清浦奎吾内閣成立。
1.10　政友会・憲政会・革新倶楽部の3派有志が清浦特権内閣打倒運動を開始（第2次護憲運動）。
1.26　摂政裕仁親王と久邇宮良子女王の結婚式。
4月　第1回全国選抜中等学校野球大会。高松商業が優勝。
6.11　第1次加藤高明内閣（護憲3派内閣）成立。
8月　甲子園球場竣工。第10回全国中等学校野球大会を同球場で開催。
9.4　政府と与党3派が協議し、普通選挙法案の大綱を決める。

世　界

1.21　レーニン没（53歳）。以後トロツキー派とスターリン派の内部抗争が始まる。
1.22　英国で第1次マクドナルド労働党内閣成立。
5.15　米議会が排日条項を含む新移民法可決。

大正14年
立教88年／1925年

天理外国語学校開校
教義及史料集成部創設
管長就職奉告祭

第7回極東オリンピック（アジア大会の前身）のテニスで初優勝を遂げた天理高等女学校の藤本八重子（左）と監督として同行した諸井慶五郎校長（右）

1.8　おせち入場者3万人を超える。
人出は年々増え、3日間で3万724人。

2.11　**天理教学生連盟結成。**
大学、高等専門学校の教内学生。のちの天理教学生会。

2.17　**天理外国語学校設立認可。**
真柱様の発意に基づき青年会が事業立案。
4月15日第1回入学式。校主・真柱様、校長・山澤為造。
合格者——支那語部第1部25人、同第2部22人、馬来語部25人、露語部25人、朝鮮語部5人（合計102人、内女性10人。いずれも定員25人）。
学則第1章総則第1條「本校ハ天理教ノ海外布教ニ従事スベキ者ヲ養成スルヲ目的トシ主トシテ現代外国語ヲ教授スル所トス」。教祖40年祭活動の海外布教への機運の高まりを受け開校。従来の現地在留邦人を対象とする布教から現地人布教への転換を目指す。ぢばを中心に道が世界へ広がるとの神意を受け、東洋各国の語学部を先に、漸次、西洋諸国の語学部を設ける方針を打ち出す。日本で初めての私立外国語学校、男女共学制も画期的だった。

3.2　婦人会により天理教託児所開設。

3.26　真柱様、月次祭に初めて祭主を務められる。
数え21歳。

4.1　**婦人会により天理幼稚園開設。**
入園児童数136人。4歳から7歳まで。

4.7　**天理尋常小学校開設。**
養徳院付属とし院児のみ対象。校長・山澤為次同院主任。
入学者数男69人、女25人（すでに尋常小学校を終えた補習科生も含む）。

4.10　**教義及史料集成部創設。**
同掛監督＝山澤為造、松村吉太郎、板倉槌三郎、高井猶吉、宮森與三郎。

大正14年・1925年

日　本

1.1　講談社から『キング』創刊。ベストセラー・マガジンに。
1.20　日ソ基本条約調印（日ソ国交回復）。
1月　梶井基次郎が「檸檬」を発表。
2.10　中央気象台が気象無線通報を開始。
3.1　東京放送局（のちのNHK）が試験放送開始。7月12日より本放送開始。
3.2　衆議院で普通選挙法案を修正可決。
3.7　衆議院で治安維持法案を修正可決。
3月　山田耕筰・近衛秀磨らが日本交響楽協会結成。
4.22　治安維持法公布。
5.1　産業組合中央会より『家の光』創刊。
5.5　衆議院議員選挙法改正公布（男子普通選挙実現）。
5.10　天皇・皇后成婚25年祝典。
7.6　東京帝国大学講堂（安田講堂）完成。
7.31　加藤高明内閣、閣内不統一のため総辞職。
8.2　加藤高明に再び組閣の大命くだり、第2次加藤高明内閣成立（憲政会単独内閣）。

4.23　**管長就職奉告祭。諭達第1号公布。**

諭達「余ガ此ノ重任ヲ全ウスルハ唯本教徒ノ誠実ナル精神ト不断ノ努力ニ依嘱スルアルノミ」。

婦人会・青年会連合で同記念大講演会。25日まで。

5.23　天理高等女学校生・藤本八重子、マニラ極東オリンピックでテニス初優勝。

5.30　天理外国語学校生、但馬震災地へひのきしん。

6月　**東講堂竣工。**

8月　**天理図書館設立。**

教内各施設の図書整理が進み、真柱様が命名。初代図書館主任に深谷徳郎が就任。

9月　真柱様、天理教校長・天理外国語学校長に就任。

11月　本部の南、杣之内に外国語学校と図書館の敷地を買収。

12月　**天理教教庁印刷所竣工。**

青年会が管長就職記念に献納。

この年　教祖40年祭式場、丹波市駅臨時停車場・仮側線などできる。

当時、人目を引いた天理教教庁印刷所　前の道路は現天理本通り

管長就職奉告祭　この日は2代真柱様の20回目の誕生日でもあった　翌日の夜には神苑一帯で提灯行列が繰り広げられた

9.20　東京6大学野球リーグ戦始まる。

11.1　山手線の環状運転開始。

11.14　東京帝大に地震研究所付設、同時に文部省に震災予防評議会設置。

12.12　11月以来強盗12件、3人を殺害し逃走中のピストル強盗〝ピス健〟逮捕。

世　界

3.12　孫文没（58歳）。

4.16　ブルガリアのソフィアの教会で左翼のしかけた爆弾が爆発。123人死亡。

5.30　上海の共同租界で学生2000人余が日本内外綿紡績工場の労働者虐殺に抗議して示威運動、これに英警官隊が発砲（五・三〇事件）。

7.1　広東で中国国民党による国民政府成立。

10.5　ロカルノ会議開く。16日、欧州の7カ国がロカルノ条約に調印。

大正15年 昭和Ⅰ年
立教89年／1926年

教祖40年祭執行、教会倍加し8000カ所 天理外国語学校校舎落成

1.15　**教祖40年祭執行**（第1回祭典）。
1月20日第2回祭典、1月25日第3回祭典。帰参者65万人。日刊「四十年祭時報」発行（1月30日まで）。真柱様の発意により、年祭記録をもれなく取るため。
本部の受け入れ態勢も画期的で、警備隊、整理係、記録係、

教祖40年祭　祭典のようす（右）と仮祭場前の群衆（下）

大正15年＝昭和1年・1926年

日　本

1.28　加藤高明首相没（66歳）。30日、第1次若槻礼次郎内閣成立。
1月　川端康成「伊豆の踊子」発表。
3.25　大審院が朴烈・金子文子に死刑判決。4月5日無期に減刑。7月29日、裁判所内での写真が配布され〝怪写真〟として問題化。
5.24　北海道十勝岳噴火。死者144人。
7.1　郡役所を廃止。郡は地方区画となる。
8.6　東京・大阪・名古屋放送局が合体し、社団法人日本放送協会設立。
8.29　第2回国際女子陸上競技大会で人見絹枝が個人総合優勝。
9.3　浜松市会議員選挙。日本最初の普通選挙法による選挙。
12.25　大正天皇崩御（47歳）。裕仁親王践祚し昭和と改元。『東京日日』が号外で新元号を「光文」と誤報。
高柳健次郎、世界初のテレビ実験に成功。浜松高工にてブラウン管による電送・受像を行

教祖40年祭
丹波市駅（現天理駅）に着いた団体

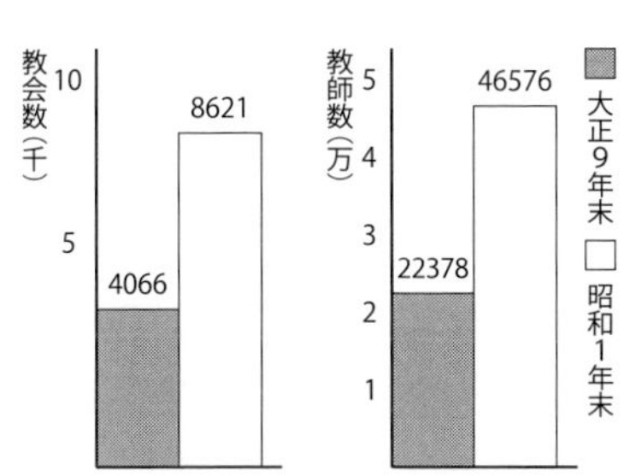
天理外国語学校の校舎

教会数（千） 10 5 4066 8621
教師数（万） 5 4 3 2 1 22378 46576
大正9年末 昭和1年末
倍加運動でこうなった

信徒詰所係、新聞記者係、臨時救護班、輸送係など設ける。境内地に約100灯、詰所関係に1200個の電灯、臨時専用電話30回線の取り付け。

2．8　**年祭終了にあたり諭達第2号公布。**

4．1　本部雅楽部講習会。
元宮内省雅楽部長を招き7日間。

4月　真柱様、東京帝国大学文学部入学。

5．27　本席飯降伊蔵20年祭。

7．1　天理教校内に天理青年訓練所開所。
青年訓練所令（16～20歳の青年は町村で所定の訓練を受けねばならない）に基づき私立の訓練所を作ったもの。
昭和3年4月より天理中等学校、同18年4月より天理中学校第2部、同23年4月より天理高校第2部。

7．27　教会長第1次講習会。
3日間。第2次は8月2日から。教館、東講堂、各学校講堂など6会場で。

8．10　真柱様、中国大陸、朝鮮半島方面巡教視察。

8．31　**天理外国語学校校舎落成。**
10月28日に落成式。中学校、撫養詰所の仮住まいを経て、ようやく安住の地（杣之内＝本部の南方）を得る。

9．14　教校別科第37期入学者6931人。

9．23　小説家谷崎潤一郎来訪。

9月　**外語校舎内に天理図書館開設へ。**
青年会、中学校、道友社などに散在する図書約2万6000冊を搬入。11月10日一般閲覧開始（同校舎3階の一部）。

11．1　満州宣教所設立。

11．13　日本大学天理教青年会が初の講演会開く。
帝国大学仏教青年会館で。岩井孝一郎らが結成したもの。

12．6　天理幼稚園新園舎落成。

（12月25日改元）

12．25　天皇崩御諒闇中おつとめの鳴物停止。

この年　教会数8621カ所。

う。

この年　東洋レーヨン（1月、のちの東レ）、日本レイヨン（3月）、倉敷絹織（6月、のちのクラレ）設立。

世　　界

3．20　蔣介石が中山艦艦長李之竜、政治部主任周恩来ら共産党員を逮捕（中山艦事件）。

5．1　英国で炭鉱スト。3日、ゼネストに発展。

7．9　蔣介石が国民党革命軍総司令に就任し北伐開始。11日、長沙占領。

9．8　ドイツが国際連盟に加入して常任理事国となる。

昭和 2 年

立教90年／1927年

『おさしづ』（1・2巻）公刊

アメリカに初の教会設立

1月　諒闇中につきおせち中止。春季大祭の献灯も各直属教会より1張ずつとする。
　2月7日は御大葬につき、朝夕のおつとめの鳴物をやめ教務一切を休止。一般教会においても遥拝式を行う。

2.24　青年会本部、朝鮮出張所設置。

3.9　北丹後震災に特派慰問使を派遣。

4.11　真柱様、朝鮮・中国東北部巡教視察に出発。
　4月17日まで。14日、青年会長として青年会朝鮮出張所開設式に臨席。

4.28　支教会以上の教会長講習会を天理教館で開催。
　5月4日まで。姉崎正治博士をはじめ教外著名の学者・思想家による講演も。

5.27　朝鮮布教管理所・満州布教管理所主催、満鮮視察団出発。
　6月17日まで。26人参加。

6.19　天理教学生連盟東京支部発会式。
　日本青年会館で。記念講演会開催。

7月　天理外国語学校初の海外修学旅行、中国大陸方面に出発。
　馬来語部、広東語部、露語部、北京語部、朝鮮語部、各語部に分かれ、各国語に翻訳した『ステートメント』を各旅

サンフランシスコ教会鎮座祭記念写真

昭和 2 年・1927年

日　本

1月　東京で流感流行。患者37万人。

2.7　大正天皇大葬。大赦13万余人、減刑4万余人。

3.7　北丹後地方で大地震（M7.3）。死者2925人、全壊・全焼1万2584戸。

3.14　蔵相片岡直温の失言により金融恐慌起こる。

3.16　新潮社が『世界文学全集』刊行開始。予約数58万の大ヒット。

4.1　兵役法公布。

4.20　田中義一政友会内閣成立。

4.22　全国の銀行2日間一斉休業、3週間のモラトリアム（支払い猶予）を施行。

5.14　大佛次郎が「赤穂浪士」を『東京日日』に連載開始。

5.28　政府が山東出兵を声明（第1次山東出兵）。
　第1回全日本オープンゴルフ選手権大会、程ケ谷ゴルフ場で開催。

6.1　立憲民政党結成（総裁浜口雄幸）。

7.10　岩波文庫刊行開始（星一つ20銭）。

7.24　芥川龍之介が服毒自殺（35歳）。

行先で配布するほか、「あしきをはらうてたすけたまへ　てんりわうのみこと」を各国語で染め抜いた手旗を各自携行。

9.26　**各府県に教務支庁を置くこととなる。**

11. 3　**アメリカ初の教会、サンフランシスコ教会設立。**

11.27　**教規改正。**

一般教会を大教会、中教会（教会を改称）、分教会、支教会、宣教所と改め、海外教会は単に教会と称する。

『おさしづ』（1・2巻）**公刊。**

昭和6年6月26日、全33巻完了。

海外伝道に関する諭達第3号公布。

教庁内に海外伝道部が設置され、海外伝道規程、伝道庁規程公布。

11.28　本部神殿でおたすけの取り次ぎ開始。

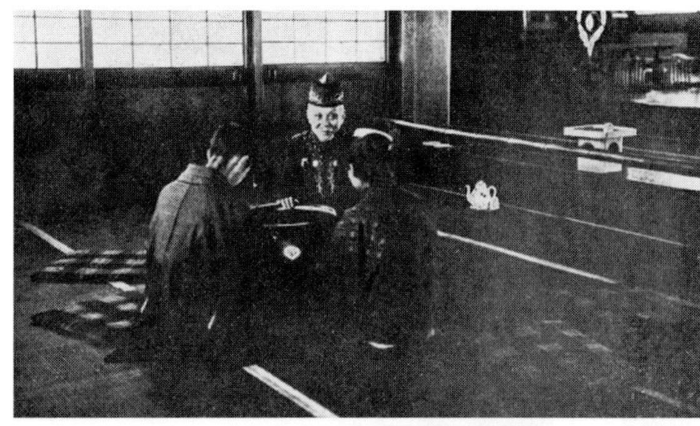

独立20周年を記念して元老がもっぱら神前おたすけに当たることになった　中央は松村吉太郎

12. 9　**専門学校令による天理外国語学校設立認可。**

同時に財団法人天理外国語学校設立認可。校長事務取扱に中山為信就任。

天理外国語学校は各種学校であるため徴兵猶予の取り扱いが受けられないことから専門学校令による学校に組織変更。これにより、男女共学ができなくなり、男子生徒のみを同学校に編入。翌年1月12日、天理女子学院を設立し、女子生徒は従来のまま収容。

この年　ハッピの文字を統一（背文字を「天理教」、襟に教会名）。

従来は背中に教会名が大きく書かれていた。

8.13　甲子園から第13回全国中等学校野球大会を放送（スポーツ実況中継のはじめ）。

10. 1　火災専用電話が112から119に変更。

12.30　日本初の地下鉄開業（浅草－上野間2.2キロ）。

この年　出生人口が産児制限・不況で激減。

世　界

3.24　国民革命軍が南京を占領、列国領事館が襲撃される。英米軍艦が南京市内を砲撃（南京事件）。4月11日、日・英・米・仏・伊が国民政府に最後通牒を提出。

4.12　蔣介石が反共クーデター。4月18日、武漢政府に対抗し、南京に国民党政府を樹立。

5.21　リンドバーグが大西洋横断飛行に成功。

11.17　中国共産党の彭湃らが広東省海豊・陸豊に中国最初のソビエト（議会）を樹立。翌年2月、中国国民政府軍の攻撃により崩壊。

昭和 3 年
立教91年／1928年

『おふでさき』公刊
2代真柱様、山澤せつ様と結婚
「天理教いちれつ会」設立

結婚当日の御夫妻

1.5　**『道乃友』の題字を『みちのとも』に改める。**
書体はおふでさきから選定。

3.19　天理中等学校設立認可。
天理青年訓練所を廃し、正規の夜間中学として出発。昭和5年5月25日、開校式。

4.26　**『おふでさき』第1巻公刊。**
8月26日全5巻公刊。

5.29　天理教東京地方大会開催。
御大典記念として両国国技館に5万人が結集。
「雲か霞の如く涯しもなく寄り集うて来る天理教者の群は、時の経つに従うて次第に、その数を増し瞬く間もおかず大鉄傘下に雪崩れ入って、開会前二時間の八時頃早くも満堂立錐の地も余さず満員すし詰めとなってしまった。しかし、まだまだ、来るわ来るわ、四階の窓から見下ろせば、連続して乗客を吐きに来る電車の鈴なりも知らぬ気に浅草橋、和泉橋、更に須田町辺から赤、白、黄、緑と、それぞれ各県別を表示する会員章を、いかめしく胸に吊った梅鉢の五ツ紋がぞろぞろと蟻の如く歩み寄って来る有様。沿道はさながら天理教の示威行列の如く、天理教者に非ずんば人に非ずの感が甚だ濃厚となり、隅田の川風に翻る群馬組、あるいは何教会の旗が時を得顔にハタめき寄るのも甚だ気分がよい」（『天理教東京教区史』第3巻）。

6.15　御大典記念事業として天理図書館新築決定。

10.18　**真柱中山正善様**（23歳）**、山澤せつ様**（18歳）**と結婚。そのお祝い金を基金として、教内子弟扶育教養機関「天理教いちれつ会」設立。**

10.28　**おふでさき講習会。**
11月1日まで。天理教館、東講堂、教校講堂など5会場で、全教会長を対象に開催。真柱様、松村吉太郎ほか12人の講師により、1万人以上の教会長が参集した。同講習会が教義講習会の第1回。

12.26　『おふでさき索引』出版。

昭和 3 年・1928年

日　本

2.11　第2回冬季オリンピック（サンモリッツ）に日本が初参加。

2.20　初の普通選挙法による総選挙。

5.21　野口英世が西アフリカで黄熱病の研究中に罹病して死亡（51歳）。

7.28　第9回オリンピック（アムステルダム）開幕。三段跳びで織田幹雄、200メートル平泳ぎで鶴田義行が日本初の金メダル。

11.1　ラジオ体操の放送始まる。

11.10　天皇、即位の礼。

世　界

6.4　張作霖が関東軍の一部の謀略で列車を爆破され死亡。

8.27　パリ不戦条約調印。

ブラジル布教移民出発

3.28　真柱様、東京帝国大学卒業。

4.23　**真柱様、25回目の誕生日を期して教務に専心。**
真柱事務室を設置。

4.27　婦人会創立20周年記念第17回総会。
副会長に中山せつ様就任。記念事業として養徳院の新築を決議。

5.11　**大竹忠治郎ほか南海大教会のブラジル移住者出発。**

神戸港で出発を間近に控えたブラジル移住者一行（後列右から7人目が大竹忠治郎）

7.26　清水芳雄、南洋パラオで布教中に出直す。
清水芳雄は兵神大教会長の後継者で海外伝道部に勤務中であったが、この年4月、自ら願い出て宗教事情調査のため南洋へ単身出張した。しかしその2カ月後、現地で布教中に風土病に倒れ、27歳の若さで出直した。
東京教務支庁内に「三才文庫」創設。
真柱様が在学中に宿舎とした建物。9月21日、開館式と記念展覧会開催。

7.27　第2回教義講習会（おさしづ講習会）始まる。
7月27日より5日間と8月2日より5日間の2回。

10. 4　真柱様、朝鮮半島および中国大陸巡教に出発。
10月21日まで。10日、朝鮮講習所創立10周年記念祭。17日、婦人会満州出張所開所式。

10.26　『おみちの日記』発行（道友社刊。定価1円）。

この年　大阪の十三峠越え徒歩団参始まる。

昭和4年・1929年

日　本

4. 1　寿屋が初の国産ウイスキー、「サントリー白札」発売（4円50銭）。

7. 2　浜口雄幸民政党内閣成立。

10. 1　小西六本店が品質の良い国産の「さくらフヰルム」初売。趣味の写真国民に広がる。

11. 3　朝鮮全羅南道光州の学生、日本人生徒の朝鮮人女学生に対する侮辱と、この事件に対する日本側の対応に抗議のデモ（光州学生運動）。

この年　大学卒業者の就職難深刻（東大卒の就職率30パーセント）。「大学は出たけれど」流行。

世　界

8.19　全世界注目の独飛行船ツェッペリン伯号（全長236メートル）1万キロを翔破し霞ケ浦飛行場に着陸。

10.24　ニューヨーク株式市場が大暴落（暗黒の木曜日）。世界恐慌始まる。

この年　英のフレミングがペニシリンを発見。

昭和 5 年

立教93年／1930年

天理教校よのもと会発会式

天理図書館・参考館開館

『天理時報』創刊

1.19　真柱様、「勇んで働け」と題してJOBKから初のラジオ放送。

2.11　**天理教校よのもと会発会式。**

天理教校の在学生および会発足後の卒業生を会員として、相互の親睦を図ることを主たる目的とする。

2.16　天理養徳院、一切の工事を終えて移転完了。

豊田山麓に８棟、16舎。養徳院の経営はこの年１月から教会本部より婦人会に移管。

2.27　中山秀司様・夫人まつゑ様50年祭。

3.2　真柱様、中国大陸巡教に出発。

４月15日まで。４月10日、天理教青年会満州出張所開所式。

4.28　**天理外国語学校内に海外事情参考品室を開設。これを天理参考館の創始とする。**

４月25～27日、天理中学校創立30周年記念として開催された支那風俗展覧会の展示品などを外語学校に移して開設。

支那風俗展覧会
展示品は2代真柱様の指示による収集品
この展覧会ののち天理参考館が誕生した

5.8　婦人会の３委員らが台湾布教へ。

真柱様、「台婦講」と命名。５月29日～６月24日、婦人会長中山たまへ様、台湾巡教。

8.1　前日からの豪雨により布留川氾濫。

髙安、芦津、御津の各詰所の一部倒壊。

10.1　真柱様著『天理教伝道者に関する調査』を道友社より出版。

多数の協力を得て１万数千の全教会をもれなく調査した。

10.3　婦人会機関誌『みちのだい』創刊。

昭和 5 年・1930年

日　本

2.26　共産党員の第３次検挙始まる（461人起訴）。

3.1　谷口雅春が生長の家を開き、雑誌『生長の家』創刊。

3.24　関東大震災からの復興を祝って帝都復興祭を挙行。

3.28　内村鑑三没（69歳）。

4.1　上野駅の国鉄と地下鉄の連絡地下道に商店街が開店。

4.25　衆議院で政友会の鳩山一郎らが、ロンドン軍縮条約締結に関し統帥権干犯と政府を追及。

4月　浅草の永松武雄が初の紙芝居を作る。年末に鈴木一郎の『黄金バット』が出て大人気。

5月　横山エンタツ・花菱アチャコが大阪の玉造三光会館にデビュー。

6.6　東京に日本初の女子独身者専用の「大塚アパートメント」開館。ワンルームで約10円。

6.12　直木三十五が「南国太平記」を新聞連載開始。

8.18　谷崎潤一郎夫人が離婚し佐藤春夫と結婚。三者合意の声明を出し話題となる。

天理図書館は大正15年、天理外国語学校内に2万6千冊の蔵書をもって閲覧を始めたのが最初とされるが、独立した建物をもって開館したのはこれが初めてだった

10.18　**天理図書館新築開館。**

真柱様は式辞で同図書館の三つの使命、「天理教中央図書館としての使命」「公開図書館としての使命」「天理教内の史実の書庫である保存庫としての使命」を発表。

石上宅嗣卿顕彰碑の除幕式。

石上宅嗣は公開図書館の祖と仰がれた人で、昭和３年10月、日本図書館協会・近畿図書館協会・奈良県図書館協会等の発起により「宅嗣卿顕彰会」が組織され、石上氏の故地の一端である天理図書館前に建てられた。

天理図書館より『天理時報』創刊。

「原典収録の機関既になり、教団連結の機関は仮令其普遍性には多少の論点を存すとは云へ長い歴史の誇を有して厳存してゐる。……而して立教百年を目睫に控え全教的活動に移らんとする今日に於て、伝道者諸君の活動を簡易にするため、荒田おこしの役目をなす機関の設置こそぢば在住者の時旬に適応したつとめの一つと確信するものである」（２代真柱様＝『天理時報』創刊号「文書伝道と時報の使命」）。

天理時報

記念せよ十月十八日の地場

全國信徒熱誠の結晶
本教史上特筆すべき
御大典記念事業
天理圖書館竣工
教内教外各方面汎く朝野の名士を招いて落成式

我國公開圖書館創設者
石上宅嗣卿千百五十年祭
天理圖書館前に宅嗣卿記念碑建立

本教唯一の週刊新聞
天理時報發刊
創刊號に限り十八日發行
次號よりは毎週木曜日

新装成れる天理圖書館全景

『天理時報』創刊号
四六倍判８頁
１部２銭、１年間通読料１円

10.26　**教祖50年祭、立教百年祭に関する諭達第５号公布。**

10.28　両年祭について第３回教義講習会開催（10月30日まで）。

「日本人更生」（日本人全部がおさづけ人として生まれ変わること）をうたう。

道友社マーク
亀（つなぎ）の守護を表したもの

12. 4　道友社マーク決定（真柱様裁定）。

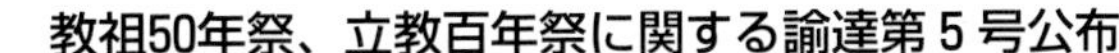

9.19　出漁中、漁夫に20時間労働を強制し死者十数人を出した蟹工船エトロフ丸が函館へ入港。首謀者検挙される。

9月　陸軍中佐橋本欣五郎らが桜会を結成。国家改造のため武力行使も辞さずと決議。

11. 5　岡山県倉敷に大原美術館開館。

11.14　浜口雄幸首相、東京駅頭で狙撃され重傷。

この年　自殺者急増、年間１万3942人。
農業恐慌（農村の疲弊）。

世　界

1.21　ロンドン海軍軍縮会議開く。４月22日、日・英・米・仏・伊の５カ国がロンドン海軍軍縮条約調印。

2. 6　イタリアとオーストリアが友好条約調印。ファシズムの影響がオーストリアに及ぶ。

8.17　スペインの共和主義者がサンセバスチャンで王制反対の革命委員会結成。

9.14　独総選挙でナチス党躍進、第２党に。

この年　米のトンボーが冥王星を発見。

昭和 6 年

立教94年／1931年

昭和ふしん始まる

1.6　本部員会議で本部員の実地布教決意。
真柱様も「私も余暇を見て布教する」と言明。教会長後任は実地布教経験者のみ許されることとなる。

1.7　**教祖50年祭、立教百年祭の教祖殿・神殿建築計画発表。**
２月より境内建物の一部移動始まる。

1月　婦人会、台湾布教希望者を募集。
前年５月に渡台した３人が婦人会本部役員としての務めのためにやむなく引き揚げたため。この募集で３夫婦が渡台。

5.18　真柱様ほか57人、日本宗教平和会議に出席。
東京・日本青年会館で、５月20日まで。

5.24　献木の先鞭をつけ髙安大教会の2000余人が献木記念の徒歩団参。
このころより献木団参相次ぎ、用材が山積する。

6.26　**神殿・教祖殿起工式。**
いわゆる昭和ふしんの始まり。

神殿・教祖殿起工式
写真は墨打ちの儀

7.2　**『天理時報』第37号をもって天理図書館より道友社に移管。**

7.26　『天理教統計年鑑』創刊。

8.4　真柱様、菅野山（奈良県宇陀郡）の間伐の下検分に出発。
11月飛騨七宗山へ、12月高知へ。

9.15　丹波市駅側線部完成、機関車乗り入れ。

11月　満州、上海へ道友社より記者２名を特派。

この年　『天理時報』第51号（10月８日号）より普通新聞紙大に紙面拡張。

昭和 6 年・1931年

日　本

1月　田河水泡の「のらくろ二等卒」が『少年倶楽部』に連載開始。

3月　東京航空輸送社がエアガール（客室乗務員）３人採用。

9.1　上越線の清水トンネル、10年の工期をかけて開通（9702メートル、当時世界最長）。

9.18　関東軍、満鉄線路を爆破。これを中国側の行為として総攻撃。満州事変始まる。

10.8　関東軍参謀石原莞爾ら独断で錦州爆撃を強行、国際世論の厳しい非難を浴び日本は孤立化。

世　界

4.14　スペインのアルフォンソ13世がフランスに亡命。スペイン第２共和国成立。

11.7　第１回全中国ソビエト代表者大会。27日、臨時政府樹立を宣言。主席に毛沢東。

この年　エンパイヤ・ステート・ビル完成（102階、375メートル）。

昭和7年
立教95年／1932年

第1回全国一斉ひのきしんデー、路傍講演デー
中山善衞様（3代真柱様）誕生

全国一斉路傍講演デー始まる

1.8　おせちの生餅約70俵（約30石）を北海道・東北の飢饉に送る。
1.26　全国一斉ひのきしん・路傍講演実施を青年会より発表。
　日本人更生めざし、のち婦人会と合議の上、ひのきしんデー5月18日、路傍講演デー8月18日を制定、年中行事とする。
2.18　満州へ慰問使派遣。翌日、上海へ慰問使派遣。
　上海への慰問に急遽5000個の慰問袋を贈呈することとなり、婦人会員のひのきしんによりわずか22時間で調製。
3月　団参ラッシュ。
　この月の団参、約10万人。
5.18　**第1回全国一斉ひのきしんデー。**
7.7　**中山善衞様誕生。**

全国一斉ひのきしんデー（山口県・忌宮神社）

8.3　青年会による満州視察（8月25日まで）。
8.18　**第1回全国一斉路傍講演デー。**
9.26　**教祖殿、御用場上棟式。**
10.27　第14回青年会総会で満州移民具体案発表。
　天理教青年会歌選定（明本京静作詞・近衛秀麿作曲）。
　11月21日にレコード吹き込み。甲子園で天理高校校歌として歌われるのがこの歌。
11.11　昭和天皇、陸軍特別大演習統監のため天理（乗鞍山）へ。
　同山は本部南方の小高い古墳で奈良盆地が一望できた。天理駅－外国語学校－乗鞍山の沿道に3万人が出迎え。教庁は大演習関係者におぢば絵ハガキ4万5000組のほか、新聞記者、警察官などにも本教紹介の記念品を贈った。
12.4　中山為信（本部員）が「われ等の使命」と題してラジオ全国中継放送。
　この放送に関して、大阪逓信局より「おふでさき」「ひのきしん」の2語の使用を禁止される。
12.6　真柱様、朝鮮半島など巡教に出発（25日まで）。

昭和7年・1932年

日　本

1.8　朝鮮人李奉昌、桜田門外で天皇の馬車に爆弾を投げる（桜田門事件）。犬養首相辞表提出。
1.28　上海で海軍陸戦隊が中国第19路軍と衝突（上海事変）。
2.29　国際連盟のリットン調査団が日本着。
3.1　満州国建国宣言。
4.24　第1回日本ダービー開催。
5.15　海軍青年将校らが首相官邸を襲撃。犬養首相を射殺（五・一五事件）。

世　界

1.4　インド国民会議派が非合法化され、ガンジー逮捕。獄中で死に至る断食を開始。
2.2　ジュネーブで軍縮会議開催。
7.21　オタワで英帝国経済会議開催。「英連邦ブロック経済」確立。
7.31　ドイツでナチスが第1党になる。

昭和 8 年

立教96年／1933年

教祖殿新築落成奉告祭

1.13　青年会事業計画会議で満州移民の候補地買収決定。
2月28日に仮契約するも支障を来して移民事業は中止。10月27日の青年会総会で移民計画中止の経過報告を行い、さらに移民計画再願を満場一致で可決。

1.27　第4回教義講習会。
1月29日まで東講堂と天理教館で。9960人余の教会長が受講。神殿増築おやしき拡張、人類更生、子弟教養の3方針提唱。

2.26　教庁に運輸部設置、初協議会開く。
両年祭を前に団参輸送の便宜を図るため。部長・諸井慶五郎。のちに輸送部。

3.5　三陸地方震災救済事務所を東京教務支庁に設け、真柱様自ら指揮。

4月　『主婦之友』4月号から、武者小路実篤が「中山美伎子」を執筆連載。挿絵は岩田専太郎。

4.2　『天理時報』朝鮮版発行。
9月3日、満州版も発行。

4.18　東京の単独布教者宿舎開所。
まず早稲田・品川両区に各1カ所設置。毎月18日を単独布教者会合日「親の日会」（真柱様命名）とする。

4.27　教校別科第50期記念大会。

4.30　地方教義講習会始まる。
和歌山を皮切りに9月まで。

5.20　教校別科の路傍講演、初めて東京進出。
従来、毎期、京都・大阪・神戸方面へ出向いていたが、50期記念に初の試み。男女各9人が23日まで。黒の制服が人目を引いたという。

5.24　岡山で初の天理時報読者大会。
笠岡商業学校講堂で。

6.12　真柱様、ハワイ・アメリカ・カナダ巡教に出発。
15日、横浜港出港、9月23日まで。8月30日、世界宗教大会（シカゴ）で「天理教の教祖及び教理」と題して講演。

世界宗教大会で講演する2代真柱様

昭和8年・1933年

日　本

2.20　小林多喜二が検挙され、築地署で拷問のすえに死亡。

2.24　国際連盟が対日満州撤退勧告を可決。抗議して松岡洋右日本代表が退場。3月27日、正式に脱退。

3.3　三陸地方を大地震と最高23メートルの津波が襲う。死者約3000人。

4.1　新「小学国語読本」（サクラ読本）初の色刷りで使用開始。

5.26　文部省が京都帝大の滝川教授を休職処分（滝川事件）。

5月　塘沽停戦協定成立。

8.19　全国中等野球準決勝で中京商業が明石中学に延長25回、1対0でサヨナラ勝ち。

8月　東京で「東京音頭」の盆踊りが熱狂的に流行、全国に波及する。

9.21　宮沢賢治没（37歳）。

10.16　新渡戸稲造没（72歳）。

12.23　皇太子明仁親王（今上天皇）誕生。

8.26　神殿礼拝場の立柱式。

9.10　天理教校別科入学生7500余人。

6月より教室の増築、詰所、保育所の増設始まる。別科生増え、9年、10年には1期で1万人を超すことも。

10.24　第1回天理教美術展覧会開催。

教祖殿落成記念に教校教室で28日まで。これを機に天理美術協会が組織される。

10.25　**教祖殿新築落成奉告祭。**

前日、教祖殿遷座祭。

教祖殿は同殿と御用場、双方をつなぐ合殿からなる。教祖殿には化粧室、浴室などを備え、茶菓やご膳を献じるなど、より一段と教祖におつかえできるようになり、存命の理が顕現された。9年2月から教祖にご覧いただくよう『みちのとも』『天理時報』もお供え。

教祖殿新築落成奉告祭当日の天理本通り

10.26　親神様仮神殿に御遷座。

11.13　真柱様蒐集の民俗学資料展。

ハワイ・南洋の資料。天理図書館で3日間。

11.28　初代真柱中山眞之亮様20年祭。

12.14　教規規程改正。

諸制度整備のため臨時制度調査委員会設置。

12.19　天理外国語学校北京語部に蒙古語を開講。

この年　ヨーヨーが爆発的人気。膝下15センチのロングスカート流行。

世　界

1.30　アドルフ・ヒトラーが独首相に就任し、ナチスが政権獲得。

2.27　ベルリン国会議事堂放火事件起こる。

3.4　フランクリン・ルーズベルトが米大統領に就任。10日、ニューディール政策を発表。

9.2　イタリア・ソ連が不可侵友好条約調印。

9.30　上海で極東反戦反ファシズム大会開く。

10.14　独、ジュネーブ軍縮会議・国際連盟から脱退を声明。

12.5　アメリカで禁酒法撤廃。

この年　アインシュタイン、トーマス・マンら、ドイツより亡命。

教祖誕生祭始まる
神殿落成
（神殿・南礼拝場）
雛型かんろだい据え
おつとめにお面着用

1．1　教内総合学校地域設計を発表。
1．27　**アメリカ伝道庁設立。**
　5月20日に鎮座祭と奉告祭。
1．31　財団法人天理教教会本部を財団法人天理教維持財団と変更。
2月　天理教婦人会歌できる。
　明本京静作詞、近衛秀麿作曲。青年会歌と姉妹歌とされる。
3．22　函館市大火災に救援活動開始。
3．25　青年会より満州移民の大綱決定、満州天理村移民募集開始。
3．26　神殿、礼拝場上棟式。
3月　道友社東京支局開設。
　4月1日『天理時報』東京版発行。
4．10　教祖誕生祭を4月18日に勤める旨通達。
4．18　**教祖誕生祭始まる。**
この祭典より参拝者のみかぐらうた唱和許される。
4．28　**婦人会長に中山せつ様就任。**
5．26　総務部に教学審議会設置。
6．12　天理外国語学校、御分霊奉祀1周年記念祭。
　真柱様、「ふるさと講」と命名。
6．18　真柱様、台湾・中国大陸および朝鮮方面巡教（8月6日まで）。
6月　「甘露台は雨うたし」と新神殿設計発表。
　「従来の上段の間は廃されそれに代るに新神殿中央を四十一尺三寸四方、深さ七尺の土間に切下げ、土間には白砂を敷きつめその中心に径三尺六角、高さ八寸の最下の土台からはじめて、十三段の雛型甘露台が据ゑられ、甘露台直上の天井は、天地を突き通すといふ甘露台本来の意義から、六尺四方を切り開き、神言通りに雨うたしにされる」（『天理時報』6月10日号）。
7月　各地で別科卒業生大会開催。
8．8　天理図書館より学術誌『日本文化（やまと）』創刊。
8．26　**台湾伝道庁設立。**
9．10　教校別科第53期入学生1万2957名。

昭和 9 年・1934年

日　本

3．1　満州国で帝政実施。溥儀が皇帝に即位。
3．16　雲仙・瀬戸内海・霧島が最初の国立公園に指定される。
3．21　函館に猛火。消失2万4186戸、死者・行方不明2716人（関東大震災につぐ大火）。
4．18　帝国人絹会社の株式買い受けを巡る疑獄事件（帝人事件）。
4．21　渋谷駅前の忠犬ハチ公の銅像建つ（戦時中、金属回収でつぶされ戦後再建）。
5．20　財団法人癌研究会癌研究所開所。
5．30　東郷平八郎没（88歳）。初の国葬。
7．8　岡田啓介内閣成立。
8．29　文相松田源治が「パパ・ママ」の呼称を非難し、反響を呼ぶ。
9．21　室戸台風、関西を襲う（気圧912ヘクトパスカル）。死者・行方不明3036人。
11．2　ベーブ・ルースら米大リーグ選抜野球チーム17人来日。
11．20　陸軍青年将校がクーデター計画容疑で検挙。

9.24　近畿・中国地方風水害に救援活動開始。
大阪では4000人が被災地へ出動。

10.15　神殿に雛型かんろだいを据える。
木製ながら教え通りの寸法のかんろだいが初めてぢばの地点に建つ。これをもって昭和ふしん完了。

10.23　天理教校よのもと会会則変更。
教校卒業生全員を会員とする全教的な組織となり、各地によのもと会支部が発会。

10.24　**神殿落成につき遷座祭。祭典様式変更。**
おつとめにお面を着用、かんろだいを囲んで立ちづとめ。

昭和ふしん完成　奉告祭にはおよそ10万人が帰参した

10.25　**神殿改築、南礼拝場増築落成奉告祭。**
昭和ふしんの完成……建坪総数1996.022坪（6586.8660平方メートル）、総檜造りで木材総材数307万3751才。
これまでの「お社」は取り払われ、「かんろだい」を芯として南北の礼拝場から拝み合う神殿構造となる。
「明治15年に二段までできた石のかんろだいが警察に没収され、その後、板張りの模型を二段据えられた事以外、かんろだいの製作は今回が模型ながらも初めてなのであります」（真柱様＝『天理時報』10月28日号）。

10.26　新祭式による秋季大祭。鳴物復元。をびやづとめ。

11.4　**第１回天理村移民、満州へ出発。**
43家族205名が神戸港から船出。天理村は東経127度51分、北緯45度51分に位置し、総面積２万3660町。

11.19　東北地方飢饉に救済活動開始。
27日までに19カ所で講演会を行う。

12.26　直属教会長に布教に関する５大計画発表。
「優秀教会を抜擢」「有名無実教会を整理」など。

12月　新築の教務支庁、教会の神殿はぢばを向いて拝ができるよう建築することに決定。

……………………………………………………………

4.1　丹波市天理郵便局開局（現・親里館（やかた）郵便局）。

12.26　職業野球団の大日本東京野球倶楽部創立（沢村栄治、スタルヒン、水原茂ら）。

12.29　ワシントン軍縮条約廃棄を米に通告。

この年　東京宝塚劇場・日比谷映画劇場などがオープンし、有楽町・日比谷が浅草に代わる新娯楽街となる。東北地方大凶作で、娘の身売り、自殺相次ぐ。国産パーマネント機械第１号発売、パーマネントが普及。［歌］「赤城の子守歌」東海林太郎。

世　界

9.13　米・アリゾナ州で排日運動が激化し、在留邦人が日本政府の保護を嘆願。

9.18　ソ連が国際連盟に加入。

10.15　中国紅軍が長征開始。

昭和10年

立教98年／1935年

教祖御誕生慶祝旬間始まる よろづ相談所開設

1.26　両年祭記念に『おふでさき』『おさしづ』下付の達。

1.27　第5回教義講習会開催（1月29日まで）。
「人類更生運動」を基調に。

2.14　**毎年4月18日から27日までを教祖御誕生奉祝旬間と定める。**

3.15　財団法人天理教いちれつ会認可。
子弟の教養とあわせて学校・図書館の維持経営をなすこととなる。

3.24　天理中学校の入学希望者が増加し天理第二中学校の新設決定。
4月6日に仮入学式。諸井慶五郎校長より「天中といい二中というのは名称のみ異なるのであって、二中は一中の延長に過ぎぬ。対立しているのではない」との訓話。4月25日、文部省より設立認可があり、翌26日正式に入学式。

3月　総合学校第1期工事開始。

4.6　丹波市町都市計画起工式。
東西幹線道路（親里大路）着工。

4.8　日本商工会議所派遣のブラジル訪問経済使節団に三井物産常務・岩井尊人が天理教書籍16種320部を携えて渡伯。

4.18　**教祖御誕生奉祝**（慶祝）**旬間始まる。**
27日まで。18日、三昧田村では松村吉太郎（三昧田宣教所長）が教祖に扮して、村の有力者総出で教祖御入嫁当時そのままの行列を仕立て、本部まで行列を行った。
期間中、青年会総会、婦人会総会、よのもと会総会の会場となる本部中庭には、2000坪、4000畳敷きの大テントが張られた。

教祖誕生祭に教祖お嫁入りの仮装行列 第1回の御誕生慶祝旬間は10日間快晴に恵まれ、帰参者は10万人を数えた

昭和10年・1935年

日　本

2.18　貴族院で美濃部達吉の天皇機関説が攻撃される。

2月　湯川秀樹、中間子理論を発表。

4.1　青年学校令公布。10月に1万7000の青年学校が発足。

4.6　満州国皇帝溥儀が来日、天皇と対面。

6.9　吉岡隆徳が甲子園で100メートル10秒3の世界タイ記録を出す。

6.10　河北省における日本軍の要求を全部承認する梅津・何応欽協定なる。

8.10　第1回芥川賞に石川達三の『蒼氓』、直木賞に川口松太郎の『鶴八鶴次郎』が受賞決定。

8.12　陸軍軍務局長永田鉄山少将が皇道派の相沢三郎中佐に刺殺される。

8.22　吉川英治が「宮本武蔵」を朝日新聞に連載開始。

11.26　日本ペンクラブ結成（会長島崎藤村）。

12.1　初の年賀郵便用切手発行。

12.8　大本教の出口王仁三郎ら幹部30余人が不敬罪

4.23　天理教校よのもと会第１回総会開催。

午後からは総合学校敷地（現在の天理高校校舎付近）で総出ひのきしん。

よのもと会総出ひのきしん　2代真柱様を先頭におよそ3万人が汗を流した

4.24　台湾震災に慰問使派遣。

5.26　**５月と８月を除く毎月18日を全国一斉にをいがけデーとすることに決定。**

よのもと会主催。６月18日にその第１回。

7.19　よのもと会アメリカ支部発会式に際し会場のアメリカ伝道庁へ真柱様が国際電話で告辞を送る。

8.10　教祖50年祭用かぐら面製作に着手。

9.28　第２回天理村移民出発。

10. 1　**教祖ご生家の建物を誕生殿と命名。**

誕生殿お守役に松村吉太郎任命される。

道友社に写真部開設。

翌年より天理教映画の制作にかかる。

天理市三昧田町にある教祖ご生家
（昭和30年に修復され現在に至る）

10. 3　**天理教校よのもと会により、よろづ相談所開設。**

本部東屋敷内。医療・相談・厚生の３部を置く。

11.13　ブラジルにノロエステ教会設立。

12.16　**教会本部、税務問題に関し捜索を受ける。**

教庁会計担当者ら嫌疑拘留を受けたが、その後、無罪判決を受けた。

・治安維持法違反で逮捕される（第２次大本教事件）。

この年　貿易収支が17年ぶりに黒字。洋服・自転車などの月賦販売流行。嗜眠性脳炎（ネムリ病）流行。平均寿命、男44.8歳、女46.5歳。

世　　界

3.16　ドイツがベルサイユ条約軍縮制限条項を廃棄し、再軍備を宣言。

4.21　台湾で新竹・台中地震（M7.1）発生。

7.25　モスクワで第７回コミンテルン大会開催。反ファシズム人民戦線のテーゼを採択。

8. 1　中国共産党が抗日救国統一戦線を提唱（八・一宣言）。

10. 3　イタリアがエチオピア侵入開始（エチオピア戦争始まる）。

教祖50年祭執行、帰参者100余万
教祖誕生祭に奉祝歌奉唱始まる

1.1　『みちのとも』1月号より月2回発行を月1回とし、菊判誌型を四六倍判に拡大。
『天理時報』元日号で天理教映画シナリオを募集。
7月に道友社第1回作品映画「聖き血潮」完成。

1.7　**天理中学校ラグビー部、全国大会初優勝。**
真柱様はこの日「臥薪十年・心踊之記」の揮毫を同部に贈った。

1.26　**教祖50年祭執行。**
1月26日から2月18日（陰暦正月26日）までを年祭期間とし（以降恒例）、1月26日、2月7日、2月18日の3回祭典。期間中毎日おつとめを勤める。帰参者100余万。
1月23日から2月20日まで天理時報「50年祭日報」発行。

教祖50年祭
参拝者でにぎわう本部中庭

教祖50年祭に完成した南門

昭和11年・1936年

日　本

1.20　警視庁消防部が東京の6消防署に救急車各1台を配備。救急病院173カ所を指定、救急呼び出し電話「119番」を決める。

2.5　日本職業野球連盟が7チーム加盟で発足。2月9日、名古屋で巨人軍対金鯱軍の初試合。

2.26　二・二六事件起こる。皇道派青年将校が1400余人の部隊を率い挙兵、内大臣斎藤実・蔵相高橋是清・教育総監渡辺錠太郎らを殺害。永田町一帯を占拠して国家改造を要求。27日、東京市に戒厳令布告。29日、戒厳部隊が討伐行動を開始、反乱軍帰順。

2.29　鉄道省が貨物用D51型蒸気機関車を完成。

3.9　広田弘毅内閣成立。

3.13　内務省が大本教に解散命令。5月18日、京都府綾部の本殿をダイナマイトで強制破壊。

5.18　陸海軍大臣現役武官制復活。

8.1　ベルリン・オリンピックに日本選手179人参加、6個の金メダル獲得。11日、200メートル平泳ぎでベルリンから河西三省が「前畑頑

両年祭記念に下付された『おふでさき』

1.27　**両年祭記念に『おふでさき』『おさしづ』**（第１巻）**下付。**

2.18　『おふでさき』原本写真版を大・中教会などに下付。

4.10　真柱様、天理外国語学校・天理女子学院で毎週おふでさき講義。

4.18　**教祖誕生祭での奉祝歌奉唱始まる。**

　木村光江作詞、内田甚太郎作曲「教祖御誕生祝歌」。

立教百年祭に関する諭達第６号公布。

両年祭記念の社会事業６項目を発表。

　乳幼児保護、虚弱児保護、全国児童愛護週間実施に関し各府県との協力、少年保護事業助成、教内社会事業助成、地元社会事業助成などを向こう３カ年継続して行う。

5．2　全国児童愛護週間実施（８日まで）。

　全国各府県に計５万円を寄付。奈良県には社会事業助成金１万円を寄付。

6.10　両年祭記念事業として、東京市で母乳不足乳幼児に牛乳配給実施。

7.15　道友社の映画「聖き血潮」、神戸で公開。

　この後、京都、東京、横浜、名古屋などでも。

7.20　大阪市における両年祭記念事業の乳幼児保護事業、貧困家庭への牛乳配給開始。

　授乳所に市内20カ所の教会が当てられ「赤心ちのみ所」と命名。

9．1　道友社名古屋支局と九州支局開設。

　９月27日『天理時報』東海版発行、10月11日九州版発行。

10. 5　第６回教義講習会開講。

　11月８日まで、１週間ずつ３期に分け教祖殿御用場で。

10.26　立教百年祭期日を昭和12年10月26日から11月28日（陰暦10月26日）までとするなど通達。

11. 1　第６回教義講習会の地方短期講習会始まる（12年２月末まで）。

11.25　立教百年祭にをいがけ用の年賀絵ハガキを発行。

　年祭準備係の作成。４種16枚を１組とし250万組4000万枚。

張れ」と熱狂的に実況放送。

9.28　大阪府特高警察が、ひとのみち教団教祖御木徳一を検挙。

11.25　日独防共協定、ベルリンで調印。

世　界

3．7　ドイツがロカルノ条約を廃棄しラインラントに進駐。

5．5　イタリアがアジスアベバを占領。９日、エチオピア併合を宣言。

7.18　スペイン内乱始まる。

12.12　張学良が蔣介石を監禁し、抗日実行・内戦停止などを要求（西安事件）。16日、国民党政府が張討伐を決定。共産党の周恩来が西安へ飛来し張・蔣と会談。蔣は８項目の要求を認め25日釈放される。

この年　ゴーリキー（６月18日、68歳）、魯迅（10月19日、55歳）没。

昭和 12 年

立教100年／1937年

戦雲漂う中、立教百年祭を執行

1.7　真柱様、台湾巡教に出発。

1月19日まで。10日、台湾伝道庁神殿落成奉告祭とよのもと会台湾支部発会式。

1.12　上田ナライト出直し（73歳）。

1月　**総合学校第1期工事、天理中学校校舎完成**（現・天理高校）。

11月26日に新築落成披露式。同計画は1期のみで終わる。

新築なった天理中学校校舎（当時）

3.15　天理中学校・天理中等学校は新校舎へ移転。

天理教校は旧中学校校舎、第二中は旧教校校舎（鑵子山）へ。

4.25　天理教会設立50年記念祭。

正門（南門）に「天理教教庁」と「天理教教会本部」の看板あがる。

4月　標語映画「いざひのきしん・明るい日本」完成。

5月20日より大阪・京都・神戸で一斉封切。6月より東京・名古屋でも。

6.12　横綱双葉山を迎えて天理中学校土俵開き。

双葉山は9日に幕を開けた大阪本場所の最中。後日、夏場所の優勝カップを天理中学校相撲部に寄贈。

7.25　管外諸学校に学ぶ教内子弟に対して夏季おぢば修養会開催。

8月1日まで。学生生徒修養会の始まり。

7.26　日中戦争の重大時局に処して諭達第7号公布。

7.30　青年会本部より軍用機献納資金募集を全国に通知。

8.18　本部及び全教会で一斉に国威宣揚、出征軍人の健康祈願祭。

以後、全教会において毎朝夕の参拝に祈願祝詞を奏上。

昭和12年・1937年

日　本

1.4　名古屋城の金のシャチホコの鱗58枚盗難。

2.2　林銑十郎内閣成立。政党から入閣なしの軍官連立内閣。

2.11　文化勲章令公布。4月、長岡半太郎・本多光太郎・木村栄・佐佐木信綱・岡田三郎助・藤島武二・横山大観・幸田露伴・竹内栖鳳の9人が第1回受賞。

4.15　ヘレン・ケラー来日。各地で講演。

5.26　双葉山が第35代横綱に昇進。昭和11年春場所7日目からの連勝は14年春場所4日目、69でストップ。

6.4　第1次近衛文麿内閣成立。

7.7　蘆溝橋で日中両軍衝突、日中戦争始まる。

7.15　文相が宗教・教化団体代表者に挙国一致運動を要望。8月17日、宗教局長が国民精神総動員につき宗教家の奮起を促す。

7.29　通州事件。

8.14　二・二六事件の民間関係者に判決。19日に北一輝、西田税らの死刑執行。

8.26　重大時局に鑑み、立教百年祭の期日を陰暦10月26日に当たる11月28日だけに改め、厳粛に行うことに決定。

予定されていた東京大相撲奉納も中止。翌日、立教百年祭団参輸送中止の発表。

天理教時局委員会発足。

8.31　青島、済南の教会8カ所引き揚げ完了。

9.8　婦人会、華北に看護婦35名を婦人ひのきしん団（北支班）として派遣。

9月　本部関係者を総動員しておぢば防空団組織編成。

10.26　**秋季大祭より立教百年祭**（11月28日）**まで、毎朝本づとめを勤める。**

11.18　国体明徴に関する第7回教義講習会開講（27日まで）。

11.27　独立30年記念祭。

11.28（陰10.26）　**立教百年祭執行。**

帰参者10数万人。祭典は午前11時より行われ、祭典の実況が11時20分から59分まで、大阪放送局から全国に中継放送された。

立教百年祭で祭文を奏上する2代真柱様

11.30　本部人事異動。教会本部と教庁の区分を明確化。

12.27　奈良県知事より私立病院開設認可。

13年7月1日、丹波市町字別所80番地で地鎮祭、整地ひのきしん。

11.5　日本軍が杭州湾北岸に上陸、上海戦線の背後をつく。

12.10　日本軍が南京総攻撃を開始。13日、南京を占領（南京事件）。

この年　全国各地で千人針と慰問袋づくり盛ん。普通乗用車5万台突破（戦前の最高）。歌「別れのブルース」淡谷のり子、「露営の歌」（〽勝ってくるぞと勇ましく……）。

世　界

9.21　国際連盟の日中紛争諮問委員会開く。ソ連が日本を侵略者と非難。28日、国際連盟総会が日本の中国都市空爆非難決議を全会一致で可決。

10.5　米大統領ルーズベルトがシカゴで演説し、日独伊を非難。「好戦分子は伝染病患者のごとく隔離しなければならない」と結んだため「隔離演説」と呼ばれる。

11.6　イタリアが日独防共協定に参加。

12.11　イタリアが国際連盟脱退。

昭和13年 立教101年／1938年

論達第８号で「革新」を指示

2.6　天理中学校、天理中等学校生徒から愛国少年を募集し、愛国少年団50名を華北へ派遣。
　３月11日、第２次愛国少年団出発。以後、次々と出発。

3.16　別科課程修了後に検定試験を行うことを発表。

4.3　**教会本部より全教会に『みちのとも』『天理時報』を交付することとなる。**

4.10　天理教校本科第１回入学式。

4.18　教祖誕生祭執行。時局に対処して奉祝行事とりやめ。
天理教校よのもと会を天理教よのもと会と改称改組。

4.20　青年会・婦人会・よのもと会連合大講演会。
　その後、総合学校敷地で３万人総出ひのきしん。

7.10　初代真柱様夫人、中山たまへ様出直し（61歳）。
　７月17日葬儀。数万の信徒が参列。

7.26　**２代真柱様、おさづけのお運び初め。**

7.27　物資の統制に関する通達。
　生活の簡易化、消費の節約を教内に呼びかける。

8.18　路傍講演デーを全国一斉ひのきしんデーに変更。
　昭和22年に路傍講演デー復活。

9.12　文部省など主催の国民精神総動員宗教教師講習会。
　本教より３名参加。

10.26　満州天理村を青年会から海外伝道部に移管。

12.26　**論達第８号公布。**
　「泥海古記に関する教説の禁止」を指示。
革新委員会発足。
　すべての教義は「天理教教典」（明治教典—明治36年編纂）に依拠し、教団運営の改善をするようというのが文部省宗教局の指示。委員長・島村國治郎、委員12名。
　革新により、おつとめの様式変更。お面は並べず、上段でまなびの座りづとめとなる。
　この後「革新」の名のもとに弾圧の時代を歩むことになる。
　この革新は昭和20年８月の終戦まで続き、戦後「復元」が提唱される。

昭和13年・1938年

日　本

1.13　落語家・漫才師の戦線慰問団「わらわし隊」横山エンタツら第１陣が出発。

1.16　近衛内閣が「国民政府を相手とせず」との声明を発表（近衛声明）。11月・12月と中国基本政策を示す声明を続けて発表。

3.5　庭野日敬・長沼妙佼らが霊友会より分かれ、大日本立正交成会を設立。

4.1　国家総動員法公布。５月５日施行。

10.27　日本軍が武漢三鎮占領。11月３日、近衛首相が東亜新秩序建設構想を発表（第２次近衛声明）。

この年　松竹映画の『愛染かつら』が大ヒット。
歌「人生劇場」（〽やると思えばどこまでやるさ)、「旅の夜風」（〽花も嵐もふみこえて）。

世　界

3.13　ドイツがオーストリアを併合。

9.29　英・仏・独・伊４国のミュンヘン会談でズデーテン地方のドイツへの割譲決定。

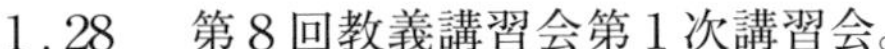

昭和14年
立教102年／1939年

「革新」の徹底強化を進める

1.28　第８回教養講習会第１次講習会。
　３日間。泥海古記禁止と時事問題について。
　第２次は２月７日から２月末日まで各大教会で、第３次は３月１日から各地で開催。

2.26　革新委員会制度改正の第１歩として、教務支庁長、伝道庁長の任地常住制を実施。

3.18　天理教よのもと会が天理教教師会と改称。

4.1　**『新修御神楽歌』刊行。**
　よろづよ八首、三下り目、五下り目を省略。「やまとのぢば」「もとのかみ」「じつのかみ」などがその対象となる。

4.27　よろづ相談所本館落成。
　５月16日より内科・小児科・眼科・レントゲン科の診療開始。

4.29　御神水の下付を当分見合わせ、御供（ごく）（５包）に代える。

7.13　**よろづ相談所開所式。**
　「よろづ相談所といふ名前は、一寸変に響くかも知れませんが、これはもと〳〵本教の『よろづ助け』を基として計画したもので、独り病気に限らず、事情の相談にも応ずれば、厚生方面の仕事もする、進んでは職業の紹介から補導もしたいといふ希望もあるのですが、取りあへず現在、医療、相談、厚生の三部を開いた」（真柱様式辞＝『よろづ相談所のあゆみ』）。

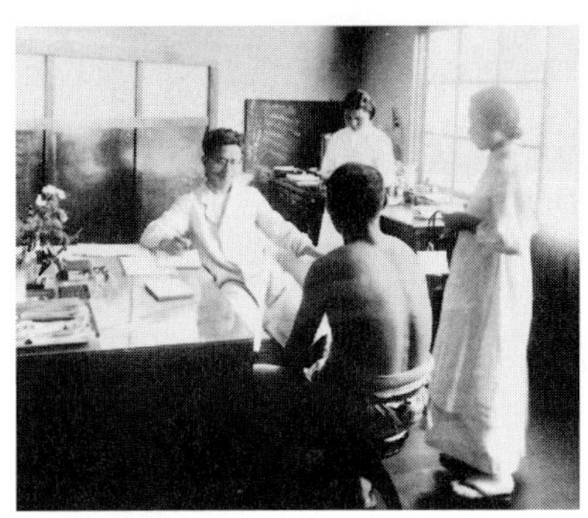
よろづ相談所　当時の診察風景

7.24　**天理中学柔道部、全国大会初優勝。**

8.26　時局委員、時局懇談会を廃止し、天理教興亜局を創設。

12.1　革新の徹底強化について告示第１号発表
　『おふでさき』について。

この年　各教会下付の『おふでさき』『おさしづ』を回収。

天理中（現天理高）柔道部
全国大会の優勝メンバー

昭和14年・1939年

日　本

1.5　平沼騏一郎内閣成立。

5.11　満蒙国境ノモンハンで外蒙古軍と満州国軍とが武力衝突（ノモンハン事件）。

8.28　独ソ不可侵条約に「複雑怪奇」と声明して平沼内閣が総辞職。30日、阿部信行内閣成立。

9.4　政府が欧州戦争に不介入を声明。

10.18　諸物価を９月18日の水準に固定化する価格等統制令など公布（9.18ストップ令）。

この年　歌「上海ブルース」「旅姿三人男」ディック・ミネ。

世　界

5.22　独伊軍事同盟調印（ベルリン・ローマ枢軸の完成）。

8.23　モスクワで独ソ不可侵条約調印。

9.1　ドイツ軍がポーランド進撃開始。第２次世界大戦始まる。

11.30　ソ連がフィンランド攻撃開始。12月14日、これを理由に国際連盟がソ連を除名。

昭和15年

立教103年／1940年

革新講習会始まる

道友社創立50周年

1.26　『天理教教典衍義』刊行。

3.15　天理女子学院が天理女子専門学校として認可。

3.28　第９回教義講習会開催。
　４月１日まで。教典の普及について。

4.1　宗教団体法実施に伴い、集談所を布教所に改める。

4.10　神殿に案内係新設。
　７月１日、各教区からそれぞれ適任者を４名選抜して配置する。

4.22　道友社創立50周年記念式。
　文書伝道功労者（26名）の表彰。

4.25　**株式会社天理時報社創設。**
　道友社と教庁印刷所の機構を合併。道友社は教庁の機関として存続したが、21年４月まで社長の無い時代となる。
　『みちのとも』の編集は７月から教義及史料集成部で行われ、編集掛員として、岡島善次、松井忠義、生駒藤雄、岩井孝一郎、福原登喜、上田理太郎。天理時報社はその印刷発行所となる。

5.1　教典衍義徹底のため地方講習会始まる（９月まで）。

9.1　『みちのとも』『天理時報』以外の教内雑誌新聞は用紙節約のため廃刊。

9.6　真柱様、朝鮮半島および中国大陸巡教に出発。

9.18　諭達第９号公布。金属品献納運動開始。

10.28　**天理教一宇会設立。**
　教師会、婦人会、青年会、奉公健児団を統合。翌年４月20日発会式。
　諭達第10号公布。
　紀元二千六百年奉祝天理教大会について。

11.10　詰所名称を第１寮より第86寮に改称。

11.11　**第10回教義講習会**（革新講習会）**始まる。**
　第１次は11月20日まで。第２次（12月１日～10日）、第３次（12月11日～20日）。昭和17年11月、第27次まで開催。

昭和15年・1940年

日　本

1.16　米内光政内閣成立。

1.21　英国軍艦が千葉県沖で浅間丸を臨検し、ドイツ人船客21人を引致（浅間丸事件）。

4.24　米・味噌・醤油・砂糖・マッチ・木炭など生活必需品10品目に切符制採用を決定。

7.22　第２次近衛文麿内閣成立。

7.27　大本営政府連絡会議で時局処理要綱を決定。武力行使を含む南進政策決まる。

9.27　日独伊三国同盟、ベルリンで調印。

10.12　大政翼賛会発会式。

この年　歌「湖畔の宿」高峰三枝子、「蘇州夜曲」霧島昇・渡辺はま子。

世　界

5.15　オランダがドイツに降伏。

6.10　イタリアが英・仏に宣戦布告。

6.14　ドイツ軍、パリに無血入城。

7.22　ソ連がバルト３国正式合併を決定。

昭和16年
立教104年／1941年

別科を廃し、修養科新設
「集会」新設

修養科新設　4月16日に第1回入学式が行われた　写真は鳴物練習のようす

1.4　新体制下のおせち始まる。
4日村方、6～8日は雑煮を廃し、御神酒と御供の餅を北礼拝場で頒布。19年には村方も中止。

1.10　よろづ相談所分院開設、付属病院と称す（現・川原城町、洲本詰所の地）。
芦津大教会より第2詰所を教会本部に献納したいという申し出があり、これをよろづ相談所分院として設置願を県知事に提出し15年2月3日認可。それより改造・増築工事を行い、この日より診療開始。
この分院に一般医療の分野を移し、本院には結核患者のみが残り、療養所としての形態を取りはじめる。

2.1　**天理教校の学制変更、別科を廃止し修養科新設。**
3カ月制。4月16日に第1回入学式。

2.16　一般信者に教養の徹底を期すべく、本部で『信者の栞』発行。

3.31　**宗教団体法による新教規認可。諭達第11号公布。**
教会を大教会、分教会の2段階制とし、教務支庁を教区庁と改称。従来の大・中教会は大教会に、従来の分・支教会と宣教所は分教会に、海外教会は教会と改める。大教会は教徒及び信徒5000名以上、部属教会50カ所以上。分教会は教徒及び信徒100名以上。
協議機関として「集会」新設。
5月17日、初の集会員選挙。6月26日から30日まで第1回集会。議長、白鳥錤一。

4.1　国民学校制実施に伴い天理小学校を私立天理少年学校と改称。

4月　天理教校に専修科（1年制）開設。

9.9　修徳女学校（東本詰所内）教会本部移管。
天理夜間女学校と改称し、天理高等女学校内に移転。

10.26　**本部神殿で毎日説教を開始。**

11.2　村松梢風作の教祖伝小説「大和の神楽歌」、『天理時報』での連載始まる（18年5月16日号、第78回まで）。

12.8　太平洋戦争起こり、諭達第12号公布。

昭和16年・1941年

日　本

3.1　国民学校令公布。

4.13　日ソ中立条約調印（スターリン・松岡外相）。

7.16　第2次近衛内閣総辞職。18日、第3次近衛文麿内閣成立。

7.25　米、日本の在米資産凍結。8月1日、石油の対日全面禁輸（対日ABCD包囲陣）。

9.6　御前会議で「帝国国策遂行要領」を決定。

10.15　国際スパイの容疑で尾崎秀実検挙。18日、ゾルゲ逮捕される（ゾルゲ事件）。

10.18　東条英機内閣成立。

12.8　日本軍がハワイ真珠湾攻撃。マレー半島に上陸。米・英に宣戦布告（太平洋戦争始まる）。

12月　戦艦「大和」（6万9100トン）就役。

世　界

5.6　スターリンがソ連首相に就任。

6.22　独ソ戦始まる。

8.14　ルーズベルト大統領とチャーチル首相が米英共同宣言（大西洋憲章）発表。

昭和17年
立教105年／1942年

ひのきしん隊憲章制定

1月　月席の開講。
別席に代わるもので、参拝信徒のための特別講習会。毎月月次祭前後に数日間開講。
2．8　真柱様、宗教報国全国大会（東京）に出席。
2．17　天理教いちれつ会管外扶育生初採用。
3．1　**ひのきしん隊憲章制定。**
3．5　真柱様、中国方面巡教視察に出発（23日まで）。
3．24　直属教会別短期講習会を愛知詰所で開催。
以後、月次祭前後に各詰所で開催（会期は2日間）。
4．1　台湾、満州両教義講習所開設。
4．18　空襲警報が発せられ本部防護団活躍。
教祖誕生祭の催し物は中止された。
5．22　本部詰員制の改新。
詰員100余名任命。
5．28　真柱様、韓国・満州・中国の教勢視察に出発（6月26日まで）。
7．5　満州開拓奉仕団、満州天理村へ出発。
10．18　天理図書館で第1回古義堂遺書展覧会（30日まで）。
伊藤仁斎にはじまる京都堀川の古義堂に伝来の蔵書・著述稿本などの古義堂遺書を天理図書館が譲り受けたもので、講演会も開催。
11．25　第1回教学懇談会開催（28日まで）。
11．27　諭達第13号公布。
戦時下、宗教者の奮起と信仰実践を促す。
12．31　天理教亜細亜文化研究所開設。
この年　大阪・東京・兵庫など12の教区庁（教務支庁）内に分教会設置（昭和27年までに全教務支庁に本部直属分教会を置く）。

昭和17年・1942年

日　本

1．2　日本軍、マニラ占領。
2．15　シンガポールの英軍降伏。
3．5　東京に初の空襲警報発令。
4．18　米の爆撃機16機が東京・名古屋・神戸などを初空襲。
5．9　金属回収令により寺院の仏具・梵鐘等の強制供出始まる。
6．5　ミッドウェー海戦始まる。
6．11　関門トンネル開通。
8．7　米軍、ガダルカナル島上陸。
12．31　大本営がガダルカナル島からの撤退を決める。
この年　「欲しがりません勝つまでは」の標語流行。

世　界

1．1　連合国26カ国がワシントンで連合国共同宣言調印。日独との単独不講和を宣言。
8．22　独軍がスターリングラード攻撃開始。11月19日、スターリングラードでソ連軍大反撃開始。

昭和18年

立教106年／1943年

100万人ひのきしん動員決定

1.26　**第11回教義講習会**（29日まで）。
ひのきしん100万人動員を発表。

2.26　直属教会に世話人派遣を発表。

3.7　第3次満州開拓団先導隊が出発。
9月10日本隊出発。
一宇会より100万人ひのきしん具体案発表。

3.27　直属会第1回総会。

4.10　**教庁に文教部新設。**
運営・修練の2課が置かれ、教学機関に関する諸活動を所管。

4.20　一宇会第1回総会開催。
前年の同日、創立1周年を期して行われる予定であったが、空襲のため中止されたもの。

7.28　中国医療事業開発のため、神尾知博士ほか一行26名出発。
安徽省懐遠で戦禍のため荒廃したままになっていた米国系の病院を再開し、翌年「大和(たいわ)医院（懐遠本院、蚌埠分院）」と命名。この病院は日本の敗戦によって引き揚げたが、かつて同病院に勤めていた中国人医局生らが苦心の末、ようやく神尾博士の所在を捜し出し、昭和57年に現地に招待。36年ぶりの再会を果たした。

9.4　大東亜文学者大会一行62名、天理図書館来訪。

10.21　天理外国語学校出陣学徒壮行会。

10.27　第2回教学懇談会開催（29日まで）。

10月　詰所寮を海軍予科練の兵舎に徴用される。
翌月、詰所寮48カ所に縮小。

11.28　初代真柱中山眞之亮様30年祭。

11月　『天理時報』を毎号2ページに縮小（用紙節減強化のため）。
従来は2ページまたは4ページで発行。

昭和18年・1943年

日　本

2.1　日本軍、ガダルカナル島から撤退開始（太平洋における戦局の主導権が米軍に移行）。

2.23　陸軍省、「撃ちてし止まむ」のポスター5万枚を配布。

4.18　連合艦隊司令長官山本五十六、ソロモン諸島上空で米軍機に撃墜され戦死。

5.29　アッツ島の日本軍守備隊2500人玉砕。

6.1　東京都制公布。7月1日施行。

9.4　上野動物園で空襲時の混乱にそなえてライオンなどの猛獣を薬殺。

10.21　出陣学徒の壮行会、神宮外苑競技場で挙行。東京近在77校の学徒数万が雨中を行進。

11.5　東京で大東亜会議開く。

12.24　徴兵年齢を1年引き下げ19歳とする。

世　界

2.2　スターリングラード攻防戦終わる。独軍の捕虜9万人、戦死者16万人。

9.8　イタリア、無条件降伏。

昭和19年
立教107年／1944年

いざひのきしん隊、各炭坑へ入山

3．2　天理夜間女学校を天理高等女学校第2部と改組。

3．31　天理女子専門学校を天理女子語学専門学校と改称。

4．1　天理外国語学校を天理語学専門学校と改称。
教校制服（教服）をひのきしん服に変更。

6．23　当局より1万人炭坑出動の要請。

7．1　**諭達第14号公布。**
いざひのきしん隊編成動員要綱。

7．30　**いざひのきしん隊本部隊出発。**
8月下旬までに北海道・常磐・山口・北九州の各炭坑に入山。

いざひのきしん隊の出発（兵庫教区庁前）

9．30　真柱様、神・仏・キリスト3教の「大日本戦時宗教報国会」発会式に出席。

10．14　**天理時報社出版部を発展的解消、株式会社養徳社設立。**
「営利にとらわれずに良書を発行し、わが国出版文化の発展に貢献する」という真柱様の構想のもとに4社を吸収して設立。人文科学・文芸・学術部門などの出版事業に尽力する。

昭和19年・1944年

日　本

6．15　米軍、サイパン島上陸。7月7日、サイパン島陥落。守備隊4万人余死亡。

6．19　マリアナ沖海戦始まる。日本海軍、空母・航空機の大半を失う。

6．23　北海道洞爺湖畔で大噴火、新山できる。27日、昭和新山と命名。

7．18　東条英機内閣が総辞職。22日、小磯国昭内閣成立。

8．4　学童集団疎開第1陣が上野駅を出発。

10．24　レイテ沖海戦始まる。武蔵、瑞鶴など沈没。

10．25　神風特攻隊が初出撃。

11．24　マリアナ基地のB29約111機が東京を初爆撃。

世　界

6．4　米・英軍、ローマ入城。

6．6　連合軍、ノルマンジー上陸。

7．20　独陸軍によるヒトラー暗殺計画失敗。

8．25　連合軍、パリに入城。

昭和20年

立教108年／1945年

終戦、ただちに「復元」へ始動

1．1　いざひのきしん隊訪問記、『天理時報』に連載始まる。
「地下の防人」亀井勝一郎（8回）、「炭坑を巡りて」片岡鉄兵（3回）、「いざひのきしん隊」上田広（3回）、「隊員と共に」武田麟太郎（6回）、「快挙の人々」井伏鱒二（3回）。
いざひのきしん隊歌完成。

1．10　いざひのきしん大阪隊を先頭に全教区各隊順次下山。

1．27　いざひのきしん隊奉仕終了のお礼づとめ。
引き続き殉職者（58名）慰霊祭。

3．20　戦禍を予測し御分霊の取り扱いに関する通達。

4．3　第2次いざひのきしん隊処務教程発表。以後、逐次入山。

4．26　連合教区構成処務教程第7号発表。
北海、東北、東部、東海、近畿、中国、四国、西部の連合教区を構成し、その管区および主席庁長を任命。

8．15　**終戦の詔書について諭達第15号公布。**
いざひのきしん隊は順次下山、教会に復帰。

8．26　救援委員会を解消し復興部設置。

10．25　第2次世界大戦の終戦奉告祭。
いざひのきしん隊解隊式。

10．26　**秋季大祭に真座のかぐら・十二下りのてをどりを復元。**
教祖60年祭（昭和21年）執行の日取りを発表。

10．28　戦没者慰霊祭執行。

10．29　**第12回教義講習会**（復元講習会）**開催。**
「今後のつとめ方」（2代真柱様）、「戦後の本教復興問題」（諸井慶五郎）、「革新の経過と今後の動向」（中山為信）ほか。31日まで。

11．1　宗教団体法の廃止に伴い教規修正準備委員会組織。
信者詰所寮、海軍より返還。

11．11　大和に在住する文学者相互の親睦を図り大和文学会創立総会。
真柱様、会長に就任。22年12月、『大和文学』第1集発行。

12．28　新宗教法人令公布により旧法規廃止。

この年までの戦災教会は、大教会32、分教会1837。布教所は419。

昭和20年・1945年

日　本

4．1　米軍、沖縄本島に上陸開始。6月23日、沖縄守備隊が玉砕。

4．7　鈴木貫太郎内閣成立。
戦艦大和が九州南方で撃沈される。

8．6　広島に原爆投下。9日、長崎にも投下。

8．8　ソ連、日本に宣戦布告、満州への進撃を開始。

8．15　天皇、戦争終結の詔書を放送（玉音放送）。

8．17　東久邇宮稔彦内閣成立。

8．30　連合国最高司令官マッカーサーが厚木に到着。

9．2　米艦ミズーリ号で降伏文書に調印。

11．6　ＧＨＱ（連合国総司令部）が財閥解体を指令。

12．28　宗教法人令公布（信教の自由を保障）。

世　界

2．4　米・英・ソのヤルタ会談開く。

5．7　独軍、連合国への無条件降伏文書に署名。

7．26　対日ポツダム宣言発表。

8．15　日本、無条件降伏。第2次世界大戦終わる。

10．24　国際連合成立。

昭和21年

立教109年／1946年

別席再開
教祖60年祭執行
天理教校新発足

1.5　教会本部初会議
おつとめ復元、別席再開、宗教教育の徹底、教規改正。

1.11　**別席の再開。**

1.24　天理語学専門学校よふぼく会発会式。

1.26　**教祖60年祭執行。**
真柱様お言葉「『事情なければ心が定まらん、心次第、胸次第』というお言葉をしっかり心に納め、節から芽の出るよう心を一つにして国々所々でよろづたすけに、世界平和の実を見せていただく先達として働かしていただくべき時であります」。
1月26日から2月18日までを年祭期間とし、期間中、毎日おつとめを勤める。記念品として、復元した『みかぐらうた』本の引き換え券を下付（引き換えは10月25日）。
献灯はローソクより電灯に改め広場より回廊の軒先に変更。
1月24日から2月20日まで『天理時報』60年祭日報発行。
1月26日、大阪中央放送局より実況放送。2月10日、東京中央放送局より録音放送。
年祭期間中に50余カ所の教会新設。

教祖60年祭・神苑の参拝者
敗戦直後で交通事情が悪い中、食糧を詰めたリュックサックを背負って人々は帰参した

1.27　天理高等女学校で「おうた」発表会。
「やまさかや」、のち「おうた1番」とされる。

2.5　2代真柱様夫人、中山せつ様出直し（37歳）。
訃報は年祭終了後の19日付で通達された。23日、葬儀。

昭和21年・1946年

日　本

1.1　天皇、神格化否定の詔書（人間宣言）。

2.17　金融緊急措置令公布（新円を発行、旧円預貯金は封鎖）。3月3日より旧円流通禁止。

3.1　文部省主催第1回日本美術展（日展）。

4.7　沖縄に「ひめゆりの塔」建立。

4.10　婦人参政権を認める新選挙法（昭和20年12月17日公布）のもとで初の総選挙。39人の婦人代議士誕生。

4.22　漫画「サザエさん」、『夕刊フクニチ』に連載開始。

4.27　初の婦人警官62人が勤務につく。

5.3　極東国際軍事裁判（東京裁判）開廷。東条英機らA級戦犯28人を起訴。

5.22　第1次吉田茂内閣成立。

6月　東宝、第1回ニューフェース応募4000人から、三船敏郎・久我美子・岸旗江らを採用。

8.16　経済団体連合会（経団連）創設。

9.29　御木徳近、佐賀県鳥栖でPL教団を開教。

11.3　日本国憲法公布。翌年5月3日施行。

4.10　第22回衆議院総選挙に東井三代次、柏原義則が当選。

4.18　新教規施行。

願書などにおける管長の呼称を真柱、教庁を教務庁、教区事務所を教務支庁と改称。総務長に直属して道友社が設けられ、『天理時報』『みちのとも』の編集、養徳社で出版していた教内の出版を行うことになる。

天理教教義及史料集成部より『復元』創刊。

4.20　天理教婦人会復元披露会開催。

4月18日、中山玉千代様が3代会長に就任。

4.21　天理教青年会復元披露会開催。

4月　**天理教校新発足。**

専門学校卒業以上の学歴を有する教師の求道機関として新たに本科を開設。新制専修科は前同様旧制中学卒業程度。本教教師養成の主体として発足。ともに2年間就学。

5.18　**全国一斉ひのきしんデー復活。**

7.26　諭達第16号公布。

戦後における全教の奮起について。

8.15　終戦1周年に際し、世界平和五穀豊饒祈願祭。

9.17　海外引き揚げ者らの職業補導および授産のため「天理ふしん社」ミシン部を開設。

12月1日、男子の授産のために木工部開設。翌年、洗濯部、紙漉部開設。26年、株式会社天理ふしん社発足。

10.14　**天理村生琉里開拓団第1陣引き揚げ**（24日までに完了）。

10.25　戦災教会決起大会開催。

10.27　海外引き揚げ者慰安激励大会開催。

11.30　第1回教師講習会（12月14日まで）。

第31回（26年3月27日～）をもって終了。

この年　真柱様、復元の徹底のため自ら教校本科生や直属教会長におふでさき講義を行い、教会復興に各地を巡教。

この年以後、一般教会の設立、海外教会・戦災教会の移転・復興建築落成続く。

11.16　当用漢字表（1850字）と現代かなづかいを告示。

この年　歌「東京の花売り娘」岡晴夫。

世　界

1.10　国連第1回総会開催（51カ国参加）。1月12日、安全保障理事会成立。

2.26　ワシントンで第1回極東委員会会議。

3.5　元英首相チャーチル、米・フルトンで「鉄のカーテン」演説（冷戦の始まり）。

7.4　フィリピン共和国独立宣言。

7.12　中国の全面的内戦始まる。

10.1　ニュルンベルク国際軍事裁判判決、12人に絞首刑。

12.14　国連総会で軍縮憲章可決。

12.19　フランス軍がベトナム民主共和国に全面軍事行動を開始（第1次インドシナ戦争）。

12.24　フランスで新憲法公布され、第4共和国発足。

昭和22年
立教110年／1947年

新制天理中学校発足
新教規成立

礼拝場に掲げられているよろづよ八首の額

1.10　天理村引き揚げ者、奈良県東里村に入植。
　4月、引き揚げ者の一部が三重県伊賀上野市の近傍へ入植、8月までに完了。
1.25　本部祖霊殿で生琉里村開拓者428名の合祀祭。
2.3　文教部、天理総合大学案発表。
4.18　**本部神殿の「信徒参拝心得」を、みかぐらうたの「よろづよ八首」に改める。**
　松村吉太郎筆。後日その複製を各大教会に頒布。
4.20　堀越儀郎、柏木庫治が参議院議員に当選。
4.25　東井三代次、柏原義則が衆議院議員に当選。
4.27　婦人会・青年会主催第1回子供大会。
4月　**新制天理中学校発足。**
　天理中学校、天理第二中学校、天理高等女学校の新2、3年生と新たに男女共学の1年生を加えて発足。第二中学校の3、4年生は旧制天理中学校に進級・転籍。翌年、新制天理高校発足。
8.18　**全国一斉路傍講演デー復活。**
8.31　丹波市町民の要請で雨乞いづとめ。
　9月3日お礼づとめ。
8月　青年会より『あらきとうりよう』創刊。
10.3　本部特設消防団結成。
10.27　道友社では各教区に1名ずつ社友を置くこととなり、社友会開催。
12.27　**新教規成立。**
　教義及び祭儀面は真柱様が、行政面は教務総長が司ることとなる。教務総長は一般教師より公選。集会の延長・強化されたものとして教議会を開設。
　翌年2月、第1回教議員選挙、第1回教議会（白鳥鉀一議長）開催。3月、初代教務総長に諸井慶五郎就任。
この年　各地で引き揚げ者・孤児のための援護活動。

昭和22年・1947年

日　本

1.31　マッカーサーが二・一ゼネスト中止を命令。
3.31　教育基本法・学校教育法公布。六三三四制規定。4月1日、新制小学校・中学校発足。
4.14　独占禁止法公布。
6.1　片山哲内閣成立。
9.14　キャスリーン台風来襲（昭和21年から27年まで、台風に西洋婦人名をつける）。
10.11　東京地裁の山口良忠判事、配給生活を守り、栄養失調で死亡。
この年　NHKラジオドラマ「鐘の鳴る丘」（菊田一夫作）がヒット。

世　界

6.5　米国務長官マーシャルがヨーロッパ復興計画を発表（マーシャルプラン）。
8.14　パキスタン独立。
8.15　インド独立。
10.30　ジュネーブの国際貿易会議で関税・貿易に関する一般協定（ガット）調印、23カ国参加。

昭和 23 年

立教111年／1948年

新制天理高校発足「天理教教典稿案」発表

1.5　年頭会議。**別席の「誓いの言葉」を決める。**

3.10　教区長選挙。27日、教区長会発足、会則制定。

3.20　**真柱様、小森おあい様と結婚。**

4月　**新制天理高校発足。**
男子部――第1部普通科、第2部普通科・農業科
女子部――第1部普通科・家庭科、第2部普通科
（男女とも第2部は修業年限4年間）

5.27　第2回教議会で諸井教務総長三つの方針発表。
①布教意欲の高揚、②文教施設の拡充確立、③文化社会施設の地方普及。

8.25　布教委員会で3方針の一つ布教意欲高揚策の一環として「にをいがけ運動」が可決。10月26日から翌年1月26日まで実施。

8.27　よろづ相談所が第1回家庭医学講座開催。

10.1　**信徒詰所の番号による称号**（第1～第87寮）**を廃止し「○○大教会信徒詰所」に戻す。**

10.9　ヘレン・ケラー来訪。

10.26　**『おふでさき』**（付注釈）、**『おさしづ』巻1を下付。**
「天理教教典稿案」発表。
道友社より『天理時報』特別号（第1号）発行。
道友社主催「みかぐらうた幻想曲」（杉浦卓作曲）発表会。

10.27　第1回演劇研究会開催。

10.28　第13回教義講習会（教典稿案について、30日まで）。

11.30　**財団法人天理教一れつ会発足。**
天理教いちれつ会創設の趣旨を貫徹するために同会を子弟教養と学校経営に分離することとなり、手続き上、新たに扶育財団として新設。従来の財団を学校運営財団として、財団法人天理語学専門学校と改称。

11月　道友社に文化第1部（ラジオ放送及び教外新聞に関する事項）と文化第2部（本教文化の研究紹介及び指導）を新設。

この年　各地刑務所、少年保護施設等で教誨講演が盛んに行われる。

昭和23年・1948年

日　本

1.26　帝国銀行椎名町支店で行員12人を毒殺の現金強奪事件起こる（帝銀事件）。

3.10　芦田均内閣成立。

3.15　民主自由党結成（総裁吉田茂）。

4.1　新制高等学校発足。

5.1　美空ひばり（10歳）が歌手としてデビュー。

6.13　太宰治が山崎富栄と玉川上水に入水自殺。

6.23　昭和電工社長日野原節三が贈賄容疑で留置。

10.1　警視庁、犯罪専用電話「110番」設置。

10.19　第2次吉田茂内閣成立。

11.12　東京裁判で25被告に有罪判決。12月23日、東条英機ら7人絞首刑執行。

世　界

1.4　ビルマ共和国独立宣言。

1.30　ガンジー暗殺される。

4.1　ベルリン封鎖始まる。

8.13　大韓民国成立（大統領に李承晩）。

9.9　朝鮮民主主義人民共和国成立（首相に金日成）。

昭和24年
立教112年／1949年

『天理教教典』公刊
天理大学開学

1月	教典講習会各地で開催。
2.21	天理大学設置の件、文部大臣より認可。 財団法人天理語学専門学校を財団法人天理大学と改称。
2.28	布教部主催第1回教典講習会開催（10日間）。 新教典稿案の普及徹底のため。第8回（25年1月）まで。
4. 1	**天理大学開学。** 文学部＝宗教学科、国文学国語学科、中国文学中国語学科、英文学英語学科。入学定員各学科30名。
4.18	教祖御誕生慶祝旬間中、18日、26日を除き、毎日朝づとめの時間に、かぐら・てをどりを勤める。
4.19	**第1回天理教全国体育大会開催**（24日まで）。 参加選手2000余人。7月26・27日、第1回天理教全国体育大会夏季大会開催。昭和29年より冬季大会（北海道）も。
4.20	全国の教内社会施設代表者を招き社会救済精神高揚大会。
5.10	養徳社より『陽気』創刊。
5.27	**天理教婦人会長に中山おあい様就任。**
8.25	一れつ会・文教部共催全国各地高校生修養会（29日まで）。
9月	映画「みちの動き」第1・2集完成。
10.26	諭達第1号公示。天理教教典裁定公布について。 **『天理教教典』公刊。** **真柱継承者選定委員会、中山善衞様**（17歳）**を継承者と選定。** 原典教義の研究会「天理教学同学会」発足。 翌年『天理教教学研究』創刊（2号から『天理教学研究』）。
10.27	天理時報1000号記念に「夕鶴」上演。 木下順二作、山本安英主演の初演。天理教館で。
11. 1	教師の称号等級の廃止について告示。 昭和25年1月1日より従来の神道色を廃し、教師一本立てとする。
11.27	第26回青年会総会で組織変更。 年齢は40歳以下、従来の会長制を廃し委員長制とする。
12. 5	**『天理教教典』の韓国語訳なる。**
この年	7月から9月まで、第2次にをいがけ運動を全国的に展開。

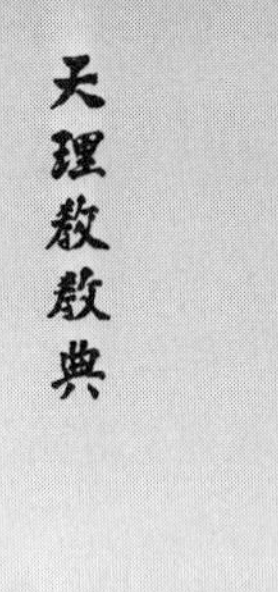

公刊なった『天理教教典』

昭和24年・1949年

日　本

3. 7	ＧＨＱ経済顧問ジョゼフ・ドッジが経済安定政策（ドッジ・ライン）を公表。
3.31	東京消防庁が「119番」設置。
4.23	ＧＨＱが1ドル360円の単一為替レート設定。
7. 4	国鉄定員法による第1次人員整理3万7000人を通告。12日、第2次整理6万3000人を通告。
7. 6	下山事件起こる。15日、三鷹事件。8月17日、松川事件。
8.16	古橋広之進が全米水上選手権で3種目に世界新記録。「フジヤマのトビウオ」と呼ばれる。
11. 3	湯川秀樹がノーベル物理学賞に決定。
11.26	プロ野球が2リーグに分裂。
12. 1	お年玉付き年賀葉書を初めて発売。

世　界

4. 4	北大西洋条約機構（NATO）発足。
5. 6	ドイツ連邦共和国（西独）臨時政府成立。
10. 1	中華人民共和国成立（主席毛沢東）。
10. 7	ドイツ民主共和国（東独）成立。

昭和25年
立教113年／1950年

天理大学に
朝鮮語学科増設
天理プール竣工

3．1　**天理大学、朝鮮文学朝鮮語学科の増設認可。**

3．14　天理大学短期大学部設置認可。
外国語、保育、生活科の３学科。12月に天理短期大学と改称。昭和34年３月廃校。

4．19　天理大学体育館落成式。
５月には日米交歓体操競技大会奈良大会が行われ、その後も数々の全国大会、国際大会に使用された。現天理高校南側にあった。

4．20　婦人会創立40周年記念第32回総会。
参加会員１万余名。三笠宮夫妻臨席。

6．7　参議院選挙に高橋道男と常岡一郎が当選。

6．26　初めて朝鮮語通訳入りの別席行う。

7．26　**天理プール竣工式。**
引き続き第２回天理教全国体育大会夏季大会開催。８月14日には飛び込み用プールも完成し、翌15日、日米選手来県記念水上競技大会。

天理プール開き　ここから天理水泳陣の活躍が始まった

8．4　道友社はこの日を「文書布教の日」と定め、全教の文書布教躍進を提唱。
明治24年のこの日、雑誌発刊についておさしづを伺ったことから。

9．10　台風被災地の大阪で連日、清掃ひのきしん。
15日までに延べ2000人が出動。

10．18　天理図書館開館20周年記念式並びに朝鮮学会発会式。
学会総裁に真柱様就任。

11月　初の婦人神殿おたすけ掛に橋本とみえが任用される。

昭和25年・1950年

日　本

4．22　第１回ミス日本に山本富士子が選ばれる。

7．2　金閣寺が放火で全焼。

7．8　マッカーサーが警察予備隊（のちの自衛隊）創設と海上保安庁の増強を指令。８月10日、警察予備隊令公布。

7．24　ＧＨＱが新聞協会代表に共産党員などの追放を勧告（レッドパージ始まる）。

9．1　政府、公務員のレッドパージの方針を決定。

12．7　池田蔵相、「貧乏人は麦を食え」の問題発言。

この年　朝鮮戦争による特需景気おこる。
ソニー、日本で初めてテープレコーダーを製作・販売。

世　界

1．26　インドが英連邦内自治国から独立し連邦共和国となる。新憲法施行。

2．14　中ソ友好同盟相互援助条約調印。

6．25　朝鮮戦争始まる。

ブラジル伝道庁設立

1.27　青年会ならびに婦人会の「一手一つ大会」。

3.10　教区長選挙実施。各教区とも１名が立候補、無投票で当選。

3.15　天理語学専門学校、最後の卒業式。
31日、廃校。

4.17　**雛型かんろだい据え替えの儀。**

4.18　第１回天理教美術展、本部西回廊で開催（27日まで）。
10月24〜28日、第１回天理教書道展開催。

4.19　天理教社会福祉事業協会創立記念大会。

5.27　布教部主催原典講習会（31日まで）。

6.3　布教の家愛知寮開所式。

7.31　真柱様、アメリカ、ブラジル巡教及び欧州各地の宗教事情視察のため出発。
10月20日まで。ヨーロッパ滞在中にローマ法王と会見。
ブラジル伝道庁設立。
９月11日、設立奉告祭。11月28日、大竹忠治郎、伝道庁長に任命される。

10.19　日本宗教学会第11回学術大会を天理大学で開催（21日まで）。

10.28　婦人会主催第１回婦人講座。

11.18　昭和天皇、天理図書館を視察。

11.27　婦人布教師講習会（12月１日まで）。

大竹忠治郎
昭和４年移民としてブラジルへ渡る　昭和11年バウルー教会設立　昭和60年サンパウロ市功労賞受賞　戦中・戦後の困難ななかもブラジルの道の発展に尽力した

昭和26年・1951年

日　本

1.3　ＮＨＫが第１回紅白歌合戦を放送。

4.16　マッカーサー離日。後任リッジウェイ。

5.3　創価学会２代会長に戸田城聖が就任。折伏大行進始まる。４月30日、『聖教新聞』創刊。

5.5　児童憲章制定。

6.21　ＩＬＯが日本の加盟承認。同日、ユネスコが日本の正式加盟を承認。

8.1　日本交響楽団がＮＨＫ交響楽団と改称。

9.8　サンフランシスコで対日講和条約、日米安全保障条約調印。

9.15　中央社会事業協議会制定、初の「としよりの日」。

10.25　日本航空が東京－大阪－福岡間営業開始。

世　界

3.15　イラン議会が石油国有化法案を可決。

7.10　朝鮮休戦会談始まる。

9.4　サンフランシスコ講和会議開幕。

昭和27年

立教115年／1952年

天理大学、外国語学部を増設「よふきぐらし展」開催

よふきぐらし展

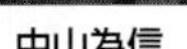

中山為信

諸井慶五郎

1.1　海外伝道部を布教部内に設置。

1.25　青年会・婦人会共催おさづけ人講習会。

3.27　婦人会主催女子青年講習会。

4.1　**天理大学、外国語学部を増設。**
同大学は文学部・外国語学部の２学部となる。天理短期大学は外国語科を廃止し、図書館科、保健体育科を増設。

4.7　**第１回よふきぐらし展、大阪松坂屋で開催**（29日まで）。
第２回・名古屋松坂屋（５月８～18日）、第３回・東京銀座松坂屋（５月30日～６月７日）、第４回・札幌三越（６月27日～７月２日）、第５回・福岡市東中州玉屋（８月16～21日）。入場者総数96万人。

4.18　**『天理教原典集』出版、下付。**

5.26　**新教規、規程施行。**
詰番を内統領、教務総長を表統領、総務を常詰と改称。教務庁を教会本部に吸収。春秋霊祭日は３月27日、９月27日に変更など。

6.22　ヘルシンキオリンピック水泳の日本代表に天理短期大学生が選ばれる。

6.30　本部常詰、新教規徹底のため全国を巡教（７月９日まで）。

9.25　統領推薦委員会で内統領に中山為信、表統領に諸井慶五郎決定。

10.26　**真柱継承者中山善衞様、秋季大祭につとめ人衆として初めてかぐら・てをどりを勤める。**

10.30　教祖70年祭に対処して、第14回教義講習会（11月１日まで）。

11.1　**諭達第１号発布。**

12.14　大韓天理教連合会結成。

12.26　教祖70年祭準備委員会の分担部門を、よふき・一れつ・よろづよ・やしき・おやさと・こふき・にをいがけの７委員会とする。

昭和27年・1952年

日　本

3月　本田技研が自転車補助エンジン「カブ」完成。

4.1　琉球中央政府発足。

4.9　日航機「もく星号」が大島三原山に墜落（37人全員死亡）。

4.10　ＮＨＫラジオドラマ「君の名は」放送開始。

4.28　対日講和条約・日米安全保障条約発効。

5.1　第23回メーデーでデモ隊と警官隊が衝突。デモ隊の２人死亡（メーデー事件）。

5.19　白井義男がボクシング世界フライ級タイトルマッチで日本人初の世界チャンピオンに。

7.1　羽田空港、東京国際空港として業務開始。

7.19　ヘルシンキオリンピックに日本戦後初参加。

8.6　広島市で原爆犠牲者慰霊碑の除幕式。

世　界

2.8　英国王に王女エリザベスが即位。エリザベス２世となる。

7.23　エジプトでクーデター（指導者ナセル）。

昭和28年
立教116年／1953年

「おやさとやかた」構想発表

1.26　**年祭活動の第1歩として総出ひのきしん開始。**
約2万人が土持ち。以後、毎月26日実施。

総出ひのきしん　天理大学グラウンドは土持ちの人波で埋まった

1.27　天理青年決起大会開催、**青年会長に中山善衞様就任。**

1月　**教会長資格検定講習会を年9回行うことに決定。**
修養科が天理教校より分離、教会本部に新設の教養部所管となる。

2.8　天理大学成人会（宗教学科学生学科会）発会式。

2月　布教部・婦人会・青年会が「子供ひのきしん」を提唱。
『天理時報』2月22日号で。同12月27日号では「10万人ひのきしん子供団参」を再度呼びかけ。

3.4　大相撲初場所を最後に引退した横綱照国が本部中庭で最後の土俵入り。
にをいがけ運動の一環として無教会町村布教を試みる。
愛知県下の無教会地区10カ町村で映画、浪曲、講演、子供会等が連日交互に巡回（15日まで12日間）。以降、各地で。

3.27　布教部主催第1回点字本製作講習会開催（29日まで）。
5月に第2回開催。

4.18　**真柱様、年祭活動の一環として親里ふしん、八町四方構想を発表。**

5.1　おやしき整備始まる。

昭和28年・1953年

日　本

2.1　NHKが東京でテレビの本放送開始。1日約4時間。受信料月額200円。契約数866。

3.14　衆議院、内閣不信任案を可決。吉田首相が衆議院を解散（バカヤロー解散事件）。

3.23　中国からの引き揚げ船、興安丸・高砂丸が舞鶴港に入港。

6.25　北九州に豪雨（7月和歌山、8月近畿地方にも）。

6.8　ソ連式無痛分娩、初めて成功（以後、日本赤十字社系病院で広く採用）。

8.1　公衆電話料が5円から10円となる。10月、東京都内に赤色の委託公衆電話機が初めて出現。

8.21　中央気象台開所以来の38.4度の高温を記録。

8.28　日本テレビが民放初の本放送開始。

11.25　クリスチャン・ディオールのファッションショーが東京で開かれディオール旋風おこる。

11.28　東京青山に初のスーパーマーケット。

12.1　初の有料道路（松阪市－宇治山田市間10.6キロ）開業。

「おやさとやかた」構想発表 教祖誕生祭祭典後、本部会議所で2代真柱様から八町四方やかた建設構想が明らかにされた

5.15　中山為信内統領夫妻、アメリカ大陸巡教。
　真柱様代理としてカナダ教会の移転並びに会長就任奉告祭に参列。9月1日まで。

5.25　天理教教誨師連盟結成。

6.27　青年会第1回求道者講習会。

6.28　九州地方風水害に災害対策本部を設置、慰問使派遣。

7.22　紀州地方風水害に慰問使派遣。

8.13　天理大学よふぼく会第1回夏期伝道（東北・北陸）開始。

9.28　ケンブリッジ大学ラグビーチームが真柱様の招待で来訪。

10.26　**かぐら面製作に着手。**
　30年11月26日完成。

10.29　第1回帰参海外教会長教師講習会。
　31日まで。海外教会長、教師など40人が受講。

12. 2　布教の家東京寮開所式。

12.24　奄美大島返還の日米協定調印。翌日発効。

12.31　ＮＨＫが「紅白歌合戦」を初めて公開放送。以後、大晦日の人気番組となる。

この年　昭和9年以来の大凶作。街頭テレビが大人気（このころ、14インチテレビ約17万円）。蛍光灯が家庭に普及。映画「君の名は」が大ヒット、真知子巻きが流行。「八頭身」流行。

世　界

1.20　米大統領にアイゼンハワー就任。

3.5　ソ連首相スターリン没（73歳）。後任にマレンコフ。

5.29　英登山隊のヒラリーとシェルパのテンジンがエベレスト初登頂に成功。

6.2　英国女王エリザベス2世の戴冠式。日本からは天皇の名代で皇太子が参列。

7.27　朝鮮休戦協定調印。3年1カ月に及ぶ朝鮮戦争が終わる。

昭和29年

立教117年／1954年

おぢばがえりこども ひのきしん始まる

ハワイ伝道庁設立

天理市誕生

1.1　教祖70年祭企画小委員会に代わり復元会議（17人構成）発足。

1.9　**おやさとふしん青年会ひのきしん隊発足。**

1.26　**ハワイ伝道庁設立。**

1.27　青年会主催あらきとうりよう一手一つ大会。

4.1　**天理市誕生。**

山辺郡丹波市町、二階堂村、朝和村、福住村、磯城郡柳本町、添上郡櫟本町の6カ町村が合併。面積83.81平方キロメートル、戸数9065戸、人口5万1650人。宗教名を冠した唯一の市。

第7回選抜高等学校野球大会に天理高校初出場。

初戦で早稲田実業高に敗退。

4.23　人形浄瑠璃「梅薫教祖俤（うめかおるみおやのおもかげ）」初上演（天理教館で24日まで）。各地でも公演。

翌年4月22日、第2作「梅薫教祖俤」黎明篇上演。

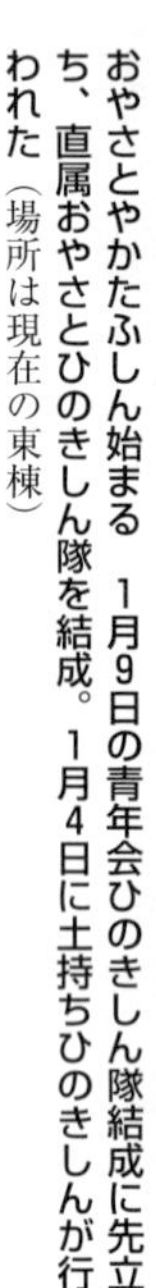

おやさとやかたふしん始まる　1月9日の青年会ひのきしん隊結成に先立ち、直属おやさとひのきしん隊を結成。1月4日に土持ちひのきしんが行われた（場所は現在の東棟）

昭和29年・1954年

日　本

1.1　50銭以下の少額貨幣、10銭以下の少額紙幣が通用廃止となる。

1.2　皇居一般参賀に38万人、二重橋で群衆が将棋倒しとなり死者16人。

2.1　マリリン・モンロー来日。

2.19　シャープ兄弟と力道山・木村組の初のタッグマッチが行われる。このころより街頭テレビでプロレス人気が高まる。

2.23　造船疑獄。海運・造船会社と政府与党との贈収賄関係が追及されるが、4月に自由党幹事長佐藤栄作に対する検察当局の逮捕許諾請求を犬養法相が指揮権を発動して差し戻し、捜査は打ち切られた。

3.1　ビキニ環礁で米水爆実験。マグロ漁船第5福竜丸が被災。同船のマグロから放射能が検出。〈水爆マグロ〉の恐怖ひろがる。

3.8　日米相互防衛援助協定（MSA協定）調印。

3.31　35市が新たに誕生（市制ブーム）。

4.20　第1回全日本自動車ショー。

おやさとやかた起工式・殿外の儀では「銘行事」が行われ、現場から掘り出された自然石に銘文が刻み込まれた

維時
昭和二十九年四月廿六日
おやさとやかたのふしん
を始むるに当り
かんろふだいのぢばを
距る真東
四町のところに銘し
之を鎮む
真柱
中山正善

おぢばがえりこどもひのきしん　「こどもおぢばがえり」はここから始まる

4.26　**おやさとやかた起工式。**
10月26日、銘石をかんろだいの真東4町（約436メートル）の地点に鎮納。

5.18　真柱様夫妻、中山善衞様、諸井慶五郎表統領一行、海外教会の巡教視察のためハワイ、欧米へ出発（9月9日まで）。
ハワイ伝道庁鎮座祭、アメリカ伝道庁開設20周年記念祭等に出席。8月26日、真柱様、第23回国際東洋学会（ケンブリッジ大学）で「天理教教義に於ける神の観念」と題して講演。

5.26　**英文『天理教教典』出版。**

5月　第2回アジア競技大会女子水泳に天理から5選手が出場。5個の金メダルを獲得。

6月　本部の事務は教祖70年祭まで日曜返上執務。

7.24　**「おぢばがえりこどもひのきしん」始まる。**
文字どおり「ひのきしん」が主体で、その間に交歓行事、映画会が行われた。8月29日までの間と、9月19日、26日の日曜日に、196団体、10万3761人が帰参。
以後、毎年開かれ、第3回（昭和31年）より現在の「こどもおぢばがえり」の呼称となる。

9.19　第9回国民体育大会水泳競技大会を天理プールで開催（22日まで）。

10.30　第15回教義講習会（11月1日まで）。

12.12　東京いちれつ会館開館式。
東京都文京区本郷（現・本郷天理教館）。昭和45年に東京教務支庁のある豊島区駒込に移転。

この年　ホノルル（5月23日）、ロサンゼルス（5月30日）、ブラジル・バウルー（7月4日）に日本文化研究所開所。

……………………………………………………

6.1　丹波市天理郵便局を親里館（やかた）郵便局と改称。

7.5　天理市都市計画道路工事起工（北大路）。
本部の北側を東西に走る。

6.9　防衛庁設置法・自衛隊法公布。7月1日、陸海空の3自衛隊発足。

9.26　青函連絡船の洞爺丸が台風15号で座礁転覆し死者・行方不明者1155人（最大の海難事故）。

10.10　光文社がカッパブックスの刊行開始。軽装の新書判がブームとなる。

11.3　最初の特撮怪獣映画「ゴジラ」封切。

11.24　日本民主党結成（総裁鳩山一郎）。12月10日、鳩山一郎内閣成立。

この年　電気洗濯機・冷蔵庫・掃除機が「3種の神器」となる。歌「お富さん」春日八郎。

世　界

1.21　米原子力潜水艦ノーチラス号進水。

6.27　ソ連で原子力発電所運転開始。

6.28　周恩来、ネルー、平和5原則の共同声明発表。

7.21　ジュネーブ協定調印。8年間におよぶインドシナ戦争が終わる。米国は調印せず、単独宣言を発表。

9.8　東南アジア条約機構（SEATO）設立。米・英・仏・豪・ニュージーランド・フィリピン・パキスタン・タイの8カ国が参加。

昭和30年
立教118年／1955年

おやさとやかた開き、別席場使い初め

1.19　別席取次人に中山玉千代様ら本部婦人18名任命。
婦人の取次は増井りん本部員以来初めて。

1.26　おやさとやかたふしん現場に「おやさとふしん」の大のぼり掲揚。

1.28　初めて「鼓笛バンド講習会」開催（31日まで）。
受講者128人。3月に第2回、10月に第3回を開催。以降、各地に鼓笛隊誕生。4月24日、京都教区隊がおぢばがえりをしてお供え演奏。第2回おぢばがえりこどもひのきしんには「鼓笛バンドお供演奏」行事が設けられ、34隊が参加。

1月　第1日曜を「総出にをいがけの日」と決める。
真柱様の年頭あいさつを受け直属会、教区長会、婦人会、青年会が。2月から実施へ。

1月26日、2代真柱様の筆による「おやさとふしん」の大のぼりがふしん現場に掲げられた

昭和30年・1955年

日　本

1.5　トヨタ自動車工業がトヨペットクラウンを発表（48馬力、乗用車製造技術が国際水準に近づく）。

2.27　NHKがテレビで衆議院総選挙開票速報を初めて実施。

3.18　大成丸がガダルカナル島など南太平洋地域の遺骨5889体とニューギニア密林で生活の元兵士4人を乗せて横浜着。

4.1　ハナ肇・谷啓らキューバンキャッツ結成（のちに植木等ら参加、クレージーキャッツに）。

4.23　第3回統一地方選挙。創価学会から51人が地方議会に当選。

5.8　東京・砂川町で立川基地拡張反対総決起大会開催。砂川闘争始まる。

6.10　一橋大学の学生作家石原慎太郎が「太陽の季節」を『文学界』に発表。翌年、芥川賞受賞。「太陽族」ブームが起こる。

7.9　東京に後楽園ゆうえんちが開場し、ジェットコースターが登場。

2.7　各教区で「よふぼく大会」開催。
3.1　直属ひのきしん隊常備隊発足。
3.20　中山善衛様、慶應義塾大学卒業。
26日より教務に携わる。
4.23　天理大学創立30周年記念式。
4月　北米で『天理ニュース』、ハワイで『天理教ハワイのみち』英文月報発刊。
5月　境内の東南端につり下げられていた寄せ太鼓が天理プールスタンド上へ移される。
9.12　国際親善日米柔道大会を天理大学で開催。
9.23　天理プールで日米水上選手歓迎奈良県水泳大会開催。
9.27　**天理教音楽研究会発足。**合唱団初練習。
これより先、9月7日に山田耕筰来訪。
10.26　**秋季大祭を午前8時より執行。**
これまで本部の大祭、月次祭とも午前9時であったが、天保9年10月26日の朝5ツ刻(どき)が午前8時に当たるため。
おやさとやかた第1期工事完了。
真東棟を含め東5棟が完成。おやさとやかた開き、別席場使い初めの儀執行。
1日の別席者1万2332人は過去最高。
12月5日、おやさとやかた披露式。
第1期工事のひのきしん参加者総数、134万9966人。

おやさとやかた東棟

11.23　若江の家移築落成祝賀会。
2代真柱様が大阪高等学校在学時代の住居を移築したもので、真柱様より天理大学へ寄付された。
11.26　**『天理教教祖伝稿案』を別席取次人、年祭準備委員に配布。**
11.29　天理参考館、おやさとやかたに移転開始。
12月5日より仮設展示。翌年1月27日開館、一般公開。
12.5　70年祭記念史料展覧会開催（1年間）。かぐら面など展示。
12月　教祖70年祭臨時ダイヤ700本決定。
この年　記念建物（つとめ場所、中南の門屋、御休息所）を教祖殿西北に統合配置。明治21年当時のお屋敷を復元。

8.6　第1回原水爆禁止世界大会広島大会開催。
8月　岡山で人工栄養児4人死亡。森永粉ミルクのヒ素が原因。全国で患者1万人以上。133人死亡。
11.3　千葉県船橋市に初のヘルスセンター開場。
11.15　自由・民主両党合同、自由民主党（自民党）結成。保守合同なる。
この年　戦後最高の豊作、景気回復。神武景気到来。

世　界

4.18　アジア・アフリカ会議（バンドン会議）開く。29カ国参加。
5.14　ソ連と東欧7カ国（アルバニア・ブルガリア・チェコ・ハンガリー・ポーランド・ルーマニア・東ドイツ）がワルシャワ条約機構を創設。
7.18　米カリフォルニア州にディズニーランド開園。ジュネーブで米・英・仏・ソの4国巨頭会談開く。

昭和31年
立教119年／1956年

教祖70年祭執行
『稿本天理教教祖伝』公刊

教祖70年祭 教祖殿の儀

16年ぶりに復活したおせち　子供に給仕される２代真柱様

1.5　**16年ぶりにおせち復活。**
『おふでさき』を本部在勤者の家、直属教会にあらためて下付。
１月26日、部属教会へ下付。
４月18日、写真版『おふでさき』を下付。

1.26　**教祖70年祭執行。**
１月26日から２月18日までを年祭期間とし毎日おつとめを勤める。１月23日から２月26日まで『天理時報』年祭日報発行。帰参者百数十万人。

1.27　第１回あらきとうりよう大会。

2.15　高松宮夫妻、教祖70年祭祭典に臨席。
18日には三笠宮、祭典及び直会(なおらい)に臨席、天理図書館訪問。

2.18　**『天理教教祖伝稿案』刊行。**『みちのとも』４月号に発表。

2.28　海外伝道部主催、教祖70年祭海外帰参者講習会(3月1日まで)。

昭和31年・1956年

日　本

2.19　出版社による最初の週刊誌『週刊新潮』創刊。週刊誌ブーム始まる。

3.19　日本住宅公団が初の入居者募集を開始。５月１日、千葉の稲毛団地で入居開始。

5.3　第１回世界柔道選手権大会（国技館）。

5.4　原子力３法公布。

5.9　日本登山隊（隊長槇有恒）がヒマラヤのマナスル初登頂。

5.14　日ソ漁業条約調印。

5.24　売春防止法公布。昭和33年４月、罰則つきで全面施行。

5.27　読売新聞が「日曜クイズ」連載開始。新聞・週刊誌のクイズブーム起こる。

6.24　金閣寺・清水寺など京都の19社寺が市の観光施設税に反対し、拝観謝絶や無料公開を行う。

7.8　第４回参議院議員選挙で創価学会から初めて３人が当選。

7.17　経済企画庁が経済白書「日本経済の成長と近代化」を発表、技術革新による発展を強調。

2月　教祖70年祭記念事業として、盲人布教の点字雑誌『ひかり』刊行。英文『天理教要覧』出版。

3.8　**第16回教義講習会第1次開催**（17日まで）。
第2次（4月末）、第3次（10月23〜25日）開催。
午後2時のサイレン始まる（教祖が現身（うつしみ）をかくされた時刻）。
7月7日より、みかぐらうたのメロディーに改める。

待望の教祖伝の公刊　秋季大祭の前日に終了した第16回教義講習会第3次では終講後のてをどりまなびが終わるやいなや、期せずして会場いっぱいに万歳がとどろいた

4.1　**おやさとふしん青年会ひのきしん隊新発足。**

4.25　山田耕筰作曲の天理教讃頌譜「おやさま」発表会。
のちに「おうた2番」と呼ばれる。

5.28　青年会主催第1回吹奏楽講習会。

7.8　**天理大学柔道部、全日本学生柔道優勝大会で初優勝。**

9.1　天理大学宗教文化研究所、おやさと研究所と改称、改組。

10.26　**『稿本天理教教祖伝』公刊。**
稿案22稿を重ねて、ついに完成。
真柱講座開設。

10.27　天理教保護司連盟結成。

11.5　英国歴史哲学者アーノルド・トインビー来訪。

12.9　**天理高校の天理スクールバンド、全日本吹奏楽コンクールで初優勝。**

12.26　教会本部規程、宗教法人天理教規則の変更を告示。

「もはや戦後ではない」が流行。

10.11　比叡山延暦寺で出火。大講堂、本尊の大日如来など焼失。

10.19　日ソ国交回復に関する共同宣言調印。11年ぶりに日ソ国交回復。

11.8　南極予備観測隊が観測船「宗谷」で東京を出発（隊長永田武）。

12.18　国連総会、日本の国連加盟を全会一致で承認。

この年　水俣病発覚。「太陽族」の語流行。

世　界

2.24　ソ連共産党第20回大会秘密会で第1書記フルシチョフがスターリン批判演説。

7.26　エジプト大統領ナセルがスエズ運河の国有化を宣言。

10.23　ブダペストで学生・労働者の反ソ暴動（ハンガリー事件）。

10.29　イスラエル軍がエジプトに進軍。スエズ戦争始まる。31日、英・仏軍がスエズ運河に進軍。

11.22　第16回オリンピック、メルボルンで開催。

昭和32年
立教120年／1957年

▎「三信条」発表
▎第１次ブラジル移民出発
▎第１回女子青年大会

1.5　**真柱様、年頭会議で70年祭後の指針として三信条を発表。**
「神一条の精神」「ひのきしんの態度」「一手一つの和」。

1.6　北海道冷害に義援金募集。
13日、真柱様、北海道知事に見舞い金を寄託。

3月　修養科、おやさとやかた東左第４棟に移転。

4.25　第１回よろづたすけよふぼく大会開催。
真柱様、職域布教を強調。

4月　**天理大学機構改革。**
３学部（文、外国語、体育）および２部（教養、学芸）制実施。

7.27　西九州水害地へ慰問使派遣。
31日、ひのきしん隊出動（８月25日まで）。

8.30　第24回国際東洋学会（ミュンヘン）で真柱様の論文「天理教の教理について」を同会委員長が代読発表。

8.31　**第１次ブラジル移民出発**（５家族31名）。
翌年６月16日第２次、34年３月２日第３次出発。

ブラジル丸で神戸港を出帆する移住者　海外伝道部が募集、現地での世話取りはブラジル伝道庁が当たった

9.2　天理大学で国際地理学会開催。
国内外の学者約300人が参加。夜には真柱様主催のレセプション（すきやき会）。

9.26　『天理時報特別号』（月刊）創刊。

9.28　**第１回女子青年大会。**

10.25　天理教盲人布教連盟結成大会。
翌年同日、天理教視力障害者布教連盟第１回総会。

10.27　青年会主催第１回芸術祭開催。

昭和32年・1957年

日　本

1.29　南極予備観測隊がオングル島に上陸。昭和基地と命名。

2.25　岸信介内閣成立。

3.22　ダークダックス結成、初演奏会。

5.20　岸首相、東南アジア６カ国歴訪。

6.21　岸首相とアイゼンハワー米大統領が日米共同声明発表。日米新時代を強調。

8.27　茨城県東海村の原子力研究所でＪＲＲ－１原子炉に日本で初めて原子の火がともる。

12.24　ＮＨＫ、ＦＭ放送開始。

この年　なべ底不況始まる。100円硬貨発行。「嵐を呼ぶ男」など石原裕次郎の日活映画人気。

世　界

3.25　欧州経済共同市場（EEC）と欧州原子力共同体（ユーラトム）両条約調印。

8.22　ソ連が大陸間弾道弾（ICBM）の実験に成功。

10.4　ソ連が人工衛星スプートニク１号打ち上げに成功。

昭和33年
立教121年／1958年

中山善衛様、土佐まさ様と結婚
道の教職員の集い始まる

2.7　**中山善衛様**（25歳）**、土佐まさ様**（21歳）**と結婚。**
23日、御成婚記念音楽会を開催。

真柱継承者中山善衛様（当時）とまさ様

3.7　ニュージーランド・ラグビーチーム「オールブラックス」一行が来訪、天理高・天理中ラグビー部にコーチを行う。

3.24　婦人会主催「こかん様につづく会」開催（26日まで）。
満と数えの17歳の女子青年350人が参加。

5.20　ＩＯＣ（国際オリンピック委員会）のブランデージ会長ら一行が来訪。

7.2　中山善衛様、アメリカ・カナダ巡教に出発（８月16日まで）。

8.29　第９回国際宗教学宗教史会議で真柱様「おふでさきに現れた天理教祖の伝道精神」と題して講演（東京）。
９月６日、同会議参加者200余名を神殿、教祖殿に案内、招宴。７日、てをどりまなびを披露。つとめについて説明。

9.28　天理教医療関係者懇談会開催。
翌年10月25日、天理教医療伝道会結成大会開催。

10.1　台風22号被災地（伊豆地方）へ救援ひのきしん隊（静岡・東京・神奈川教区隊）出動（９日まで）。

11.30　天理教音楽研究会合唱団第１回定期演奏会。

12.26　**第１回道の教職員の集い。**
翌年８月、第２回開催。以後、毎年夏休みに開催。

昭和33年・1958年

日　本

2.3　若乃花が横綱昇進（栃若時代の始まり）。
2.24　南極探検隊、悪天候のため昭和基地に接近不能、15頭のカラフト犬が置き去りになる。
3.9　世界初の海底道路、関門国道トンネル開通。
4.25　衆議院が自社両党の話し合いで解散。
10.21　プロ野球日本シリーズで西鉄が巨人に３連敗のあと４連勝。稲尾投手は６試合に登板。
12.23　東京タワーが完成（333メートル。当時エッフェル塔を抜いて世界一）。
この年　『週刊明星』『女性自身』創刊。フラフープ流行。歌「おーい中村君」若原一郎、「からたち日記」島倉千代子。

世　界

1.31　米が人工衛星「エクスプローラー１号」の打ち上げに成功。10月、NASAが正式に発足。
9.28　仏の国民投票で第５共和制憲法（ドゴール憲法）が承認される。10月５日公布。

昭和34年
立教122年／1959年

中山善司様誕生
教規・規程変更

1.16　**中山善司様誕生。**

1.25　天理教民生委員連盟結成大会。

3.21　おやさとやかた東左第3棟へ布教部、海外伝道部、道友社、調査課、婦人会、青年会、おやさと研究所移転。

4.1　天理高校野球部3回目の甲子園出場、選抜大会で初の1勝を挙げる。8月には夏の甲子園初出場でベスト8進出。

4.26　各教区修理人任命。

教規規則及び規程の変更。

親神様、教祖の分霊を天理王命目標（めど）、教祖目標とする。信徒、教徒、教師の呼び名を廃し、信者、よふぼく、教人とする。各教会信徒詰所を信者詰所とする。その他。

4月　教祖御誕生慶祝旬間に備え、本部中庭に1万人収容の鉄柱テント設営（従来は木製）。

6.27　縦の布教委員会主催第1回少年部員講習会（28日まで）。

7.5　天理大学柔道部、第8回全日本学生優勝大会で3年ぶり2回目の優勝。翌年も連続優勝。

10.4　伊勢湾台風の災害復旧作業にひのきしん隊出動。

26日、天理教館で愛知、岐阜、三重の被災教会代表による災害報告感謝講演大会開催。

11.13　婦人会長中山おあい様、ハワイ巡教に出発（12月19日まで）。

伊勢湾台風はすさまじい爪あとを残した奈良県下を慰問巡回する中山善衞奈良教区修理人（中央左）

昭和34年・1959年

日　本

1.1　尺貫法が廃止されメートル法実施。

1.14　第3次南極観測隊が、昭和基地に1年間放置された犬（タロとジロ）の生存を確認。

4.10　明仁皇太子が正田美智子さんと結婚。パレード沿道に53万人。テレビ推定視聴者1500万人。

6.15　厚生省がこのころ集団発生していた小児マヒ（ポリオ）を指定伝染病に指定。

9.26　伊勢湾台風上陸。明治以降最大の被害。

12.15　第1回レコード大賞に水原弘の「黒い花びら」。

この年　いわゆる岩戸景気。マイカー時代始まる。安保阻止の集会、デモ盛ん。『少年サンデー』『少年マガジン』『週刊文春』『週刊現代』など創刊、週刊誌ブーム。

世　界

1.1　キューバ革命軍がバチスタ政権を打倒。2月16日、カストロが首相に就任。

9.30　ソ連首相フルシチョフが訪中（共同声明発表されず中ソ意見対立表面化）。

昭和35年
立教123年／1960年

天理高２部生 コロンビアへ移住

1月　天理大学で三笠宮の集中講義始まる（１年おき）。

3.15　真柱様、柔道８段に昇段。

4.23　**真柱様、天理市名誉市民第１号となる。**

4.24　天理養徳院創立50周年記念式開催。

7.7　真柱様、国際宗教学宗教史会議およびオリンピック視察員として渡欧（10月15日まで）。

８月11日、国際東洋学会（モスクワ）で「天理教にあっての女性の立場について」と題し、９月16日、国際宗教学宗教史会議（マールブルク）で「天理教教義における言語的展開の諸形態」と題して、それぞれ発表。

8.25　ローマオリンピック水泳に天理水泳協会の４選手が出場。

10.18　天理図書館開館30周年記念式。

11.13　天理高校スクールバンド、第８回全日本吹奏楽コンクールで４度目の優勝。

12.1　**天理高校第２部の農業科生９名がコロンビアへ農業移民として横浜港出港。**

ツマコ農場でバナナ園開拓に取り組む。翌年８月に真柱様が同農場を訪問、青年たちの寮を「あらき」と命名。同10月には第２次入植者・天理高校第２部卒業生６名が入植。

11月27日、丹波市駅をたつコロンビア移住の２部生（上）と、翌年ツマコ農場を訪れた真柱様と青年たち（右）

昭和35年・1960年

日　本

1.19　ワシントンで日米相互協力および安全保障条約（新安保条約）など調印。

6.15　安保改定阻止第２次実力行使に580万人参加。全学連主流派が国会に突入し警官隊と衝突、東大生樺美智子死亡。

6.19　午前０時、新安保条約が自然成立。

6.20　初のロングサイズたばこ「ハイライト」発売。

9.10　カラーテレビ本放送開始。

10.12　浅沼社会党委員長が日比谷公会堂で右翼少年に刺殺される。

12.27　政府が国民所得倍増計画を決定。

この年　ダッコちゃん人形流行。インスタントコーヒー登場。歌「潮来笠」橋幸夫。

世　界

9.14　バグダッドで石油輸出国機構（OPEC）結成。

11.9　米大統領にジョン・F・ケネディが当選。

この年　アフリカで17カ国が独立。

昭和36年
立教124年／1961年

韓国から戦後初の帰参

1.26　教祖80年祭期間（昭和41年）を決定発表。

3. 3　中山善衞様、修理人として沖縄巡教。
　あわせて沖縄青年会結成総会に青年会長として出席。

4.20　天理教点訳奉仕団結成大会。

4.23　**韓国から教会長ら６人が戦後初の帰参。**

4.26　**諭達第２号公布。**
　教祖80年祭を迎える心定めを明示。
　メキシコに初の教会設立。

5.26　**海外伝道部にアジア、アメリカ、ヨーロッパ、アフリカ、オセアニアの５課を設置。**

6. 6　真柱様、訪欧柔道親善使節団員に選任され渡欧（23日まで）。
　柔道が東京オリンピックの正式種目に加えられるよう尽力。

6.10　**第１回「歌う一手一つ」開催。**
　天理教音楽研究会主催、教内合唱グループの発表会。

7.26　中山為信内統領出直しのため、中山慶太郎を内統領に任命。
　天理大学に伝道課発足。翌年４月、伝道課程開設。
　パラグアイに初の教会設立。

7.30　真柱様、ハワイ・アメリカ・コロンビアおよび中南米（２カ国）巡教に出発（８月24日まで）。
　８月６日、アメリカ伝道庁長就任奉告祭。10日、コロンビアのツマコ農園視察。

9.18　第２室戸台風の被害教区へ修理人を派遣。
　23日、災害ひのきしん隊出動（29日まで）。

10.26　教祖80年祭実行委員会として、たすけ・ふしん・こふきの３委員会発足。
　真柱継承者中山善衞様がたすけ委員長となる。

10.27　聴力障害者布教連盟結成大会。

11.27　真柱様、第３回世界柔道選手権大会（12月２日、パリ）に招かれて渡欧。また、欧米の各地を巡教（12月22日まで）。

12. 2　本部在籍者に対し諭達講習会（３日まで）。

12.27　**教祖80年祭準備委員としての直属教会長の会を「かなめ会」と命名。**

昭和36年・1961年

日　本

1. 1　日本海側の豪雪で列車100本が立ち往生。乗客15万人が車内で越年。

2. 1　「風流夢譚」を掲載した中央公論社嶋中社長宅が右翼の少年に襲われる（嶋中事件）。

3.15　重要文化財の日光・薬師堂（鳴き竜）焼失。

4月　少年少女の間で睡眠薬遊びが流行。

6.12　農業基本法公布。

9. 1　日赤が愛の献血運動を開始。

9.16　第２室戸台風、最大瞬間風速84.5メートル。

10. 2　大鵬と柏戸が横綱に昇進。

12.12　旧軍人らの内閣要人暗殺計画が発覚、13人が逮捕される（三無事件）。

この年　スキー・登山などレジャーブーム。流行語「わかっちゃいるけどやめられない」「巨人・大鵬・卵焼き」。歌「上を向いて歩こう」坂本九。

世　界

4.12　ソ連のボストーク１号が地球１周有人飛行に成功。ガガーリン少佐「地球は青かった」。

昭和37年

立教125年／1962年

教祖80年祭 地方講習会始まる

1.5　**おやさとやかた西右第3棟**（憩の家）**の掘り方始め。**

1.17　中山善衞たすけ委員長の直属教会巡教始まる。

1.26　海外伝道部で英字新聞「TENRIKYO」発刊。

5.1　おやさとふしん直属ひのきしん隊発足。

5日間交替で継続して行う。

5.7　**東京天理教館竣工披露式。**

秩父宮妃、高松宮夫妻、三笠宮夫妻をはじめ各界から約500人の来賓を迎えて。千代田区神田錦町。最上階9階に天理ギャラリー開設、一般公開。

8.5　**天理高校柔道部、第11回全国高校柔道大会で初優勝、戦後初の全国制覇をとげる。**

翌年も連続優勝。

8.30　**教祖80年祭地方講習会始まる**（11月23日まで）。

9.5　真柱様夫人、中山おあい様出直し（43歳）。

10.26　内統領に小松駒太郎、表統領に土佐忠敏任命。

青年会主催教祖80年祭決起大会開催。

約3万人が参加。

12.1　天理高校吹奏楽部、NHK主催第1回全国学校器楽合奏コンクールで優勝。

教祖80年祭決起大会　秋季大祭後の午後1時よりおよそ1時間にわたる土持ちひのきしんが行われ、続いて講演、最後は万歳三唱で大いに盛り上がった

昭和37年・1962年

日本

2.1　東京都の常住人口が1000万人突破（世界初の1000万都市）。

3.1　テレビの受信契約者数が1000万突破。

4.18　求人難のため採用試験日を10月1日以降とする申し合わせを中止、青田買いの傾向強まる。

5.17　大日本製薬、西ドイツで奇形児問題が起こり、サリドマイド系睡眠薬を自主的に出荷中止。

この年　山岡荘八『徳川家康』が100万部突破。ツイスト流行。歌「可愛いベイビー」中尾ミエ。

世界

10.22　米大統領ケネディが、キューバでソ連がミサイル基地を建設中と発表。キューバ海上封鎖を宣言する（キューバ危機）。

10.28　ソ連がキューバのミサイル撤去を通告。

11.20　米が海上封鎖を解除。

昭和38年
立教126年／1963年

『おさしづ』改修版刊行始まる
『稿本中山眞之亮伝』刊行

初代真柱様50年祭

1.9　天理高校ラグビー部、第42回全国高校ラグビー大会で27年ぶりの優勝。
1.25　「教祖80年祭の歌」（作詞・真柱様、作曲・中山善衞様）発表会。
1.27　**婦人会第5代会長に中山まさ様就任。**
2.3　真柱様、南北アメリカ・ヨーロッパ・アフリカ・オセアニア・アジアの6大陸巡教に出発（3月21日まで）。
4.18　天理大学、韓国外国語大学と姉妹校調印。
36年に同大学との初の交換教授制度始まる。
4.26　韓国版『天理教』（海外伝道部）発刊。
4.28　**教祖80年祭おやさと講習会始まる。**
以後、第28次（10月10日）まで。
4月　**天理准看護婦養成所発足。**
天理よろづ相談所「憩の家」開所に向け6日、宿舎（よろこび寮・兵神詰所内）入寮式。8日、開所式。
8.18　中山善衞たすけ委員長の朗読『稿本天理教教祖伝』が毎日テレビで放送開始。
のち中部日本テレビでも。
10.14　国際親善柔道天理大会開催。
8カ国のオリンピック候補選手が参加。
10.18　**天理図書館の書庫増築落成披露式。**
10.26　**『おさしづ』改修版第1巻刊行。**
11月26日より全教会に交付始まる。全7巻、41年まで。
11.2　おやさとふしん推進のため、直属教会長全員による全直属教会への巡回懇談始まる。
11.26　**おやさとやかた西右第2棟**（憩の家）**の掘り方始め。**
5000人参加。
11.27　初代真柱中山眞之亮様50年祭。**『稿本中山眞之亮伝』刊行。**
この年　第1～4母屋（もや）、おやさとやかた東棟外側に竣工。のち新築・新設の信者詰所に母屋番号がふられる。

……………………………………………………

5.25　国鉄丹波市駅、天理市駅と改称。
9.21　近鉄京都－天理間に直通急行電車新設（1日7本）。

昭和38年・1963年

日　本

1.1　フジテレビで「鉄腕アトム」放映開始。
2.10　福岡県の5市が合併し、北九州市発足。
5.1　埼玉県で狭山事件起こる。
6.5　黒部第4発電所ダム完成、完工式。
11.1　前年からのニセ札大量使用に対処するため新1000円札（伊藤博文の肖像）発行。
11.9　横浜市鶴見駅近くで列車衝突事故、死者161人。福岡県三池炭鉱で炭塵爆発、死者458人。
11.23　初の日米間テレビ宇宙中継受信実験（ケネディ大統領暗殺ニュース受信）。
この年　家庭用プロパンガス普及。歌「高校三年生」舟木一夫、「こんにちは赤ちゃん」梓みちよ。

世　界

8.5　モスクワで米・英・ソ3国が部分的核実験停止条約に調印。
8.28　人種差別撤廃と雇用拡大を要求するワシントン大行進に20万人が参加。キング牧師が演説。
11.22　ケネディ米大統領がダラスで暗殺される。

昭和39年
立教127年／1964年

親里の整備すすむ
炊事本部誕生

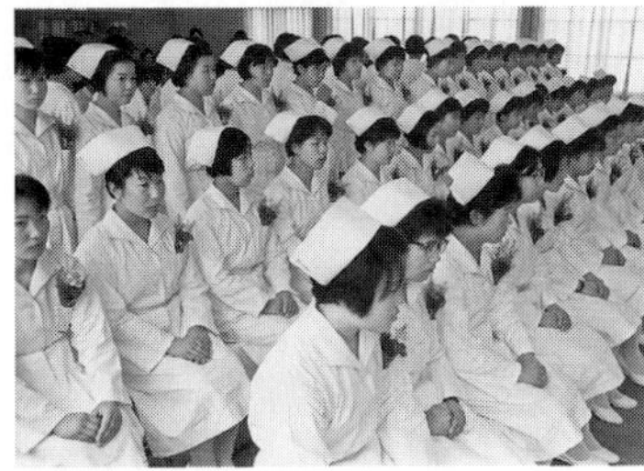
天理准看護婦養成所第１期生の戴帽式

1.10　真柱様、初の沖縄巡教。
2.2　中山善衞たすけ委員長の部内巡教始まる。
2.22　修養科生、天理教校専修科生は全員、朝夕の本部のおつとめに参拝することとなる。
3.24　天理准看護婦養成所の第１期生99人が戴帽式。
4.30　祖霊殿を西へ約20メートル移動のため仮祖霊殿への遷座祭。
　翌日より移築工事始まり、６月30日、祖霊殿へ遷座祭。
5.29　後継者講習会始まる。
　以後、第31次（11月22日）まで。
6.22　新潟地震災害復旧救援ひのきしん隊出動。
8.8　教祖80年祭第２次地方講習会始まる（11月22日まで）。
8.10　**天理教学生会結成総会。**
8.11　新制度による学生生徒修養会開始。
8.24　雛型かんろだい据え替えの儀。
8.27　ブラジルで第１回修養会。
9.15　豊田山舎完成、納骨受付開始。
　旧祖霊殿を移築。
10.6　**おやさとやかた南左第４棟**（現・天理大学）**のふしん始まる。**
10.20　天理プールで東京オリンピック記念水泳奈良大会開催。
10.27　東京オリンピック記念柔道天理大会開催。
11.5　**コンゴで布教公認。**
　真柱様、藍綬褒章を受ける。
11.26　**新炊事場を炊事本部、黒門を南門と命名。**
11.28　新任教会長夫妻対象秋季講習会（30日まで）。
　以後、毎年春秋に開催。
12.9　布教所長講習会。
　以後第18次（翌年３月８日）まで。

……………………………………………………………

2.9　天理電報電話局管内の電話が自動化される。
　教会本部の番号が２局1511番（大代表、現在は63局1511番）となり、市外電話も即時になる。
9.28　東京オリンピック聖火リレー、天理を通過。

昭和39年・1964年

日　本

3.24　駐日米大使ライシャワーが精神障害の少年に右腿を刺され負傷。
6.16　新潟大地震。
8.6　東京で異常渇水による水不足深刻化。
10.1　東海道新幹線東京－新大阪間開業。４時間、料金2480円（40年11月、３時間10分に短縮）。
10.10　オリンピック東京大会開催（参加94カ国、日本は金16・銀５・銅８）。
11.12　米原潜シードラゴン号が佐世保に入港。
11.15　シンザンが菊花賞を制し３冠馬となる。
この年　銀座に「みゆき族」登場。ＢＧからＯＬへ。
　歌「アンコ椿は恋の花」都はるみ。

世　界

8.2　米国務省、北ベトナム軍がトンキン湾で米駆逐艦を攻撃したと発表（トンキン湾事件）。
8.4　米軍、報復として北ベトナム海軍基地を爆撃。

昭和40年
立教128年／1965年

おやさとやかた南と西に竣工
よのもと会発足
全詰所に配食開始
天理総合駅完成

教祖80年祭後継者決起大会　幅60メートルの舞台には200人の合唱団と100人の吹奏楽団が並んだ

1.5　新しい炊事本部をおせち会場に使用。
1.26　**教祖80年祭後継者決起大会開催。**
参加者10万人余。
2.10　**炊事本部から全詰所に配食開始。**
「おぢばに帰ってきた人すべてに、隔てなく一つ鍋のものを食べてもらいたい」（真柱様）。30分間に1万食。階上は第3食堂。
2.26　『グラフ天理青年』創刊。
3.24　初めて天理教学生会春の集いを開催。
3.26　コンゴ共和国にコンゴ布教所開設。
4.18　おやさとやかた西右第3棟を信者宿泊所として使い初め。

昭和40年・1965年

日　本

1.20　日本航空、ジャルパックの募集を開始（ハワイ9日間37万8000円など）。
3.14　西表島に新種のヤマネコが生息すると発表。42年、イリオモテヤマネコと命名。
3.18　愛知県犬山市に明治村開村。
5.28　田中角栄蔵相が深夜の記者会見で、倒産の危機にある山一証券に無制限・無期限の日銀特別融資を行うと発表（山一証券事件）。
6.12　新潟大の植木教授らが阿賀野川流域で水俣病に似た有機水銀中毒患者の発生を発表（42年厚生省が昭和電工の工場廃水が原因と発表）。
6.22　日韓基本条約および関係協定に調印。
7.1　名神高速道路全通。
8.3　長野県松代町付近で地震発生。以後、42年にかけて多発（松代群発地震）。
8.19　佐藤栄作首相、首相として戦後初めて沖縄訪問。デモに囲まれ米軍基地内で宿泊。
10.21　朝永振一郎のノーベル物理学賞受賞が決定。
11.8　日本テレビが「11PM」放映開始。初めての

5.26　**よのもと会会則決定。**
　総裁に真柱様、会長に中山善衞様就任。「よふぼく」で組織。
6.13　大阪フェスティバルホールで天理教音楽研究会創立10周年記念演奏会。
7.3　第1回青年布教者錬成会（9日まで）。
7.29　中山善衞たすけ委員長、ヨーロッパ・アフリカ・南米巡教に出発（9月22日まで）。
　第12回こどもおぢばがえり5日目、第1回からの参加者累計が100万人を突破。
8.1　第1回前期学生生徒修養会開催（15日まで、1301人が参加。中期は16～30日、516人。後期は12月19～28日、277人）。
8.16　よのもと会の実動第1歩として、これまでの全国一斉路傍講演デーを大々的に執り行うため、全国路傍講演週間として開催（22日まで）。
9.13　**おやさとやかた南左第4棟**（天理大学校舎）**使い初め式。**
9月　天理大学と中国文化学院との交換教授の制度始まる。
10.26　東第3風呂、通称「千人風呂」完成。
11.14　天理高校吹奏楽部、第13回全日本吹奏楽コンクールで6度目の優勝。11月7日の第3回ＮＨＫ学校音楽コンクール器楽合奏の部での2度目の優勝と合わせ、完全優勝を達成。
11.25　**おやさとやかた西右第2・3棟**（現・憩の家）**建築工事終了。**
12.5　**いちれつ会館**（旧奈良県庁舎）**竣工式。**
　旧奈良県庁舎は明治28年に建設され、全国の県庁舎の中では最後の木造建築であったが、4月に新庁舎落成に伴い、長い伝統を誇る同建物を完全保存することで教会本部がゆずり受けたもの。天理高校前に移築され、学生の教育の場として再スタートした。昭和63年10月末に閉館。

…………………………………………………………

9.1　**天理総合駅**（国鉄・近鉄）**完成祝賀出発式。**
12.16　名阪国道天理－亀山間完成。
この年　布留川を暗渠にして真南通り開通。

天理総合駅が竣工

　ナイトショー。
11.10　茨城県の東海発電所で、初の営業用原子力発電に成功。
11.17　プロ野球第1回新人選択（ドラフト）会議。堀内恒夫（巨人）、藤田平（阪神）、鈴木啓示（近鉄）ら。
11.19　政府、第2次補正予算で不況対策のため、戦後初の赤字国債発行を決定。
この年　カギっ子登場。モンキーダンス流行。

世　界

2.7　米軍機、北ベトナムのドンホイを爆撃（北爆開始）。
3.18　ソ連の宇宙船ボスホート2号のレオーノフ飛行士が人類初の宇宙遊泳に成功。
7.29　米のＢ52爆撃機30機が沖縄嘉手納基地から発進してサイゴン南東を爆撃。
9.1　インド・パキスタン両軍衝突（印パ戦争）。
12.15　米宇宙船ジェミニ7号が太平洋上で6号とランデブーに成功。

昭和41年
立教129年／1966年

教祖80年祭執行、帰参者200万
「憩の家」開所
天理教少年会誕生

1.1　別席の地域別運び方改正実施。
　天理高校吹奏楽部、アメリカのローズパレードに出場。

1.22　**仮西礼拝場使用開始。**
　1000畳敷きの鉄筋構造。

1.25　大阪大丸で天理参考館展開催（2月6日まで）。
　8月23～29日、東京三越でも。

1.26　**教祖80年祭執行。**
　2月18日までの年祭期間、毎日おつとめを勤める。帰参者200万。1月21日から2月21日まで日刊『天理時報』発行。

1月　**『おさしづ』改修版全7巻下付。**

2.5　記念建物のつとめ場所にかぐらづとめの様子を表した人形を公開（18日まで）。

2.22　大向良治、ネパール布教に出発。
　2月24日、ネパール連絡所開設。

教祖80年祭　祭文を奏上する真柱様（右上）**南参道にひしめく参拝者**（右）**親里の20カ所の駐車場はバスで満杯になった**（上）**鉄道に代わってバスが目立った年祭であった**

昭和41年・1966年

日　本

2.4　千歳空港発全日空ボーイング727型機が東京湾に墜落。133人全員死亡。3月4日にはカナダ航空のDC8型機が羽田空港防潮堤に激突。翌5日にはBOACのボーイング707型機が富士山上空で空中分解し墜落。11月13日には全日空のYS11型機が松山空港沖に墜落。

3.31　法務省住民登録集計による日本の総人口が1億人を突破（1億55万4894人）。

4.4　NHK朝の連続テレビ小説「おはなはん」放映開始（平均視聴率50％）。

5.15　漫画「巨人の星」が『少年マガジン』に連載開始。

6.25　国民祝日法が改正され、9月15日が敬老の日、10月10日が体育の日となる。2月11日建国記念の日は半年後に政令で決定。

6.29　ザ・ビートルズ来日。日本武道館で30日から3日間5回のステージ。総売上は1億円、警備に要した費用は9000万円。

8.6　世界バレーボール代表選考会でニチボー貝塚

「憩の家」開所式　高松宮妃と真柱様の孫・よしの様によるテープカット

4.1　**財団法人天理よろづ相談所「憩の家」の開所披露式。**
おやさとやかた西右第2・3棟。翌日から診療開始。

4.26　**コンゴブラザビル教会設立。**

4.27　たすけ審議会発足、委員長中山善衞様。

6.27　第1回憩の家講座開催。
病気をテーマに医学と教理の立場から理解を深めるもの。第1回のテーマは「胃ガン」。以降、毎月。

8.12　全国一斉路傍講演週間を全教一斉にをいがけ週間と改称。
全教一斉にをいがけ週間は昭和43年まで続けられ、44年には3カ月にわたる「全教にをいがけ大運動」を展開。昭和48年より「全教一斉にをいがけデー」（8月18日）となる。

9.28　天理教少年会の会長に中山善衞様就任。
11月26日、委員任命、委員長山澤秀信。

10.26　**立教129年よのもと会総会に約20万人が参加。中山善衞会長より「1人が3年に3人のよふぼくを」の心定め発表。**
1・3・3運動の始まり。
天理教少年会誕生。

11.1　**コンゴ医療班**（第1次）**出発。**
20日、コンゴブラザビル教会付属診療所開設、診療開始。

11.3　真柱様、50余日にわたる海外巡教に出発。
12月22日まで。ネパールを巡教、コンゴブラザビル教会の鎮座祭・奉告祭に臨席、天理市とチリのラ・セレナ市の姉妹都市提携記念祝賀式に列席。

11.6　**天理大学ホッケー部が東西大学王座決定戦で優勝、初の全国制覇。**

11.20　天理高校吹奏楽部、第14回全日本吹奏楽コンクールで2回目の3年連続優勝。

……………………………………………………………

10.1　天理市とチリのラ・セレナ市との姉妹都市提携調印式（ラ・セレナ市庁で）。
11月2日、本部第3食堂で在日チリ大使を迎えて記念祝賀式。12月3・4日、ラ・セレナ市で祝賀式典。

がヤシカに敗れ、連勝記録は258でストップ。

9.3　10歳の子供を車にぶつけて慰謝料をせしめていた「当たり屋」夫婦が逮捕される。

9.18　フランスの作家、サルトルとボーボワールが来日。

この年　丙午（ひのえうま）で出産数が前年より25％減少（136万974人）。交通事故による死亡者が1万3319人、最高記録を更新。カー、クーラー、カラーテレビの3C流行。漫画「おそまつ君」の〈シェー〉が流行。歌「バラが咲いた」マイク真木、「君といつまでも」加山雄三。

世　界

2.3　ソ連のルナ9号が月面軟着陸に成功。6月2日に米のサーベイヤー1号も。

4.8　ソ連共産党大会でブレジネフが書記長に。

5.16　中国共産党中央委が五・一六通知を発表。中国文化大革命始まる。8月18日、北京の天安門広場で文化大革命勝利祝賀の100万人集会。

昭和42年
立教130年／1967年

２代真柱様出直し、中山善衞様真柱を継承 少年会結成式行われる

1.1　天理教少年会会則施行。

1.5　真柱様は年頭会議で「横の布教」と「縦の伝道」の用語を初使用。

1.9　天理高校ラグビー部、４年ぶり３度目の全国優勝。

1.31　よのもと会全教区一斉巡回始まる。

3.3　コンゴ医療班第２陣出発。

4.6　**天理高等看護学院、天理衛生検査技師学校開設。**
天理衛生検査技師学校は昭和48年に天理医学技術学校と改称。天理高等看護学院は54年に天理看護学院と改称。

4.15　本部神殿前庭の西側に教内出版物総合取扱所開設。
平成元年８月１日閉所。

4.22　よのもと会より地域別おぢば帰り促進月一覧表を発表。
９月から翌年３月まで全都道府県ごとの促進月を定めておぢばに帰ろうというもの。10月と１月は全地域。

ピカピカの団旗をかかげて行進する子供たち　前年10月に発足した少年会はこどもおぢばがえり期間中に結成式を行った

昭和42年・1967年

日　本

2.15　羽田空港ビルで時限爆弾による殺人未遂事件。以後、同種の事件続発。

3.4　高見山が十両に昇進、外国人初の関取となる。

4.5　岡山大学の小林純教授らがイタイイタイ病は三井金属神岡鉱業所の廃水が原因と発表。

4.16　第６回統一地方選挙で東京都知事に社共推薦の美濃部亮吉が当選（革新都政）。

5.30　東洋工業（現・マツダ）がロータリーエンジン搭載のコスモスポーツを販売。

6.10　東京教育大学評議会が筑波研究学園都市への移転を強行決定。14日、学生が授業を放棄。

8.8　新宿駅構内で米軍タンク車と貨車が衝突炎上。

9.1　四日市ぜんそく患者９人が石油コンビナート６社を相手に慰謝料請求訴訟（初の大気汚染公害訴訟）。

9.16　世界キリスト教統一神霊協会・原理研究会の活動で学生の家出や学業放棄が問題化、原理運動対策全国父母の会結成。

10.1　ニッポン放送が「オールナイトニッポン」放

少年会シンボルマーク

4月　「少年会の歌」誕生、23日の教祖ご誕生まつりで発表。シンボルマークも決まる。

5.27　教学審議会再発足。

6.25　天理大学柔道部、7年ぶり4度目の全国大会優勝。

6.26　よのもと会より『よふぼく手帳』発行。

7.19　東京大学に留学中のネパールのビレンドラ皇太子が来訪。

7.25　**こどもおぢばがえり期間中、本部中庭で少年会結成式。**

26日を除く8月4日までの毎日、直属など281の教会に少年会本部から団旗が授与。

7.30　岐阜県白川村の合掌造りの家が天理図書館東側に移築。

8.10　世界柔道選手権軽中量級で天理大学出身の湊谷弘が優勝。

27日、ユニバーシアード東京大会で二宮和弘（軽重量級）と山崎祐次郎（軽中量級）が優勝。

9.26　視力障害者布教連盟に声の図書室発足。

9.27　**中山善衞青年会長、昭和43年の創立50周年へ向けて、天理青年海外派遣、海外布教研修会、あらきとうりよう号車海外巡回の方針を発表。**

「1ドルで海外布教を」のキャッチフレーズで募金始まる。

9月　よのもと会提唱地域別おぢば帰り始まる。

翌年3月まで。毎月26日には、よのもと会地域別大会開催。9月大会には13教区から4万人が参加。

10.6　天理高校ラグビー場開き。

オーストラリアのラグビーチーム、イースタン・サバーブスを迎えて全天理チームと親善試合。

10.16　**おやさとやかた南左第3棟**（天理大学校舎）**完成。**

10.26　**英文『みかぐらうた』『稿本天理教教祖伝』出版。**

11.14　**真柱中山正善様出直し**（62歳）。**21日葬儀。**

中山善衞様（35歳）、**真柱**（3代）**を継承。**

11.25　天理大学男子ホッケー部、全日本学生選手権大会で初優勝。

12月5日、全日本選手権でも初優勝。

……………………………………………………………

3.25　天理市民会館完成。

中山正善・2代真柱様

送開始。

10.20　吉田茂没（89歳）。31日、戦後初の国葬。

12.11　佐藤首相が「非核3原則」を言明。

この年　自動車保有台数が1000万台突破（レンタカーの利用も盛ん）。ベトナム直接特需5億585万ドル。ミニスカート大流行。パンスト発売。深夜DJ人気。ザ・タイガース、ブルーコメッツなどグループサウンズ大流行。

世　界

6.5　アラブ諸国とイスラエルが交戦（7日、イスラエルがシナイ半島制圧。第3次中東戦争）。

7.1　ヨーロッパ共同体（EC）発足。

7.23　アメリカ・デトロイトで大規模な黒人暴動。38人死亡。

8.8　東南アジア諸国連合（ASEAN）結成。

10月　アメリカで反戦デモ・集会続く。

12.3　南アフリカ共和国で初の人間の心臓移植手術。

この年　ベトナム戦争拡大へ。

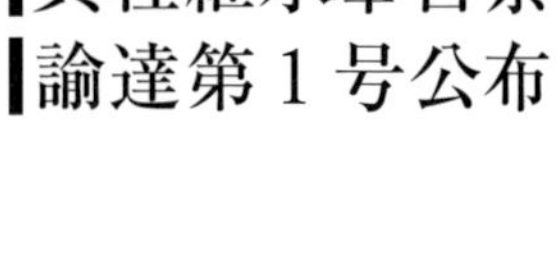

昭和43年

立教131年／1968年

真柱継承奉告祭
諭達第１号公布

ローマ遺跡の前を行くあらきとうりよう号

1.30　**立教131年教義講習会第１次開催**（31日まで）。
第２次は２月１日から各直属教会で。

4.1　道友社新機構で発足。
道友社、布教部、にをいがけ委員会などの各部署で担当されていた広報活動を道友社に一括統合。業務、編集、写真、文化、出版の５部を置く。
天理時報社販売部は道友社出版部販売係となり、旧時報社（西店）、東店、扱所でも販売を行う。

4.7　少年会の日曜こどもおぢばがえり始まる。

4.20　婦人会第50回総会。

4.21　青年会創立50周年記念第44回総会。

4.23　**おやさとやかた西左第３・４棟、ふしん開始。**

4.28　青年会海外布教研修会Ａ隊一行70人が出発。
５月10日まで。台湾・香港・カンボジア・タイ・シンガポールを歴訪。10月12日から21日までＢⅠ隊が、11月12日から21日までＢⅡ隊が、台湾・香港・マカオ歴訪。

5.1　立教131年地方講習会始まる。
７月27日まで、1188会場で開催。

5.29　**青年会あらきとうりよう号海外巡回隊出発。**
12月29日まで。２台がユーラシア大陸30カ国３万5000キロ（イギリス→カルカッタ）走破。

6.9　『天理時報』2000号を発行。

6.16　天理教アマチュア無線局開局。

7.1　英語による別席取り次ぎ始まる。

7.30　天理高校柔道部、全国高校総体で５年ぶり３度目の優勝。

10.13　メキシコオリンピック、ホッケーに天理大学から３選手出場。

10.22　天理大学南棟校舎前の〝大望〟の像除幕式。

昭和43年・1968年

日　本

1.19　米原子力空母エンタープライズが佐世保に入港。反対運動が激化。

2.12　大塚食品が初のレトルト食品「ボンカレー」発売。

2.26　成田空港建設反対デモ（１万6000人）。

4.18　霞ヶ関ビルが開館（36階147メートル）。

5.16　十勝沖地震。死者・行方不明52人。

6.2　米軍のＦ４Ｃファントム機が九州大学構内に墜落。

6.10　大気汚染防止法・騒音規制法公布。

6.15　東大医学部全学共闘委員会の学生が安田講堂を占拠。この後、東大紛争さらに拡大。

6.26　小笠原諸島が23年ぶりに日本に復帰。

7.1　郵便番号制度が発足。

7.7　第８回参議院選挙で石原慎太郎・青島幸男・今東光らタレント候補が上位で当選。

8.8　和田寿郎札幌医大教授が日本初の心臓移植手術を行う。

10.8　阪神の江夏豊投手がシーズン奪三振383の世

10月25日に執り行われた真柱継承奉告祭
その喜びが一気に盛り上がった「一手一つ慶びの集い」

10.25　**真柱継承奉告祭。諭達第1号公布。**
　帰参者30万人。この日の別席者1万3000余人を記録。この前後に記念行事多彩。

10.31　真柱継承奉告祭奈良県内教外関係披露宴。
　翌日、県外各界関係披露宴。

11. 1　昭和34年以来、本部中庭に建ててあったテント用の鉄骨撤去。

11. 9　教義翻訳研究会発足。

11.14　2代真柱中山正善様1年祭。

11.26　内統領に板倉知広、表統領に高橋道男新任。

12. 1　規程の変更による人事発表。たすけ推進会議設置。
　布教部、海外伝道部は「国内布教伝道部」「海外布教伝道部」と改称。道友社と併せて布教の一元化を目指す。
天理教音楽研究会の真柱継承記念演奏会。
　大阪・厚生年金会館大ホールで。「おうた」の新作「画龍点睛」「ふしから芽が出る」を発表。
「憩の家」に海外医療科新設。

12.15　養徳会総会で会長に真柱様を推挙。
　天理中学・天理高校などの同窓会で、昭和29年に初総会。

この年　修養科の献血ひのきしん始まる。

界記録を達成。10日には401となる。

10.17　川端康成のノーベル文学賞決定。

12.10　東京都府中市で現金輸送車の3億円が白バイ警官に扮装した男に車ごと奪われる（3億円事件。昭和50年12月10日時効成立）。

この年　国民総生産（GNP）、アメリカに次ぎ第2位。

世　　界

1.9　アラブ石油輸出国機構（OAPEC）結成。

4.4　米で黒人運動指導者キング牧師暗殺（黒人抗議闘争全米に広がる）。

7.1　核拡散防止条約に62カ国が調印。

8.20　ソ連など5カ国軍、チェコ進攻（チェコ事件。プラハの春を圧殺）。

10.31　ジョンソン米大統領が北ベトナムへの爆撃停止を表明。

11. 6　米大統領選挙で共和党のニクソンが当選。

昭和44年
立教132年／1969年

全教にをいがけ大運動を展開

1.24　青年会、海外事情写真展開催（28日まで）。
26・27日、あらきとうりよう号車・海外巡回帰朝報告会。

1.28　**第1回少年会本部講習会。**
のちに年頭幹部会と改称。

1月　青年会本部より月刊誌『大望』創刊。

2.11　本部雅楽部、第1回公開演奏会開催。

3.26　たすけ推進会議に広報・信条教育・海外布教伝道の3委員会発足。

4.18　**全教にをいがけ大運動始まる**（7月26日まで）。

4.20　天理教体育大会を体育祭と改めて開催。
それまでの競技を中心とした団体形式の内容から、レクリエーションを多く盛り込んだ内容となる。

4.26　時局問題研究会発足。
天理教音楽研究会器楽部第1回定期演奏会。

4.28　第1回少年会縦の伝道大学講座開講（5月7日まで）。

5.1　**修養科、2部制を改め、全員が午前中授業、午後ひのきしんの1部制とする。**

5.7　憩の家病院別所分院開設。
近代療養生活に適した施設を完備し、結核患者を収容。

5.14　**にをいがけ運動の標語「世界は一つ一れつ兄弟　陽気ぐらしの天理教」発表。**

5.27　親里における婦人の集い場所起工式。
婦人会が昭和45年の60周年記念事業として建設。のちに「ひのきしん寮」と命名。

5月　差別文章の掲載された4月27日付『天理時報』を回収。

6.4　天理教同和推進委員会発足。

6.23　ブラジル・バウルー市長と真柱様メッセージ交換。
コロンビア在住者の布教を援助する「コロンビア会」発足。

7.26　**こどもおぢばがえりに「朝のおつとめ」行事始まる。**

8.27　第1回教会長おやさとの集い。
昭和47年10月、第20回で終了。

9.1　天理小学校、おやさとやかた南左第2棟を校舎として使い初め。

昭和44年・1969年

日　本

1.18　東大に機動隊が出動。翌日、安田講堂の封鎖が解除される。

4.7　東京・京都・函館・名古屋で連続ピストル射殺事件を起こした19歳の少年を逮捕。

5.10　国鉄が1・2等制を廃止しグリーン車新設。

5.16　閣議で自主流通米制度を決定。この年より米の減反政策実施。

5.26　東名高速道路全通（346.7キロ）。

6.12　日本初の原子力船「むつ」の進水式。

7.22　文部省が初の肥満児全国調査を発表（男子11歳で4％、女子14歳で8％が太り過ぎ）。

8.1　箱根二ノ平に彫刻の森美術館完成。

9.1　OECDが対日審査報告で日本の国際収支黒字定着を指摘、輸入増・自由化促進を強調。

10.4　TBS「8時だヨ！全員集合」放送開始。

10.6　千葉県松戸市役所に「すぐやる課」を設置。

10.10　巨人軍の金田正一投手が通算400勝を達成。

10.29　厚生省が発がん性の疑いで人工甘味料チクロの使用を禁止。

朝のおつとめ行事で子供たちに親しく声をかける真柱様（仮西礼拝場）

9.7　高橋道男表統領の出直しにより、新表統領に中山慶一任命。
9.20　第1回ヨーロッパ地区「よふぼくの集い」をパリで開催。
9.25　国内布教伝道部福祉課に社会福祉研究会発足。
10.19　南門の「天理教教会本部」の看板掛け替え。
　真柱様染筆。91×550センチ。
10.26　立教132年よのもと会総会。
　20万人が集い、総裁・真柱様はひのきしんの態度に徹した次への躍進を促す。
大祭・月次祭の午後の別席は休みとなる。
　つとめに徹するため。平成2年10月26日から再開。
11.11　青年会、海外布教伝道週間を設定、17日まで全国各地で活動を展開。
11.26　視力障害者布教連盟主催、献眼申請1000人突破記念大会。
12.23　真柱様、少年会の隊を結成した教会（1万3161カ所）へ「ひのきしんかるた」を下付。

……………………………………………………………

1月　天理駅前広場に噴水完成。
3.21　西名阪道路、天理－松原間開通。
7.25　奈良交通の天理市内循環バス運行開始。

11.5　山梨県の大菩薩峠で武装訓練中の赤軍派53人が逮捕される。
11.21　佐藤首相・ニクソン大統領の共同声明で1972年に沖縄返還を発表。
12.1　住友銀行が初の現金自動支払い機を新宿支店などに設置。
この年　婦人にパンタロン、マキシコート流行。流行語「あっと驚くタメゴロー」「Oh! モウレツ」。映「男はつらいよ」。歌「黒猫のタンゴ」皆川おさむ。

世　界

1.25　ベトナム和平拡大パリ会談初会合。
7.20　米アポロ11号が月面に着陸。アームストロング船長が月に人類初の足跡をしるす。
8.15　ニューヨーク郊外で史上最大のロックの祭典ウッドストックフェスティバル開催。40万人が集まる。
11.15　全米にベトナム反戦デモ。

昭和45年
立教133年／1970年

東京・日本武道館で天理教青年大会開催 医療伝道隊ラオスへ出発

1.10　ひのきしん実動センター発足。

1.15　**第1次医療伝道隊ラオスへ出発。**

3.15　EXPO'70のオープニングパレードに天理高校吹奏楽部参加。
親里へも人の波おしよせる。

3.27　ひのきしんセンター主催ひのきしん研修会。

3.29　親里での婦人の集い場所「ひのきしん寮」竣工式。
4月20日、婦人会創立60周年記念総会で本部に献納。5月15日、婦人会本部がひのきしん寮に移転。

4.16　綜合案内所改築完成。

4.30　**教派神道連合会より退会。**

5.1　ひのきしん強調月間始まる。

5.4　国内布教伝道部主催〝ひのきしんの励行〟の活動方針地区別研修会第1回開催（以後14ブロックで、7月17日まで）。

7.18　第1回青少年ひのきしんキャンプ（略称ＹＨＣ）。

7.20　男子本部勤務者の寮「第2ひのきしん寮」完成。

7.22　パリ出張所開設。

8.3　和歌山県無医村地区へ医療伝道。
「憩の家」の有志で編成した国内僻地無医村奉仕隊が7日まで古座川へ。平成元年まで継続。

8.4　天理大学よふぼく会夏期伝道として国内に加え、海外（香港・台湾）で初めて布教開始。

8.30　**東京・日本武道館で天理教青年大会開催。**

天理教青年大会　集まった2万5千の天理青年たちはひのきしんの態度で広く社会に働きかけることを誓い合った

昭和45年・1970年

日　本

1.5　共産党が藤原弘達著「創価学会を斬る」に対する出版妨害事件について声明を出す。5月3日、創価学会総会で池田大作会長が出版妨害・言論抑圧問題を反省、政教分離を表明。

2.11　東大宇宙航空研究所が国産初の人工衛星「おおすみ」の打ち上げに成功。

3.14　大阪千里で日本万国博覧会EXPO'70開幕。レジャーブームの波にのり、183日間で6421万人が入場。

3.31　日航機よど号、赤軍派学生9人にハイジャックされる。

5.11　松浦輝夫・植村直己が日本人初のエベレスト登頂に成功。植村は8月30日に北米マッキンリー登頂に成功、5大陸最高峰登頂をはたす。

5.25　プロ野球八百長事件で、西鉄の池永正明ら3選手が永久追放。

6.23　日米安保条約が自動延長。全国で約77万人が反安保闘争を展開。

7.18　東京杉並区の高校で女生徒たちが吐き気など

２万5000人参加。大会終了後、パレード。

9．1　真柱様、アメリカ巡教に出発（11日まで）。

9．25　支部長おやさとの集い開催。
10月27日、11月25日の３回に分けて。

9月　**全教的に秋の活動を展開──陽気ぐらし講座・にをいがけ週間・健康感謝ひのきしん──**（11月まで）。
陽気ぐらし講座は、９月４日の熊本教区を皮切りに11月30日までに国内66、沖縄３、ハワイ３会場で。これと並行して支部・班・組単位でにをいがけ活動、ひのきしん活動も。

親里を訪れた世界宗教者平和会議の一行

10．16　京都で開かれた世界宗教者平和会議に真柱様が出席。
中山慶一・上田嘉成両本部員は本教教義に基づく「平和への提言」をまとめて、和英両文の印刷物にして出席者に配布。会期中の19日に、出席者一行が親里来訪。

10．25　**おやさとやかた西左第４棟**（郡山・中河両大教会信者詰所）**竣工、使い初め。**
天理時報創刊40周年記念講演と音楽の会開催。
天理教視力障害者布教連盟点字研究室創立10周年記念大会。

11．22　肢体障害者布教友の会結成式。

11．27　東パキスタン風水害救援募金開始。
翌年２月17日まで、3500万円余。

12．7　天理大学ホッケー部、全日本選手権２年連続３回目の優勝。
ＮＨＫ杯全国選抜大会、全日本学生選手権大会と合わせて３大タイトルを独占、史上初の三冠王。この後、48年まで４年連続三冠王となる。51年の全日本学生選手権までビッグタイトル18回連続優勝。

12．12　東京いちれつ会館竣工式。

…………………………………………………………

3．25　名阪国道天理東インター開通。

4．18　天理市とブラジル・バウルー市との姉妹都市提携調印式。

12．28　山の辺の道周辺など「大和青垣山国定公園」の指定受ける。

を訴えて倒れる。原因は光化学スモッグ。

8．2　警視庁が銀座・新宿・池袋・浅草の繁華街で休日の車両通行を禁止（歩行者天国）。

11．14　東京で日本初のウーマンリブ大会。

11．25　三島由紀夫が楯の会員４人と市ケ谷の自衛隊に乱入しクーデターを訴え失敗。会員１人とその場で割腹自殺。

この年　マイカーが４世帯に１台となる。光化学スモッグ、ヘドロ公害など多種の公害が全国的に拡大。三島本、万博本、公害本ブーム。
歌「圭子の夢は夜開く」藤圭子。

世　界

5．1　米・南ベトナム軍が空陸からカンボジア侵攻を開始。

9．6　パレスチナゲリラがヨーロッパで旅客機を連続ハイジャック。逮捕ゲリラの釈放を要求。

9．17　ヨルダン政府がアンマンのパレスチナゲリラを一斉攻撃（９月事件）。

9．25　ヨルダンのフセイン国王とPLOのアラファト議長が停戦に合意。カイロ和平協定調印。

この年　世界総人口36億3200万人。

「一日修養会」始まる
災救隊発足

1.26　一日修養会実行委員任命。
　これより5月からの実施まで、研修会を重ねて開催。
婦人会主催第1回母親講座（以後2、12月を除く毎月開講）。

2.26　**おやさとやかた東右第1棟掘り方始め。**
　2万8000人が参加して土持ちひのきしん。

4.5　天理女子高等学院（奈良市）の開院及び入学式。
　同学院生は昼間は奈良国際ゴルフ場のキャディとして勤務。3年制の各種学校として開校し、翌年、定時制高校の認可を得て天理女子学院高等学校（4年制）に。

天理女子高等学院の第1期入学生

4.7　新設の社会福祉要員（保母）扶育生29人の入寮式。
　12日、奈良保育学園に入学。昭和49年「白梅寮」完成。

4.8　真柱様テレビ放送、「朝の人生読本」始まる。
　東京放送などで毎週1回、13回放送。

4月　小単位の陽気ぐらし講座（よのもと会）始まる。

5.1　パリに政府公認「天理日本語学校」開設。

5.2　**各地で一日修養会始まる。**
　教義とおつとめの徹底がねらい。3カ年を仕切りとして、支部単位で年2回以上の開催を促進。昭和49年3月までに1万1411会場、50万2071人が参加。

5.5　**シンガポールで布教公認。**

6.11　インドネシア・ジャカルタに天理柔道学院開設。

昭和46年・1971年

日　本

3.3　海上自衛隊が房総沖で米原潜と初の日米合同訓練を行う。

5.14　群馬県で連続婦女暴行殺人事件の犯人大久保清が逮捕される。

6.5　新宿副都心の超高層ビル第1号、京王プラザホテル開業。

6.17　愛知外相とロジャーズ米国務長官が沖縄返還協定に調印。

6.30　富山地裁、イタイイタイ病訴訟で住民側全面勝訴の判決を下す。三井金属控訴。

7.20　日本マクドナルドがハンバーガーレストラン1号店を銀座三越内に開店。

7.30　岩手県雫石町上空で自衛隊の戦闘機が全日空機と衝突。全日空機の162人が全員死亡。

9.18　日清食品がカップヌードルを発売。

9.28　美濃部都知事が都議会でゴミ処理の危機を訴える（ゴミ戦争宣言）。

10.3　東京八王子市で全国初のノーカーデー実施。

10.10　NHK総合テレビがすべてカラー放送となる

6.27　聴力障害者布教連盟10周年大会。
視力障害者一日修養会（28日まで）。

7. 2　真柱様夫妻、ハワイ・ブラジル巡教に出発（20日まで）。
5日ハワイ伝道庁長就任報告祭、11日ブラジル伝道庁創立20周年記念祭に臨席。

ブラジル伝道庁記念祭に出席の真柱様夫妻

7.21　野外活動センター「さんさいの里」開所式。

8. 4　天理高校柔道部、5度目の全国優勝。翌年も連続優勝。

8.27　**災害救援ひのきしん隊教区指導者合宿訓練開催**（28日まで）。
この後、災害救援ひのきしん隊教区隊の結成式が続く。各地で有事即応態勢整える。

9. 4　第7回世界柔道選手権大会で天理大学出身の笹原富美雄（軽重量級）と天理大学の藤猪省三（3年、中量級）が優勝。
笹原は2連覇。藤猪は第10回大会まで4連覇を遂げる。

11. 1　海外ふるさと寮完成。

11. 5　青年会インド布教研修隊出発（12月8日まで）。
昭和48年11月27日から12月23日まで第2次、50年8月30日から9月24日まで第3次隊派遣。

11.14　天理図書館善本叢書初巻刊行。
天理大学出版部の事業。昭和61年11月14日、全92巻完結。

12. 2　台湾の現地信者による財団法人「中国天理教総会」発会式。

12.28　『みちのとも』創刊・道友社創立80周年記念式。

（テレビ普及率82%、カラー40%）。

11.20　日活がロマンポルノ第1作を封切。

この年　ボウリングブーム。Tシャツと G パンが爆発的人気。流行語「脱サラ」「シラケ」。
歌「また逢う日まで」尾崎紀世彦。

世　界

2. 4　英国ロールスロイス社が倒産。

6.30　ソ連のソユーズ11号の3飛行士が宇宙からの帰還途中に事故死。

8.15　ニクソン米大統領が金・ドル交換の一時停止、10%の輸入課徴金実施などのドル防衛措置を発表（ドルショック）。

10.25　国連総会で中国の国連復帰決定。

12. 3　インド・パキスタンが全面戦争状態に入る。17日終結。

12. 6　朴正熙韓国大統領、国家非常事態宣言。

12.18　10カ国蔵相会議が金1オンス=38ドルなどで合意（スミソニアン合意）。

昭和47年
立教135年／1972年

全国で「青年一日修養会」
点字文庫開設

新国劇「おやさま」

1.8　おせちの入場者が10万人突破（10万4117人）。
1.9　天理高校ラグビー部、5年ぶり4度目の全国大会優勝。
3.8　コロンビア出張所開設。
3.26　**国内布教伝道部福祉課に点字文庫開設。**
4.18　シンガポール出張所開設。
4.28　沖縄復帰記念にハワイの教友から沖縄へヤシの実1万個贈呈。
　中山慶一表統領が琉球政府の屋良朝苗主席に。
6.1　道友社東京支局開局。
　神田錦町の東京天理教館内。
6.4　**青年一日修養会開催。**
　35歳までの青年男女を対象に全国541会場で一斉に。
8.3　**新国劇「おやさま」名古屋公演**（27日まで）。
　12月1日より東京・明治座、翌年2月1日より東京・新橋演舞場、4月1日より大阪公演。
8.7　天理高校吹奏楽部が沖縄各地で復帰記念演奏会（16日まで）。
8.22　少年会第1回雅楽講習会。
　教会本部雅楽部と共催。24日まで。77人参加。
9.3　ミュンヘンオリンピック柔道に天理大出身の4選手が出場。
　野村豊和が軽中量級で金メダル獲得。
9月　全教にをいがけ週間。
　9月の適当な1週間を教区ごとに定めて実施。
10.24　元満州天理村の686柱の合同慰霊祭。
10.26　**教祖90年祭の打ち出し。**
　「教会内容の充実とおやさとふしんの促進」。
　音楽研究会合唱団、おうた7番「心つくしたものだね」お供え演奏。
11.10　電話交換所完工、使い初め。12月1日より始動。
11.25　よのもと会・少年会共催第1回オリエンテーリング大会。
11.26　教祖90年祭実行委員会（たすけ・ふしん・こふき）発足。
　両統領より活動方針発表。
12.30　**おやさとやかた東右第1棟竣工。**
この年　少年会「少年ひのきしん隊」「教会おとまり会」を打ち出す。

昭和47年・1972年

日　本

1.24　横井庄一元軍曹がグアム島で発見される。
2.3　冬季オリンピック札幌大会開催。日本は70メートル級ジャンプでメダル独占。フィギュアスケートのジャネット・リン人気。
2.19　連合赤軍が軽井沢の「浅間山荘」に籠城。28日、逮捕時のテレビ視聴率89.7％。
3.21　奈良県明日香村の高松塚古墳で極彩色壁画が発見される。
5.15　沖縄の施政権返還、沖縄県発足。
7.7　田中角栄内閣誕生。列島改造、土地ブーム。
9.25　田中首相訪中。29日、日中国交回復。
11.5　中国から贈られた2頭のパンダ初公開。

世　界

6.17　米国で民主党全国委員会本部に盗聴機を仕掛けようとして侵入した5人が逮捕される（ウォーターゲート事件の発端）。
9.5　ミュンヘン五輪選手村のイスラエル宿舎をパレスチナゲリラが襲撃。11人死亡。

昭和48年
立教136年／1973年

青年会「三千万軒にをいがけ」活動始まる

1.5　「教祖90年祭の歌」発表。

1.26　**諭達第２号公布。**
　教祖90年祭へ三年千日の歩み。
おやさとやかた西左第３棟掘り方始め。
　土持ちひのきしんに１万6000人参加。

2.4　真柱様、コンゴ・フランス等の巡教に出発（17日まで）。

2.19　横浜天理教館ビル竣工、開館式。
　地下２階、地上27階で神奈川県一のビル。12階に神奈川教務支庁事務所。

2～3月　本部巡教。

4.18　教祖誕生祭祭典終了後の慶祝演奏会に團伊玖磨氏が出演。

4.21　**青年会が第49回総会で「三千万軒にをいがけ」発表。**
　三千万軒とは日本の全世帯。６月25日の青年会直属分会幹部会をもって実動に入る。

5.1　布教所長躍進の集い全国で開催（７月８日まで、184カ所で）。

7.7　第38母屋、おやさとやかた南左第１棟、北左第４棟の着工のお願いづとめ。
　翌日、北左第４棟の掘り方始め。

8.18　**全教一斉にをいがけデー当日、全国42新聞**（朝刊）**に「意見広告」掲載。**
　各紙とも１ページ全面を使い、日本青年と外国青年を配して「この二人は兄弟、といったらフシギですか。」と呼びかける。

8.24　第１回よのもと会野球大会（27日まで）。

9.2　青年一日修養会開催（623会場）。

10.30　青年会沖縄布教隊派遣（11月24日まで）。
　49年10月29日から11月24日まで第２次、50年８月28日から９月17日まで、第３次隊を派遣。

…………………………………………………………

7.11　天理市、50年ぶりの旱天で１日６時間の給水制限始める。

この広告を通して、人間はみな同じ親から生まれたきょうだいであると呼びかけた

昭和48年・1973年

日　本

2.5　渋谷駅のコインロッカーで嬰児の死体が発見される（以後、大阪駅・東京駅などで続発）。

5.6　ハイセイコーがＮＨＫ杯に勝ち10連勝達成。

8.8　韓国の元大統領候補の金大中が東京のホテルグランドパレスから誘拐される。

9.15　国鉄中央線にシルバーシートが登場。

10.22　読売巨人軍がプロ野球９連覇達成。

10.23　エクソン・シェル両社、原油価格30％引き上げを通告（石油ショック）。

11.2　石油ショックでトイレットペーパー買いだめパニックによりスーパーでけが人が出る。

この年　石油ショックでモノ不足、狂乱物価。省エネ。ゴルフブーム。歌「神田川」かぐや姫。

世　界

1.27　米・南北ベトナム・南ベトナム臨時革命政府が、パリでベトナム和平協定調印。

10.6　エジプト・シリア両軍がイスラエルに攻撃開始。第４次中東戦争勃発。

教祖90年祭
地方講習会始まる
天理教校附属高校
新設

1.5　**『稿本天理教教祖伝逸話篇』第1集発行。**
以下、第4集まで続刊。

2.14　**天理教校附属高等学校新設認可。**
学校法人天理教校学園も同時に認可。4月1日入学式（第1期生60人）。11月15日、開設披露式。

4.21　青年会第50回総会。

4月　おぢばがえり強調月間。

5.1　**教祖90年祭地方講習会始まる。**
7月21日まで1529会場、参加者37万8103人。

5.30　天理准看護婦養成所生の宿舎「よろこび寮」竣工。

8.8　真柱様、ハワイ・アメリカ巡教に出発。
21日まで。ハワイ青年大会、アメリカ伝道庁創立40周年記念祭に臨席。

ハワイ青年大会（10日まで）。
8日夜のカラカウア通りのランタンパレードに始まり、総会、ミュージカルショーや展示会も。

ハワイ青年大会の幕を切って落としたランタンパレード　沿道はパレードを見ようと集まった人々で大混雑だった

昭和49年・1974年

日　本

2.6　ゼネラル石油が「石油危機は千載一遇のチャンス」という文書を系列店に配布していた事実が判明。20日、伊藤忠商事が生活関連物資を隠匿した事実が暴露。

2.25　衆議院予算審議会の物価集中審議で商社の悪徳商法、石油の便乗値上げなどを追及。

3.12　小野田寛郎元陸軍少尉がフィリピンのルバング島から帰国。

4.1　筑波大学開校。

4.20　東京国立博物館で「モナ・リザ」展開催。

5.15　東京にコンビニエンスストア「セブンイレブン」開店。

7.24　北の湖が21歳2カ月の最年少で横綱昇進。

8.26　原子力船むつが初の出力試験航海に出る。9月1日、北太平洋上で放射能漏れの事故発生。

8.29　宝塚歌劇団月組が「ベルサイユのばら」を初演。空前のヒット（「ベルばら」人気）。

8.30　東京・丸の内の三菱重工ビル前で時限爆弾爆発（死者8人、重軽傷376人）。以後、過激派

8.12　**新発足の学生生徒修養会高校の部開催**（18日まで）。
大学の部は翌年より春休みに行われる。
8.18　アメリカ伝道庁創立40周年記念祭。
9.8　埼玉教区「一手一つ親子ぐるみ・よろこびの祭典」。
上尾競技場に約4万人が参加。

年祭活動の一環「一手一つ親子ぐるみ・よろこびの祭典」

9.13　天理参考館収蔵中国古代美術展、東京・京王百貨店で開幕。
25日まで。続いて高岡（10月4～20日）、高松（11月1～17日）、広島（11月22～12月11日）で。翌年には福岡、熊本、仙台、長野、神戸、盛岡、高知でも。
10.10　教会長任命講習会発足。
新任教会長春秋講習会に代わって。
10.19　毎日、読売、サンケイ各紙の近畿地方の夕刊に――「助けられた」喜び。「助ける」喜び。――と呼びかける提言広告掲載。21日の朝日新聞夕刊にも。
翌年1月26日にも提言広告。以後、1年間毎月1回掲載。
11.9　東京学生会創立20周年記念音楽祭。
日比谷公会堂。おうた2番「おやさま」東京で初公演。
11.25　年祭活動3委員長から活動推進の趣旨徹底。
12.3　天理大学柔道部がヨーロッパ遠征（19日まで）。
12.27　**第38母屋竣工披露式。**

……………………………………………………

4.1　天理市、市の花（梅）、市の木（銀杏）制定。

による連続企業爆破続く。
10.8　佐藤栄作前首相にノーベル平和賞授与決定。
10.14　読売巨人軍の長嶋茂雄が現役を引退。
10.23　日本医大の丸山千里、国際癌学会で丸山ワクチンを発表。
11.26　金脈問題を追及されていた田中首相が辞意を表明。
この年　中核派・革マル派などの「内ゲバ」が深刻化。省エネでテレビの深夜放送自粛。テレビや週刊誌にユリ・ゲラー登場、スプーン曲げなど超能力ブーム。歌「襟裳岬」森進一、「うそ」中条きよし。本『かもめのジョナサン』R・バック。

世　界

1.31　日本赤軍とPFLPのゲリラがシンガポールのシェル石油タンク爆破。2月6日には別のPFLPゲリラがクウェートの日本大使館襲撃。
4.3　韓国の朴大統領が「民青学連」関係者に緊急措置を発動。5日、日本人2人が逮捕される。
8.8　米大統領ニクソンがウォーターゲート事件で辞任。後任にフォード副大統領。

西ドイツで天理教展覧会開催

西ドイツ・天理教展覧会の会場

1.26　**教祖90年祭おやさと講習会。**
1万6000余の全教会長が対象。

2.10　**インドで布教公認。**
ウエスト・ベンガル州。カルカッタの天理ミッション・インディア開所式。

2.27　天理時報社二階堂工場竣工式。
新輪転機（1時間に4万5000部印刷可能）を始動。

2.28　天理大学雅楽部が韓国・香港・台湾へ演奏旅行に出発（3月11日まで）。
同部の海外演奏旅行は初めて。この後、51年アメリカ、53年東南アジア、56年台湾・タイ・ネパール・インド、59年カナダ・アメリカ、61年韓国・台湾、63年ブラジル・コロンビア・メキシコへ。平成27年までに27回の海外演奏。

3.1　新発足した学生生徒修養会・大学の部開催。

4.23　天理大学創立50周年記念式。
海外研修制度を設置。
同日天理幼稚園、6月1日天理小学校、15日天理託児所、各創立（創設）50周年記念式。

4.26　コンゴブラザビル出張所開設。

5.12　**西ドイツのマールブルク市で「天理教展覧会―人間の陽気ぐらしのために―」開催**（6月15日まで）。
12日の開会式に真柱様夫妻ら出席。

5.24　**ぢば定めから百年の5月26日を前に雛型かんろだい据え替えの儀。**

5.26　よのもと会発足10周年記念おやさとひのきしん。
5万人余が土持ちひのきしん。

6.9　「小樽天理教館」完成。
北海道・小樽支部に教内で初めての支部の会館。

6.29　**おやさとやかた南左第1棟**（現・教庁）**完成。**

6.30　天理高校吹奏楽部、フィリピン・マレーシア・シンガポールへ演奏旅行（7月9日まで）。
同部の海外演奏旅行は昭和41年のアメリカ・ローズパレー

昭和50年・1975年

日　本

1.5　環境庁、緑の国勢調査結果を発表。純粋自然は国土の2割と発表。

2月　完全失業者が100万人を超える。

3.9　自民党が大阪で会費6万円の「政経文化パーティー」を開く（新形式の党資金集め）。

3.10　新幹線岡山－博多間開業、東京－博多間が全通。

3.21　ねむの木学園長の宮城まり子がテレビ初の25時間番組で福祉を訴える。

5月　東海精器が百円ライター「チルチルミチル」発売。

6.8　神奈川県七里ケ浜で暴走族600人が乱闘。警察庁は取り締まりを強化。

6.28　日本リクルートセンターが『就職情報』創刊。

7.15　政治資金規制法が改正公布され、政治献金の収支公開が義務づけられる。

7.17　皇太子夫妻が沖縄で「ひめゆりの塔」参拝中、火炎びんを投げられる。

7.19　沖縄国際海洋博覧会開幕。不況のため入場者

よのもと会発足10周年
総出ひのきしん

ド以来で、この後、57年にタイ、61年にはブラジル、平成2年に再度ローズパレードへ。

7.6　天理教音楽研究会創立20周年記念行事始まる。
同日、器楽部演奏会開催。9月25日、20周年記念フェスティバル。10月26日、雅楽お供え演奏、おうた9番交声曲「元の理」お供え演奏。翌年には京都、東京で記念演奏会。

9.28　**青年・女子青年おぢばがえり―教祖90年祭決起の集い開催。**
青年・女子青年約5万人が結集。

9.29　**おやさとやかた北左第4棟**（嶽東・鹿島両大教会信者詰所）**完成。**10月16日、**西左第3棟**（髙知大教会信者詰所）**完成。**

10.6　**フランスで布教公認。**

10.17　**第2・第3御用場完成。**
第3御用場は21日、第2御用場は23日に使い初め。

11.22　日本宗教学会第34回学術大会を天理大学で開催（25日まで）。

12.17　天理時報社創立50周年記念式。

は目標を下回る348万人。

10.15　広島東洋カープ初のリーグ優勝。地元広島を中心に赤ヘルブーム。

10.28　ハウス食品の「私作る人　ボク食べる人」というインスタントラーメンのCMが、男女差別だと抗議を受けて中止。

12.14　国鉄最後の蒸気機関車（客車）が室蘭本線を走る。

この年　塾通いの小学生62%、中学生45.6%。電卓、紅茶キノコ流行。歌「シクラメンのかほり」布施明。本『複合汚染』有吉佐和子。

世　界

4.17　カンボジア解放勢力がプノンペン占領。政府軍、全面降伏。

4.30　停戦交渉に失敗した南ベトナムのミン政権が無条件降伏。解放戦線軍がサイゴンへ無血入城（ベトナム戦争終結）。

6.19　国連国際婦人年世界会議。

11.15　フランスで第1回主要先進国首脳会議（サミット）開催。日・米・仏・英・伊・西独の6カ国参加。

昭和51年
立教139年／1976年

教祖90年祭執行
『稿本天理教教祖伝逸話篇』刊行

1.5　「ひもろぎ」の廃止を発表。
真柱様が年頭のあいさつで「年祭を機に従来祭典の時に神前に飾り付けていたひもろぎを取り除きたい」。ひもろぎとは五色の帛に、鏡と勾玉、剣をつけた２本の榊のこと。

1.11　天理教校附属高校校舎、天理准看護婦養成所等が完成。

1.16　**「憩の家」別館増築。**
患者が自分の病気をどの専門医に聞けばいいか分からなかったりする専門医療の弊を除くために、総合外来制度を導入。

1.26　**教祖90年祭執行。**
１月26日から２月18日までを年祭期間とし毎日おつとめを勤める。帰参者200数十万。年祭期間中、記念建物の「つとめ場所」とおやさとやかた東左第１棟で「おつとめ史料展」開催。１月22日から２月21日まで『天理時報』90年祭日刊発行。各所で各種記念行事。
年祭の模様を毎日テレビ等32局で放映（約50分）。
『稿本天理教教祖伝逸話篇』刊行、年祭記念品として下付。

2.13　**パラグアイで布教公認。**
11月11日、セントロ・デ・テンリ（天理センター）起工式。

3.28　**教祖90年祭道の学生決起大会**（30日まで）。

3月　おやさとやかた南左第１棟を教庁の総合庁舎として使用開始。

教祖90年祭　祭文を奏上する真柱様（上）
南礼拝場前の人波（右）

昭和51年・1976年

日　本

1.6　平安神宮の本殿などが過激派の放火で全焼。

1.31　鹿児島市立病院で日本初の五つ子誕生（排卵誘発剤を使用）。

2.6　野党４党が衆議院予算委員会でロッキード事件の追及を開始。

2.10　本田技研が婦人用ミニバイク「ロードパル」（愛称ラッタッタ）発売。

6.15　民法・戸籍法改正、離婚後の姓が自由となる。

6.22　東京地検・警視庁が丸紅前専務大久保利春らを逮捕（ロッキード事件の初逮捕）。

6.25　自民党を離党した河野洋平ら６人が新自由クラブを結成。

7.27　東京地検がロッキード事件で田中角栄前首相を逮捕。

8.4　鬼頭史郎京都地裁判事補がロッキード事件で三木武夫首相にニセ電話をかける。

9.6　ソ連のミグ25戦闘機が函館空港に強行着陸。

10.10　具志堅用高がボクシング世界ジュニアフライ級チャンピオンとなる（以後13連続防衛）。

4.26　天理教音楽研究会雅楽部、新曲「陽気づくめ」をお供え演奏（本部中庭で）。
29日、京都で音楽研究会20周年記念雅楽演奏会。
５月２日、東京で20周年記念合唱・器楽部演奏会。
6.4　大阪・そごうで道友社主催第１回写真コンテスト応募作品展。９日まで。テーマは「しあわせ」。
同コンテストはこの後、53年「はたらく」、55年「父・母・子」、57年「たすけあい」、58年「笑顔」、59年「子供」、60年「家族」をテーマに行われ、第２回から４回までは大阪・アベノ近鉄百貨店で、以後は道友社第２ギャラリー（天理本通り）で作品展を開催。
7.4　ハワイ鼓笛隊がアメリカ建国200年記念パレードに参加。
7.27　モントリオールオリンピック11日目、柔道軽重量級で二宮和弘（天理大学ＯＢ）が金メダルを獲得。
8月　天理高校柔道部と水泳部男子飛び込みが全国高校総体で優勝（柔道は４年ぶり７度目、飛び込みは３年連続11度目）。
天理中学校飛び込み部男子は全国選抜大会３年連続優勝。
９月には天理大学水泳部女子が日本学生選手権で飛び込み、競泳ともに優勝。
9.2　本部神殿北礼拝場、放火により被災。
9.6　ＮＣＣ宗教研究所が「天理教を学ぶ」をテーマに研修ゼミナール（８日まで第38母屋で）。
10.26　天理教災害救援ひのきしん隊結成５周年記念大会。
44教区隊の隊員ほか合わせて2092人が結集。
11.8　青年会リビング・イン・アメリカ・ツアーの一行44人が出発（12月７日帰国）。
11.18　韓国で全教会長布教所長特別講習会始まる。
11.24　日本盲人社会福祉施設協議会主催、全国点字図書館職員研修会を親里で開催（25日まで）。
翌日、点字研究室設立15周年記念の集い開催（26日まで）。
……………………………………………………………
1.22　名阪国道天理東インター改良工事完成。

10.13　最高裁が財田川事件で初めて死刑囚に再審の道を開く。
10.29　政府が1977年度以降の防衛計画の大綱決定。
11月５日、防衛費をGNPの１％以内と決定。
11.10　天皇在位50周年式典、日本武道館で開催。
12.21　年末ジャンボ宝くじ（１等1000万円40本）発売。購入者が殺到して各地で大混乱。
この年　戦後生まれが総人口の半数を超える。「中流意識」90％。ジョギングブーム。流行語「記憶にございません」。歌「およげ！たいやきくん」子門真人（史上空前の440万枚）。本『限りなく透明に近いブルー』村上龍。

世　界

4.13　カンボジアでポル・ポト政権成立。
7.2　ベトナム社会主義共和国成立（南北ベトナム統一）。
7.17　モントリオールオリンピック開幕。ルーマニアの妖精、コマネチ人気。
9.9　中国共産党主席毛沢東没（82歳）。
12.10　ソ連が200カイリ漁業専管水域の設定を布告。

昭和52年
立教140年／1977年

天理教校第二専修科発足
2代真柱様10年祭
東西礼拝場ふしんの打ち出し

1.5　**おやさとやかた東右第4棟掘り方始め。**

3.13　青年会「インテンシブ・イングリッシュ・セミナー」(IES)。4月7日、前後期各12日間を終了。

3.31　天理高等看護学院生の寮「第2よろこび寮」完成。

4.1　**天理教校第二専修科発足。**
天理教校附属高校の卒業生を対象に、将来教会長たるべき布教者育成を目的とする。前期3年、後期2年の5年制。

4.17　ムック『天理』全国書店で一斉発売。
多彩な執筆陣と写真で本教の全容を多角的に紹介。予約数10万部を超える。のち道友社書籍の常備書店が急増。
この後、第2号『人間誕生』(昭和53年5月)、第3号『女性―その愛をこえて』(54年4月)、第4号『かぐらづとめ』(55年6月)、第5号『ぢばの光』(56年9月)、第6号『陽気ぐらし』(57年12月)、第7号『教祖年祭―躍動この100年』(59年10月)を発売。
このころ、道友社東京支局は独立社屋に移り(神田錦町)「支社」と改める。

店頭に並んだムック『天理』第1号

4.23　天理よろづ相談所「憩の家」で海外医療伝道10周年記念「体験談と映画の会」開催。

5.12　日野大教会がベトナム難民39人を受け入れる。
この後、7年間に計373人を預かる。

5.22　アメリカ伝道庁、天理ロサンゼルス道場で「2代真柱様10年祭記念柔道大会」開催。
出場選手はアメリカ各地から422人、観衆1500余人。

昭和52年・1977年

日　本

1.4　東京都港区内の公衆電話ボックスで拾った毒入りコーラを飲んだ2人が死亡。

4.29　東海大学の山下泰裕が全日本柔道選手権に史上最年少(19歳)優勝。以後9連覇。

5.2　国立大学共通1次試験のため大学入試センター発足。

5.24　慶應大学商学部で入試問題漏洩事件発覚。

6.1　たばこ「マイルドセブン」発売。

7.14　日本初の静止気象衛星「ひまわり」1号打ち上げ。

8.7　北海道洞爺湖畔の有珠山が32年ぶりに噴火。

9.3　巨人軍の王貞治が756本の本塁打世界最高記録を樹立。5日、国民栄誉賞第1号受賞。

9.10　警視庁が歌手井上陽水を大麻取締法違反で逮捕。以後、研ナオコ、にしきのあきら、内藤やす子ら検挙者が続出。

9.27　米軍ファントム機が横浜市緑区の住宅街に墜落。2人死亡。

9.28　日本赤軍がボンベイで日航機ハイジャック、

1月に行われたおやさとやかた東右第４棟掘り方始め　やかたふしんの現場には必ず「おやさとふしん」の大のぼりが揚げられる

6．9　ハワイ伝道庁日本庭園の開園式。
翌日、「ハワイよふぼく大会」開催。

8．6　「初代奈良県柔道連盟会長10年祭記念柔道大会」開催。
国内外から98チームが参加。

9．9　日本学生選手権水泳競技大会飛び込みの部で天理大学が初のアベック優勝（男子初、女子３年連続）。

10.25　西泉水プール前の広場で母と子のひのきしん彫刻「成人の像」除幕式。

10.26　**教祖百年祭を目指して東西礼拝場ふしんの打ち出し。**

11．5　「２代真柱を偲ぶ会」開催。
２代真柱様の生前中親交のあった人々を招いて６日まで。

11.14　**２代真柱様10年祭。**
内統領に中山正信、表統領に清水國雄が新任。

11.26　天理楽朋会（天理高校吹奏楽部のＯＢ・ＯＧ会）主催の２代真柱様10年祭記念演奏会。
２代真柱様10年祭記念出版の『陽気ぐらし』『六十年の道草』全国一斉発売。12月５日には『天理教事典』（おやさと研究所編）発売。

日本に拘留中の同志ら９人の釈放と身代金600万ドルを要求。

10.24　大阪で全国初のサラ金被害者の会発足。

この年　平均寿命世界一となる（男72.69歳。女77.95歳）。テレビゲーム・カラオケブーム。ピンクレディー旋風起こる。歌「勝手にしやがれ」沢田研二、「津軽海峡冬景色」石川さゆり。映「宇宙戦艦ヤマト」。

世　　界

1．20　米大統領にジミー・カーター就任。人権外交を展開。

6．16　ソ連最高会議がブレジネフ共産党書記長を議長に選出。

11．3　国連、ハイジャック防止決議を採択。

この年　プレスリー（42歳）、チャップリン（88歳）没。テレビ映画「ルーツ」が米テレビ史上最高の視聴率を記録。

昭和53年
立教141年／1978年

東西礼拝場ふしん着工

1.8　おせち入場者数13万6798人、新記録。

1.27　**おやさとやかた西左第５棟着工のお願いづとめ。**

3.26　**東西礼拝場ふしん委員会発足。**

3.28　**東西礼拝場ふしん事始めのお願いづとめ。**

3.29　天理大学武道館完成。
４月２日、落成を記念して親善柔道大会開催。

4.1　東西礼拝場ふしんの着工に先立ち、関連建物の移築・解体ならびに仮設工事開始。

4.23　満州天理村開拓者の慰霊塔「拓友の碑」除幕式。
旧満州天理村から引き揚げ奈良市生琉里町に入植した人々が中心になって建立。

4.25　道友社制作の劇映画「けっこう源さん」完成。
その後、「船乗り卯之助」（54年５月）、「山田伊八郎」（55年１月）、「平野楢蔵」（56年９月）、「大愚太右衛門」（58年６月）、「清水與之助とその妻」（59年７月）、「回生の冒険者―崔宰漢」（61年１月）と、道の先人シリーズを制作。

４月　よのもと会機関誌『よのもと』創刊。
月刊。昭和61年３月まで。

5.5　**コロンビアで布教公認。**

5.10　道友社の月刊ＰＲ誌『天地』創刊。
昭和55年５月号まで。

5.26　農山村布教対策教区担当者会議。

5.28　第１回婦人会別席日を実施（７月を除く毎月最終日曜日に実施）。

6.11　台湾婦人会が「中国天理教第１回婦女の集い」開催。

6.13　天理教ハムクラブが日本最大のパーフェクト・キュビカル・クワッド・アンテナを設置。
縦・横・高さ10メートル。いちれつ会館裏地。

6.27　清水表統領が『天理時報』の拡張運動を発表。
秋季大祭を目標に展開され、その間の純増部数は約３万部。

8.5　仮西礼拝場解体お願いづとめ。
９月３日、仮西礼拝場解体作業終了。

昭和53年・1978年

日　本

1.4　円の対ドル相場が１ドル＝237円90銭の新高値となる。10月31日には175円50銭を記録。

1.10　世田谷区のアパートで巡回訪問を装った制服警官が女子大生を殺害（以後、現職警官の不祥事件相次ぐ）。

2.18　東京で市民グループが「嫌煙権確立をめざす人びとの会」を結成。

3.26　成田空港反対派のゲリラが管制塔に乱入、端末機器を破壊。開港が大幅に遅れる。

4.4　キャンディーズが後楽園球場でサヨナラコンサート。５万人が参集。

5.20　新東京国際空港（成田空港）開港式。建設決定から12年。翌日から運行開始。

7.30　沖縄県で「車は左、人は右」の交通方式へ切り替え実施。

10.12　国土計画がクラウンライター・ライオンズを買収、西武ライオンズ誕生。
警察庁が貸金業をめぐる事件事故の初の実態調査結果を発表。１月から８月までにサラ金

20日隊は1カ月隊に再編成

9.10　天理時報社新社屋竣工記念式。
天理市稲葉町。

10. 3　青年会ひのきしん隊の20日隊を改組拡充し１カ月隊発足。
28日、婦人会ひのきしん隊発足。

10. 8　香港出張所開設。

10.13　全日本吹奏楽コンクールで天理中学校・天理高校がそろって金賞受賞（天理中は初、天理高校は７度目）。

10.18　一れつ会創立50周年記念式。

10.24　オーストラリアで布教公認。

10.26　西礼拝場掘り方始め。参加者約６万人。

11. 5　テープ天理時報発行。
全国で３番目の週刊録音図書。

11.11　天理大学選科日本語科創立20周年記念式。

……………………………………………………………

11. 4　天理ダム竣工式。市の上水道水の確保などの多目的ダム。

西礼拝場掘り方始め
いよいよ東西礼拝場ふしんが始まった

の借金苦で自殺が130人、家出が1502人。

11.11　無限連鎖講（ネズミ講）防止法公布。

11.22　阪神がドラフト会議で江川卓を指名。前日の巨人・江川の契約発覚。

11.27　日米安保協議委員会が有事の際の「日米防衛協力のための指針（ガイドライン）」を決める。

この年　ディスコブーム。ピンクレディー人気絶頂。
歌「ガンダーラ」ゴダイゴ、「与作」北島三郎。
映「スター・ウォーズ」。

世　界

5.23　ニューヨークで初の国連軍縮特別総会開催。
５月30日、核兵器禁止要請の日本国民代表団が1900万人の署名を国連事務総長に手渡す。

7.25　イギリスで世界初の体外受精児（試験官ベビー）誕生。

11.18　南米ガイアナの奥地へ集団入植した新興宗教「人民寺院」の信者914人が集団自殺。

この年　米で後天性免疫不全症候群（AIDS＝エイズ）の患者が発見される。

中山善司様、真柱継承者に推戴

こどもおぢばがえりの人気行事「おやさとパレード」が始まった

1.5　**おやさとやかた西右第4・5棟着工。**

1.16　**中山善司様**（真柱様長男・20歳）**を真柱継承者に推戴。**

2.17　「ブラジル天理文庫」開設。

3.20　天理大学附属天理参考館が文部大臣賞を受賞。
社会教育の振興に対する業績を認められて。全国の博物館関係では初めて。

4.1　第1回全国高校柔道選手権大会で天理高校が優勝。
同大会は56年まで3連覇。8月の全国高校総体でも3年ぶり8回目の優勝。翌年も春夏連続優勝。

4.2　**おやさとやかた東右第4棟竣工式。**
道友社東京支社、新築の本郷天理教館へ移転。
出版物の直販、出版部編集室など。

4.18　「東西礼拝場ふしんの歌」発表会。
清水國雄作詞、作曲は上村憲（あきら）（12歳、一般公募）。

5.16　道友社、旧天理時報社社屋に移転。

6.16　コンゴ・ブラザビル診療所「憩の家」をコンゴ政府へ贈呈。

6.17　「世界の友に本を贈ろう」キャンペーン第1回配本、パラグアイへ5000冊寄贈。10月、アルゼンチンへ4000冊、11月、沖縄県の離島に1万1000冊を寄贈。のち少年会でも呼びかけ。

昭和54年・1979年

日　本

1.8　米グラマン社前副社長が早期警戒機E2Cの対日売り込みに介在した政府高官は岸信介・福田赳夫・松野頼三・中曽根康弘と証言（ダグラス・グラマン事件）。

1.13　初の国公立大学共通1次試験実施。

1.17　カルテックス社がイラン革命の影響で対日原油供給の削減を通告（第2次石油ショック）。

1.25　上越新幹線の大清水トンネルが貫通（2万2228メートル、世界最長の山岳トンネル）。

1.26　三菱銀行北畠支店に猟銃強盗が押し入り40人を人質に籠城。28日、狙撃され死亡。

5.8　福岡県の高校教師、卒業式でジャズ調の「君が代」を演奏し免職となる。

5.15　東京地検がダグラス・グラマン疑惑の捜査終結を宣言。政府高官の刑事訴追を断念。

5.27　ガソリンスタンドの日曜・祝日全面休業実施。

6.28　東京サミット開催。

7.1　ソニーがウォークマンを発売。

7.11　東名高速道路日本坂トンネル内で車6台が玉

7.10　**ペルーで布教公認。**

7.26　こどもおぢばがえりで夜の統一行事、おやさとパレード始まる。

7.31　海外布教伝道部主催「アメリカ人布教者研修会」開催。
8月7日まで。36人の外国人よふぼくが受講。8月4日、「異文化布教――その現況と展望」のテーマで公開パネルディスカッション。

9.2　道友社の文化事業の一環として「ジャパン・クァルテット」特別演奏会を開催。
道友社演奏会シリーズはこの後、和楽器の日本音楽集団、ニューヨークピアノトリオ、東京ブラスアンサンブル、ピアノの中村紘子、チェロの上村昇、テレマンアンサンブル、横笛の赤尾三千子、ピアノのアルバート・ロトー、バイオリンの前橋汀子、ビオラの今井信子らを迎えて第19回（61年11月）まで続けられ、内容の見直し等の検討を図る上から一時中断、平成2年に再開。

10.7　天理教音楽研究会主催第1回「奏でる一手一つ」開催。
親里管内の器楽グループなど8団体が出演。

第1回「奏でる一手一つ」

11.2　第1回青年会東南アジア研修隊が出発（29日帰国）。

12.19　**香港で布教公認。**

突き衝突、7人死亡。置き去りにされた後続車173台が燃える。

10.2　成田空港でKDD社員の装身具不正持ち込みが発覚（KDD事件）。

10.28　木曽の御嶽山、有史以来初めての噴火。

11.18　第1回東京国際女子マラソン開催（英のスミス優勝）。

この年　インベーダーゲーム流行。漫画「ドラえもん」が子供たちに爆発的人気。歌「魅せられて」ジュディ・オング、「北国の春」千昌夫。
本『天中殺入門』和泉宗章。

世　界

1.1　米・中が国交回復。米は台湾と断交。

1.16　イランのパーレビ国王がエジプトに亡命。

2.11　ホメイニ指導のもとイラン革命成立。

3.28　米ペンシルベニア州スリーマイル島原発で大量の放射能漏れ事故が発生。

5.4　英国でサッチャーが先進国初の女性首相に。

10.26　朴韓国大統領、射殺される（62歳）。

12.27　アフガニスタンでクーデター発生し、ソ連が軍事介入する。

西礼拝場棟上げ
中山善司様、青年会長に就任
ひのきしんスクール開設

1.13　**天理教校附属高校マーチングバンド部が初のグランプリ。**
　第7回マーチングバンド・バトントワリング全国大会で。

グランプリに輝いた附属高マーチングバンド（日本武道館）

1.28　**西礼拝場棟上げのおつとめ。**

2.25　**中山善司様が青年会4代会長に就任。**

3.7　パリ出張所でヨーロッパ布教者研修会開催。
　9日、パリ出張所創立10周年記念祭。

3.27　**おやさとやかた西左第5棟**（敷島大教会信者詰所）**が竣工。**
「ひのきしんスクール」開設。第1回「基本コース」開講。
　国内布教伝道部主催。9月27～29日、第1回「専門コース」。

4月　修養科に中国語クラス新設。

4.8　道友社ギャラリー開設。

西礼拝場の棟上げ、棟札を見上げる人々
見学会場には3万の人々が詰めかけ喜びを分かち合った

昭和55年・1980年

日　本

2.29　動物愛護団体の米人が長崎県壱岐でイルカの囲い網を切断、800頭を逃がす。

3.6　東京地裁のロッキード事件児玉・小佐野ルート公判で浜田幸一議員のラスベガス賭博事件が明るみに出る。

3.7　山口百恵、婚約発表（引退の10月5日まで百恵フィーバー続く）。

3.10　都市銀行6行が現金自動支払い機のオンライン提携を開始。

4.7　NHK「シルクロード」のテレビ放映開始。

4.25　東京でトラック運転手が1億円拾得。落とし主は現れず拾得者の所有となる。

6.1　気象庁が東京地方で降水確率予報を開始。

7.3　警視庁、「イエスの方舟」集団失跡の捜査中、熱海で教祖千石剛賢ら26人を発見。

8.19　新宿駅西口でバスに火をつけた新聞紙とガソリンが投げ込まれ6人が焼死。

9.11　所沢市の富士見産婦人科病院理事長北野早苗を無免許診療で逮捕。不必要な臓器摘出手術

4.20　婦人会創立70周年記念第62回総会。
6万人が結集。

婦人会総会　6万人が神苑を埋め尽くした

中山善司青年会長　若き会長を戴いた青年会の新たな門出が始まった

4.27　青年会4代会長就任記念第56回総会。
28・29日、おやさとふしん青年会ひのきしん隊第400回記念隊に1万1000人が参加。

6.7　名古屋市博物館で「天理参考館50年記念特別展・シルクロードの古代文物を今にみる」開催（7月13日まで）。

7.21　西礼拝場瓦葺き開始。

8.20　天理高校野球部、全国高校選手権大会に3年連続10回目の出場で、2度目のベスト4進出。

9.12　天理図書館・参考館開館50周年記念式。
天理参考館では「シルクロードの古代文物展」と「変貌の道具――仮面展」を翌年4月まで、天理図書館では10月19日から28日まで「開館50周年記念展」を開催。

11.5　天理大学ホッケー部女子、全日本学生選手権大会で初優勝。
12月14日、全日本選手権でも初優勝。

11.25　天理時報創刊50周年記念の集い。
天理教音楽研究会主催第1回「雅楽一手一つ」。

12.11　日本学生野球協会審査室会議で、天理高校野球部の10カ月間の対外試合禁止が決定。

など乱診・乱療が判明。

10.15　奈良・東大寺大仏殿の昭和大修理完了。

11.29　川崎市で2浪中の予備校生が両親を金属バットで撲殺。

この年　日本の自動車生産台数が世界一になる。校内・家庭内暴力急増。漫才ブーム。ルービック・キューブ流行。歌「ダンシング・オールナイト」もんた&ブラザーズ。本『蒼い時』山口百恵。

世　界

7.19　モスクワオリンピック開幕。ソ連のアフガニスタン介入に抗議し日・米・西独・中国など不参加。

8.14　ポーランドのグダニスク造船所でスト。9月22日、自主管理労組「連帯」結成。

9.9　イラン・イラク戦争勃発。

11.4　米大統領にレーガン当選。

12.8　元ビートルズのジョン・レノンがニューヨークで射殺される（40歳）。

教祖百年祭の打ち出し
西礼拝場使い初め

1.5　真柱様、自ら作詞・作曲の「教祖百年祭の歌」を披露。
　26日、春季大祭終了後に南礼拝場前で初演奏。

1.26　**諭達第3号公布。**
　教祖百年祭の意義と百年祭に向かっての心構えを強調。
教祖百年祭準備委員任命。

1.30　北陸地方の豪雪による被害に対して「新潟雪害救援ひのきしん隊」を結成。

2.24　真柱様、ローマ法王と会見。
　ヨハネ・パウロ2世がローマ法王として初めて日本を訪れ各宗代表者28人と懇談。東京・法王庁大使館で。

3.20　神戸ポートアイランド博覧会の開幕に伴い、兵庫教区青年会が全期間180日間の会場整備ひのきしんを開始。延べ3842人。

4.1　**天理大学に「別科外国語課程」を新設。**
　朝鮮語、中国語、英語、ブラジル語の4課程。従来の「選科日本語科」は「別科日本語課程」と改組。7日、第1回入学式。日本語課程には12カ国の出身者が入学。
少年会本部よりリトルマガジン『天理少年』創刊。

4.9　前年に冷害で戦後最悪の凶作となった青森県の4支部で豊作祈願大会開催。5月初旬までに青森の全支部と岩手の2支部で開催。

4.18　**道友社主催の初の一般公募美術展「天展」開幕**（28日まで）。

4月　おやさと献血推進連絡会発足。
　7月8日に第1回一斉献血実施。60年3月の第15回で累計採血量が100万cc突破。

5.27　全教一斉にをいがけデーの要項発表。
　この年より「戸別訪問」と「天理時報の活用」が2本柱。

6.27　神戸ポートピア'81の国際広場で、天理教が歌と踊りのスペクタルショー「よろこびのうた」を公演（28日まで5回）。

7.12　ブラジル伝道庁創立30周年記念祭に真柱様夫妻と青年会長が臨席。

7.22　埋蔵文化財天理教調査団が天理市杣之内町で8世紀前半の火葬墓を発掘、副葬品の海獣葡萄鏡を発見。

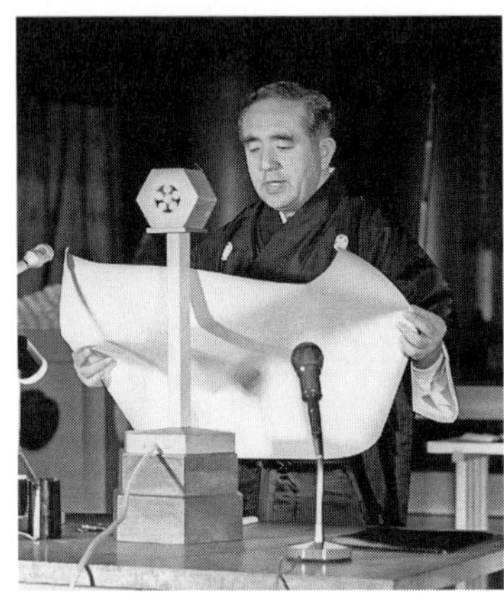
春季大祭の席上、真柱様から諭達第3号の発表があった

昭和56年・1981年

日　本

1.22　環境庁が佐渡島の国際保護鳥トキ（全5羽）を人工増殖のために捕獲。

3.2　厚生省の招待で中国残留日本人孤児47人が初の正式来日（26人が身元判明）。

3.11　国鉄経営再建特別措置法施行令公布。赤字ローカル線77廃止を規定。

3.20　神戸で博覧会「ポートピア'81」開幕（9月15日まで、入場者1600万人）。

4.18　日本原子力発電敦賀発電所で放射能漏れ発見。

4.22　世界宗教者集会（60カ国、160人）。

5.12　米軍と海上自衛隊の合同演習が10年ぶりに再開。米艦船が日本漁船71隻分の漁網を切断。

9.5　三和銀行大阪茨木支店行員がオンラインシステム悪用により1億3000万円の詐取発覚。

10.1　内閣が常用漢字表（1945字）を決定。当用漢字（1850字）は廃止となる。

10.19　京大教授福井謙一、フロンティア電子理論によりノーベル化学賞受賞決定。

10.28　ロッキード裁判丸紅ルート公判で、榎本敏夫

西礼拝場は３年４カ月で完成した

7.25　**西礼拝場使い初め。**
予定を早めて、こどもおぢばがえりに間に合わす。
真柱様、神殿の上段改修発表。
かぐらづとめが少しでも拝せるように、と。

8.4　こどもおぢばがえりの帰参者総数が初めて20万人を突破、22万人を記録。

8.5　**東礼拝場のふしん着工。**
仮東礼拝場の解体、東回廊の移動が始まる。

8.7　天理高校ホッケー部男子が全国高校総体で初優勝。

8.10　パリ出張所主催でヨーロッパから初めてのおぢば帰り団参。
36人、27日まで。

9.3　同和問題にとりくむ宗教教団連帯会議の第１回研修会を親里で開催（４日まで）。
37教団、約120人が参加。

9.10　**西ドイツで布教公認。**

10.4　天理時報で「飢えた子供にミルクを」のキャンペーン開始。

10.26　**天理教里親会発足。**
宗教団体による設立は初めて。翌年６月25日、創立総会開催。昭和58年、天理教里親連盟と改称。

10.28　**本部中庭で教祖百年祭教会長講習会開催。**
一般教会長など計１万5756人が出席。

10.29　海外の教会長ら対象に教義研修会。
17カ国の214人が参加。30日まで。

12.1　**おやさとやかた西右第５棟**（南海大教会信者詰所）**完成。**

12.6　コロンビア出張所神殿落成奉告祭。
少年会コロンビア団結成式。

12.13　オーストラリアのメルボルン・ミッションセンター開所式。

12.15　清水表統領より部落解放同盟中央本部委員長に「埼玉教区内結婚差別事件」についての回答書が手渡される。

12.21　天理高校第２部女子の宿舎「さおとめ寮」竣工。
従来二つの寮が一つにまとめられる。

被告の前夫人が「５億円受領を認める発言をしていた」と証言。「ハチの一刺し」で話題。

10.30　レコード大手13社が貸レコード店など４社を相手に東京地裁に著作権侵害の訴訟を提訴。

11.13　山階鳥類研究所、沖縄本島の山地で１世紀ぶりに新種の鳥を発見、ヤンバルクイナと命名。

この年　死因でがんが脳卒中を抜いて第１位になる。
宅配便が郵便小包の取り扱い件数を抜く。なめネコブーム。歌「ルビーの指環」寺尾聰。
本『窓ぎわのトットちゃん』黒柳徹子。写真週刊誌『ＦＯＣＵＳ』創刊。

世　界

1.20　テヘランのアメリカ大使館で人質となっていた米国人52人が444日ぶりに全員解放。

4.14　米のスペースシャトル「コロンビア」が地球36周の初飛行を終えて帰還。

7.29　英チャールズ皇太子がダイアナと結婚。

10.6　エジプトのサダト大統領が軍事パレード閲兵中に銃撃され死亡。後任にムバラク。

12.13　ポーランド全土に戒厳令布告。ワレサ軟禁、「連帯」幹部逮捕。

昭和57年
立教145年／1982年

教祖百年祭・三年千日決起の集い開く
『天理時報』30万部達成へ全面的始動

1.12　天理大学別科の新校舎が完成。
1.24　西回廊脇に車イス用エレベーター設置。
2.13　天理大学の名誉教授制度を制定、8氏に授与。
　上田嘉成・中山慶一・高野友治（天理教学）、中村忠行（国文学）、蜂矢宣朗（国語学）、西山実幾・堤廸夫（体育学）、少名子正義（歴史学）。
2.21　真柱様夫妻を迎えて台湾伝道庁長就任奉告祭。
4.16　**天理参考館に2代真柱記念室オープン。**
　展示品数517点。内容は2代真柱様の足跡をたどり、天理参考館創設の目的を明示するもの。
4.18　教祖御誕生慶祝行事として少年会の「おやさまご誕生まつり」始まる（25日も）。
4.19　天理教災害救援ひのきしん隊結成10周年記念大会開催。
4.22　よのもと会の「健康感謝よろこびの集い」開催（24日まで）。
　従来の全教野球大会に加えて、全教剣道大会、全教ゲートボール大会、身障者スポーツ大会、全教ホッケー大会を開催。
4.23　第百母屋完成。
　おやさとふしん青年会ひのきしん隊の専用宿舎。
4月　天理小学校に「帰国児教室」を開設。
5.10　タイ連絡所開設。
5月　清水表統領、シンガポール・タイ・香港へ巡教。
　8日、シンガポール出張所開設10周年記念祭。シンガポール大学、タイ国立チュラロンコン大学に天理図書館の善本叢書を寄贈。
5.18　日本・韓国古典音楽の講演と演奏会。
　天理大学雅楽部と韓国・秋渓芸術大学校国楽科が演奏。
5.26　第101回定時集会で『天理時報』30万部達成へ活発な論議。
　天理時報活用促進委員会が発足。12月月次祭の神殿講話で表統領が天理時報活用を訴える。
6.28　第1回教会長成人講習会（7月1日まで）。
　7月11日まで3回開催、1519人受講。
7.5　**アルゼンチンで布教公認。**

昭和57年・1982年

日　本

2.8　東京・永田町のホテル・ニュージャパンで火災、死者33人（防火設備の欠陥に非難集中）。
2.9　日航旅客機が羽田空港着陸寸前に海に墜落、24人死亡（機長の逆噴射操作が原因）。
3.29　警察庁が、校内暴力を恐れた学校側の要請により全国637の中学・高校の卒業式で警官の立ち入り警戒を行ったと発表。
4.1　500円硬貨発行。
5.23　国連軍縮総会へ向け空前の40万人集会。
6.23　東北新幹線大宮－盛岡間開業。11月15日には上越新幹線大宮－新潟間も開業。
6.26　新聞各紙が小学校・高校教科書の文部省検定結果を報道（社会科で「侵略」を「進出」に、天皇記述への敬語使用など）。
7.23　九州北西部・山口県に豪雨。300人以上の死者・行方不明者。長崎市の「めがね橋」半壊。
8.29　東京三越本店で開催中の「古代ペルシア秘宝展」のほとんどがニセ物と判明。10月、納入業者の竹久みち、三越岡田前社長を逮捕。

7.10　ブラジルから初めてこどもおぢばがえり団体（66人）が到着。

大阪空港に着いたブラジル団体

7.27　豪雨による被災地・長崎へ災害救援ひのきしん隊出動。

8月8日、第4次隊として第二専修科生105人が出動。

8月14日までに延べ3212人。

8.13　第1回東南アジア別席団参の一行が到着。

7カ国から83人。滞在中、60人がおさづけの理を拝戴。

9.9　「飢えた子供にミルクを」キャンペーンの募金で14トントラック2両とメイズ（とうもろこしの粉）20トンをケニア政府へ寄贈。

10.26　**「教祖百年祭・三年千日決起の集い」開催。**

20万人が参加。

「決起の集い」は秋季大祭終了後、本部中庭を主会場に行われた

『おさしづ索引』第1巻刊行。昭和62年10月、全3巻完成。

10.28　直属教会長夫婦講習会（433人受講）。

10.31　天理高校吹奏楽部が全日本吹奏楽コンクールで文部大臣奨励賞を受賞。

10.6　東京・中野区で日大生がテレビや子供の声がうるさいと下宿の家主や隣家の親子など5人を刺殺。

この年　テレホンカード登場。エアロビクスやゲートボールが人気。流行語「ネクラ、ネアカ」「逆噴射」「ロリコン」。歌「北酒場」細川たかし、「待つわ」あみん。本『積木くずし』穂積隆信、『プロ野球を10倍楽しく見る方法』江本孟紀、『悪魔の飽食』森村誠一。映「蒲田行進曲」「ＥＴ」。

世　界

4.2　アルゼンチンが英国と領有権争い中のフォークランド諸島に上陸、占領。フォークランド紛争始まる。

6.7　第2回国連軍縮特別総会。12日にニューヨークで100万人反核国際デモ。

7.23　第34回国際捕鯨委員会総会で、遠洋・沿岸の商業捕鯨を3年後に全面禁止と決定。

11.10　ソ連のブレジネフ共産党書記長が心臓病で急死（75歳）。後任にアンドロポフ。

昭和58年
立教146年／1983年

東礼拝場上棟式 おやさとやかた20棟目が完成

1.25　**おやさとやかた南右第3棟起工式。**

1.28　**東礼拝場上棟式。**

東礼拝場上棟式　よろづよ八首が奉唱される中、真柱様はじめ関係者の手で棟札が掲げられた

3.8　天理時報活用促進大会始まる。
青森教区を皮切りに、翌年9月、47教区の全日程を終了。清水表統領が全教区を回り、参加者数5万4621人。

4.1　**20棟目のおやさとやかた西右第4棟**（「憩の家」新棟）**完成。**
これにより「憩の家」は、ベッド数1000、最新医療機器を備えた総合病院となる。

4.21　東京・品川の国際難民救援センター開所式で、インドシナ難民救援事業に功績のあった団体として天理教が政府から表彰。
7月5日、救援センターへの移住を控えた日野キャンプベトナム難民が親里にお礼参拝。同キャンプは59年末に閉鎖。

昭和58年・1983年

日　本

2.4　日本初の実用通信衛星「さくら2号a」の打ち上げ成功。

2.12　神奈川県警、横浜市内の公園・地下街などで無抵抗の浮浪者を襲った中学生ら10人を逮捕（3人死亡）。

3.24　中国自動車道全面開通（着工以来17年、吹田－下関間542.7キロ）。

4.4　NHKが朝の連続ドラマ「おしん」の放送開始。平均視聴率52%、最高65%。

4.15　千葉県浦安市に東京ディズニーランド開園。

5.8　「サラリーマン新党」結成（代表・青木茂）。

5.26　日本海中部地震（震源地秋田沖、M7.7）。津波などで104人死亡。

6.13　愛知で戸塚ヨットスクール校長戸塚宏とコーチ2人が傷害致死容疑で逮捕（54年以来、しごきで3人死亡、2人が行方不明）。

7.15　熊本地裁八代支部が免田事件の再審裁判で死刑囚に初の無罪判決。

10.3　三宅島が大噴火。413戸が焼失。

5.7　真柱様夫妻の銀婚式を記念して福岡教区「おうた演奏会」開催。

9月4日には京都教区でも。

6.4　西ドイツに初の布教拠点、ミュンヘン城山出張所開所。

6.20　ケニアのマーサビッツでアフリカ第2次救援隊の救援物資贈呈式。

6.26　ローマ字版『おふでさき』刊行。

7.28　豪雨の島根県へ災害救援ひのきしん隊出動。

18日間、19教区から延べ3000人。電話が不通となった現地との交信に天理教ハムクラブが活躍。

7月23日未明から島根県西部を中心に襲った「7月豪雨」に19教区から災救隊が出動した

9.13　ネパールから初の別席団参（18人）。

9.28　初の教区長研修会開催。

10.11　全日本学生ホッケー選手権で天理大学が史上初のアベック優勝（男子4年ぶり13回目、女子4年連続）。

11.14　雑誌『陽気』6月号に差別文章が掲載されたとして本教に対する事実確認・糾弾会。

11.26　酒害相談コーナー設置。

福祉課が毎月26日に。このころ里親相談コーナーも。

10.12　東京地裁がロッキード裁判の田中角栄被告に懲役4年・追徴金5億円の実刑判決。

10.14　東北大で日本初の「試験管ベビー」（体外受精児）出生。

11.11　劇団四季がミュージカル「キャッツ」の上演を開始。

この年　パソコンとワープロ急速に普及。サラ金の取り立てによる自殺・心中が1075件、1155人。おしんドローム。女性誌創刊ラッシュ。「軽薄短小」。歌「さざんかの宿」大川栄策、「めだかの兄弟」わらべ。映「戦場のメリークリスマス」。

世　界

3.2　イラク軍がイランのノールーズ油田を爆破。原油が流出しペルシア湾を汚染。

8.21　フィリピン有力野党議員アキノ暗殺（これを契機に反マルコス運動広がる）。

9.1　サハリン沖上空で領空侵犯の大韓航空機が撃墜される（269人行方不明）。

12.11　ローマ法王、ルター派教会を訪問。新旧教会が500年ぶりに握手。

昭和59年
立教147年／1984年

教祖百年祭地方講習会 神殿上段改修、東西礼拝場竣工

1.7　天理高校ラグビー部が12年ぶり5度目の全国大会優勝。

3.14　第2炊事本部起工式。

3.26　**『天理教教典』が一部改訂。**
インド初の教会・カルカッタ教会設立。

5.1　**雛型かんろだい据え替えと神殿上段改修のお願いづとめ。**

5.3　**教祖百年祭地方講習会始まる。**
この日、47会場、1万2000人が受講。7月15日まで2029会場で57万3961人が受講。

この地方講習会では「よふぼく住所票」が活用された

6.8　真柱様、海外巡教に出発（22日まで）。
南米・コロンビアでコロンビア出張所の月次祭に参拝、二つの「あらき農場」視察、アメリカ伝道庁創立50周年記念祭臨席、ハワイ巡教。

6.30　**親里競技場**（ラグビー場と野球場）**が完成。**
ラグビー場は7月15日、秩父宮妃を迎えて使い初めの後、秋のわかくさ（奈良）国体で使用。

7.1　「海外教会長・布教所長子女おぢば練成会」（英語圏）開幕。
50日間の日程でアメリカ、ハワイ両伝道庁管内から34人。

8.4　ロサンゼルスオリンピック、柔道60キロ以下級で細川伸二（天理大ＯＢ）が金メダル獲得。

9.8　わかくさ（奈良）国体開幕。
天理市では飛び込み、ラグビー、ホッケー、柔道を開催。
天理教国体対策委員会では国体を全面的に支援し、期間中約7000人が本教の宿泊施設に宿泊。

昭和59年・1984年

日　本

2.12　植村直己、世界初のマッキンリー冬季単独登頂に成功。下山途中で消息を絶つ。

3.1　兵庫県警の現職警部補が大阪南区の泉州銀行難波支店に銀行強盗。4月24日にも兵庫県警の警官が池田市で銀行強盗。

3.18　江崎グリコ社長江崎勝久が誘拐される。21日、自力で脱出。

5.10　グリコ製品に毒物を混入との脅迫状が報道機関に届く。スーパーなどでグリコ製品の販売中止が広がる。

6.14　横浜地裁が外国人登録法の指紋押捺を拒否した米国籍の女性に初の有罪判決を出す。

9.4　京都市で元西陣署巡査部長が警官を襲い、奪った拳銃で射殺。3時間後に大阪市のサラ金に押し入り73万円を奪って逃走。

9.6　韓国の全斗煥大統領が来日。宮中晩餐会で天皇は「今世紀の一時期において両国の間に不幸な過去が存したことは誠に遺憾」と声明。

9.12　グリコ事件犯人「かいじん21面相」が森永製

10.13　**『天理時報』が30万部購読を達成。**

10.24　**雛型かんろだい据え替えのおつとめ。**

東京から新幹線おぢば号運行。

「天理教おぢば号」のヘッドマークつけ、車内に教祖百年祭の歌が流れる。

10.25　**神殿上段改修・東西礼拝場竣工のお礼づとめ。**

10.26　立教147年秋季大祭。

3日間にわたる「3大慶事」に親里は沸き返った。

11.11　天理大学の正木嘉美（4年）が史上初の全日本学生柔道選手権3連覇達成。12月の世界学生選手権でも無差別級で優勝。

12.15　親里で初めての国際シンポジウム「アジア太平洋文化の歴史と展望」開催（16日まで）。

「かんろだい据え替え」「上段改修」「東西礼拝場竣工」という三つの慶びに包まれ、秋季大祭には国内外から多数の教友が帰り集った

菓にも1億円要求の脅迫状。

9.19　永田町の自民党本部が放火され、3階から7階までを焼く。

10.25　オーストラリアから友好親善の使節として贈られたコアラ6頭が成田空港に到着。

11.1　日銀が15年ぶりに新札発行。肖像に福沢諭吉ら文化人を採用。

この年　働く主婦の数が専業主婦の数を超える。焼酎、エリマキトカゲ人気。『ＦＲＩＤＡＹ』創刊。歌「ワインレッドの心」安全地帯。

世　界

2.9　ソ連のアンドロポフ共産党書記長が在任わずか15カ月で死去。チェルネンコが後任に。

3月　アフリカで飢餓深刻化。世界各地で救援活動始まる。

7.28　ロサンゼルスオリンピック開幕。ソ連不参加、東欧からルーマニアが参加。カール・ルイスが4つの金メダル。

10.31　インドのインディラ・ガンジー首相（66歳）が暗殺される。

昭和60年

立教148年／1985年

教祖百年祭
先達決起大会
新炊事本部竣工、
白川駐車場ほか
完成

2.3 **教祖百年祭先達決起大会始まる。**
7月14日まで全国339会場、10万6758人が受講。

2.26 初の直属学生担当委員長研修会開催。

4.1 天理看護学院に3年制の看護学科併置。

4.20 山本安英の会の「夕鶴」36年ぶりの親里公演。
昭和24年10月27日、天理教館の舞台で初演以来、1018回目の上演。

4.21 アメリカの宇宙飛行士ラッセル・シュワイカートが来訪。
翌日、天理小学校で講演、児童からの質問に答えた。

4.23 天理大学創立60周年記念式典。

5.5 メキシコ出張所開設。

6.9 **ヨーロッパ青年会発足。**
パリ出張所に中山善司青年会長を迎えて発会式開催。アメリカ、ブラジル、ハワイ、コロンビア、韓国に次いで六つ目の海外青年会となった。

6.14 **第2炊事本部竣工。**
初仕事は真柱様誕生日（7月7日）の赤飯づくり。こどもおぢばがえりから配食を開始。1日12万食の配食能力を持ち、これまでの炊事本部と併せて1日24万食の給食が可能となる。教祖百年祭後、旧炊事本部廃止。

6.28 北海道有珠山で災害救援ひのきしん隊総合訓練（4日間）。
緑化ひのきしんを掲げ、有珠山に1万7500本を植樹。30日には本教初の植樹祭を開催。

竣工した現在の炊事本部　普段は1日平均3万食をまかなっている

昭和60年・1985年

日　本

1.26 大阪で山口組の竹中組長ら3人が一和会系組員に襲われ射殺される。

2.27 田中角栄元首相が入院、政界に動揺。

3.16 科学万博「つくば'85」開幕。9月16日まで。入場者2000万人。

3.22 厚生省が日本人のエイズ患者第1号を認定。

4.1 NTTと日本たばこ産業株式会社発足。

5.1 福山市で自動販売機に置かれていたドリンク剤を飲んだ運転手が死亡。以後、全国で毒入りドリンク事件が続発。

5.17 男女雇用機会均等法が衆議院で可決、成立。

6.6 川崎市で、交通事故で重体の小学生が信仰上の理由で両親により輸血を拒否され死亡。

6.8 淡路島と鳴門市を結ぶ大鳴門橋が開通。

6.18 豊田商事の永野一男会長が自宅マンションで、報道陣の目前で2人の男に刺殺される。

6.28 厚生省が日本人の平均寿命を発表。男74.54歳、女80.18歳で男女とも世界一。

7.10 京都市が古都保存協力税実施。拝観停止寺院

9月29日に行われた「天理青年おぢば帰り大会」前日来の雨で足元のゆるんだ中を多数の教友が詰めかけた

7月	修養科の修了者総数が50万人突破。
8.26	来年より教祖御誕生慶祝旬間をとりやめる旨通達。
8.31	**おやさとやかた南右第3棟**（高安詰所）**完成。**
9.29	天理青年おぢば帰り大会開催。 第14回世界柔道選手権で天理大研究生の正木嘉美（無差別級）と天理大ＯＢの細川伸二（60キロ以下級）が優勝。
10.26	おうた12番・交声曲「ひながたの道」お供え演奏会。
10.28	天理託児所新築完成。 11月4日開所。一時に500人の子供を預かることができる。
11.4	音楽研究会創立30周年記念行事のオープニングコンサート。 このコンサートを皮切りに1年間、各地で記念行事。
12月	**白川駐車場、アクセス道路、バス乗降場、国道25号線天理バイパス、天理トンネル等完成。**

天理バイパス開通

相次ぐ。

8.12	日航ジャンボ機が群馬県御巣鷹山中に墜落。520人死亡。4人が奇跡的に生存。
9.25	奈良県の橿原考古学研究所が藤ノ木古墳で石室と朱塗りの家形石棺を発見したと発表。
10.16	阪神タイガースが21年ぶりにリーグ優勝。11月2日、日本一に（阪神フィーバー）。
この年	いじめ深刻化。エイズ不安。激辛ブーム起こる。歌「恋に落ちて」小林明子、「俺ぁ東京さいぐだ」吉幾三。本『首都消失』小松左京。

世　　界

3.10	ソ連チェルネンコ書記長没。11日、後任にゴルバチョフが選出される。
7.13	アフリカ飢餓救援のためロンドンとフィラデルフィアで史上最大のロックコンサート「ライブ・エイド」。16時間にわたって世界80カ国に衛星中継。
11.19	ジュネーブでレーガン・ゴルバチョフの米ソ首脳会談が6年半ぶりに行われる。
この年	エイズの恐怖、世界に広まる。

昭和61年

立教149年／1986年

教祖百年祭執行

1.5　**教祖百年祭祭儀係から「しめなわ」と「玉串奉献」をとりやめると発表。**

1.26　**教祖百年祭執行。**

1月26日から2月18日までを年祭期間とし毎日おつとめを勤める。期間中、日刊『天理時報』発行。海外からは40の国と地域から6400人以上。帰参者の世話どりに当たる「教祖百年祭特別ひのきしん隊」には約6000人が参加。

1月27日から2月17日まで一般教会長の登殿参拝（1日平均800人で総計1万6933人）。

教祖百年祭　空から見た神苑

百年祭記念展示館として「元の理館」「ひながた館」「陽気ぐらし館」を設ける。2月10日に入場者数が100万人突破。この展示館は5月5日まで延長、参観者は延べ200万人。

2月8日、横綱千代の富士がお供えの土俵入り。

『稿本天理教教祖伝』改訂版発行。

ヨーロッパに初の教会設立。

フランス・ボルドーにボルドー教会（ベルナール・シュードル会長）。

3.27　**教祖百年祭道の学生決起大会開催**（29日まで）。

4.18　内統領に平野知一、表統領に深谷善和が任命。

任期くり上げ百年祭後の新体制を整える。

教祖百年祭記念館の一つ「ひながた館」
教祖の道すがらをジオラマなどで再現
別席場西側で継続展示

昭和61年・1986年

日　本

2.1　東京・中野区の公立中学2年生がいじめを苦に自殺。

4.8　アイドル歌手の岡田有希子がビルから飛び下り自殺。以後、各地で少年少女の自殺が相次ぎ、2週間で28人が死亡。

5.4　第12回主要先進国首脳会議（サミット）が東京で開催される。

5.8　英国のチャールズ皇太子とダイアナ妃が来日。

6.19　ベトナムの二重体児ベトちゃんとドクちゃんが治療のため来日。

7.30　東北自動車道全通（浦和－青森間674.7キロ）。

9.6　社会党委員長選挙で土井たか子が当選。日本初の女性党首誕生。

9.9　政府が閣議で米の戦略防衛構想（SDI）研究に参加することを決定。

11.15　伊豆大島三原山が209年ぶりに大噴火。21日、島民と観光客に避難命令。

11.25　三菱銀行有楽町支店前で現金輸送車が3人組の男に襲われ3億3300万円が奪われる。

正木、柔道日本一の快挙

4.29　全日本柔道選手権大会で正木嘉美（天理大研究生）が初優勝。柔道日本一となる。翌年も連続優勝。

5.17　神奈川教区で「おうた演奏会」開催。
おうた12番「ひながたの道」初公演。９月７日、兵庫でも。

6.24　天理教ビデオライブラリー「ぢばへ」完成（企画発行・天理教道友社、制作・ＮＨＫサービスセンター）。
この後、「たすけ—をやの声が聞こえる—」（62年２月）、「おぢばの風—こどもおぢばがえり—」（62年11月）、「渡辺徹とこどもたちの熱い夏」（63年10月）を制作。

7.26　**教祖百年祭こどもおぢばがえり始まる**（８月５日まで）。
この年、30万人を目標にし約28万人が参加。これまで最高の昭和58年（約22万9000人）を大きく上回った。終了後、真柱様は「来年、再度30万人に挑戦を」と提唱。

8.7　第29回道の教職員の集いに過去最多の988人参加（９日まで）。

8.14　**天理高校第２部野球部が全国定時制通信制軟式野球大会で初優勝。**

8.21　**天理高校野球部が甲子園出場23回目にして念願の初優勝。**

天理高第１部・第２部野球部が念願の全国優勝を成し遂げた（写真は22日に本部南礼拝場前で行われた第１部の祝勝会）

10.5　音楽研究会創立30周年記念「雅楽演奏会」（名古屋市公会堂）開催。雅楽交声曲「神のたのしみ」を初公演。
11月24日には創立30周年記念「ファイナルコンサート」。１年間にわたる記念行事を終了。

10.28　**立教150年教義講習会第１次開催**（29日まで）。
同講習会は３次に分けて開催され、第１次は教祖殿御用場で、本部員、別席取次人、世話人、直属教会長らを集めて。第２次は11月２日から62年３月31日にかけて各直属教会で部内の教会長などを対象に。第３次は62年10月28日。

12.12　**天理国際シンポジウム**（天理大学主催）**開催**（16日まで）。
「コスモス・生命・宗教——ヒューマニズムを超えて」をテーマに、海外６カ国11人を含む32人の各分野の専門学者が参加。12日はプレ・セッション、13日に公開講演、14日から３日間、３セッションに分かれて討議。

12.26　婦人会、「１会員が３人のよふぼくを」のスローガンを発表。

12.9　ビートたけしら12人、「FRIDAY」編集部へ取材方法について抗議、暴行・傷害で逮捕。

この年　地上げが社会問題化。円高・ドル安さらに進む。ハレー彗星が76年ぶりに地球に接近。「ぷっつん」。歌「CHA－CHA－CHA」石井明美。本『塀の中の懲りない面々』安部譲二。

世　　界

1.28　米のスペースシャトル・チャレンジャー号が打ち上げ72秒後に爆発。乗組員７人が死亡。

2.24　フィリピンでマルコス大統領の退陣を要求してアキノ女史が臨時政府を樹立。26日、マルコスが米に亡命。

4.26　ソ連・チェルノブイリの原子力発電所で原子炉が爆発。地球規模の放射能汚染に、世界で反原発の動き。

この年　ソ連で「ペレストロイカ」。

昭和62年
立教150年／1987年

「こどもおぢばがえり」初の30万人突破
立教150年教義講習会第３次開催

こどもおぢばがえり　30万人目の参加者に真柱様より記念トロフィーが手渡された

1.23　天理図書館で「天理教史参考資料展―幕末時代―」開催。
　30日まで。平成元年に同展「慶応元年から明治20年まで」を、平成２年に「明治21年から一派独立まで」を、平成３年に「明治42年から立教百年祭まで」を開催。

1.25　**全教一斉ひのきしんデーを「５月18日」から「５月中旬の日曜日」に変更と発表**（この年は17日に実施）。

2.1　『天理時報』創刊3000号を発行。

3.17　天理大学がインドネシアのナショナル大学と姉妹校提携。
　昭和36年の韓国外国語大学、40年の台湾・中国文化大学、41年のアメリカ・インディアナ大学に次いで４校目。

4.1　ケニア連絡所開設。

4.18　**「第７回天展・天理ビエンナーレ'87」開幕。**
　道友社の一般公募美術展「天展」を、それまでの６部門を３部門ずつ隔年で一般公募。

4月　道友社より『劇画 教祖物語』刊行開始。
　教祖のひながたと天理教の歩みを劇画でたどる初めてのシリーズ。平成２年に全５巻完結。

5.30　島根県立博物館で「天理参考館特別展」開幕（６月14日まで）。
　テーマは「大黄河とシルクロードの古代文物」。天理参考館所蔵品の館外展示は昭和55年の「天理参考館50年記念特別展」（名古屋）以来のこと。入場者２万8000人。

8.2　**こどもおぢばがえり８日目、参加者が30万人突破。**
　この年の参加者38万1116人。

8.18　**全教一斉にをいがけデーにタブロイド判の天理時報『人間いきいき新聞』を発行。**
　発行部数155万部。翌年からは全教一斉ひのきしんデー号と全教一斉にをいがけデー号の年２回発行。

9.1　学生担当委員会より月刊誌『はっぴすと』創刊。

9.15　２代真柱様20年祭記念ラグビー大会。
　親里管内学校のラグビー部員とＯＢ約600人が参加。11月３日には同記念天理柔道親睦大会。

昭和62年・1987年

日　本

1.27　関西国際空港着工。

2.4　政府が売上税法案を衆議院に提出。

2.9　ＮＴＴ株が東京・大阪・名古屋の証券取引所に上場、買い手が殺到。ストップ高の160万円で初値がつく。

3.14　南極海で操業の第３日新丸捕鯨船団が捕獲を終え、53年間にわたる南極捕鯨に幕。

3.30　安田海上火災がゴッホの「ひまわり」を53億円で落札。

4.1　国鉄の分割・民営化で「ＪＲ」発足。

5.3　西宮市の朝日新聞阪神支局に覆面の男が侵入し散弾銃を発射。記者１人死亡、１人重傷。

5.13　首都圏のＪＲ電車の名称「Ｅ電」に決定。

5.15　通産省がココム（対共産圏輸出統制委員会）規制に違反の東芝機械に対して、共産圏への１年間の輸出禁止処分を発表。

6.13　広島カープの衣笠祥雄が連続試合出場の世界新記録（2131）。

9.9　首都高速葛飾－川口間が開通し、青森－熊本

9.26　天理参考館の列品講座「トーク・サンコーカン」スタート。展示資料を自由に手にしながら対話するもの。毎月第４土曜日に開催。第１回のテーマは「中国のブタ小屋」。

10. 3　天理よろづ相談所「憩の家」にＭＲ棟完成。西ドイツから導入したＭＲ・ＣＴ２基を収容。

10. 4　ニュージーランドに初の布教所誕生。

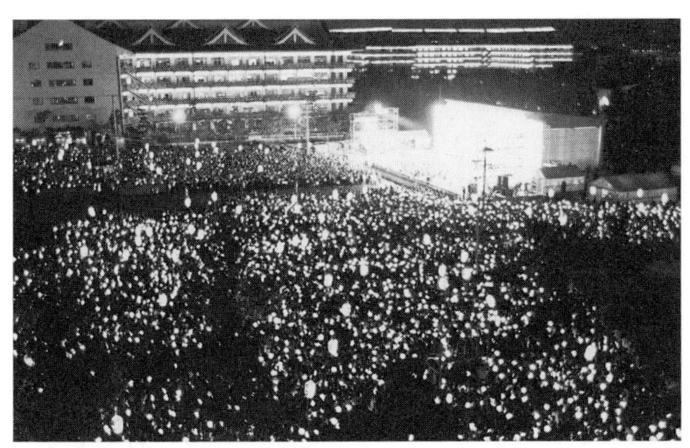

立教150年記念行事の一つとして行われた提灯行列　神苑は喜びの灯で埋まった

10.24　立教150年記念行事の「150ミュージックスペシャル」開催。
天理大学で立教150年記念フォーラム「『元の理』の世界」開催（28日まで）。

10.25　立教150年記念行事多彩。
少年会の鼓笛お供え演奏には75団体、3107人が参加。夜には記念行事最大の催し「誓いの広場」開催。真柱様作詞・作曲の「親神様(おや)の守護(まもり)」を初披露。４万余の提灯行列も。

10.26　**立教150年秋季大祭。**

10.28　**立教150年教義講習会第３次開催。**
本部の四つの礼拝場を会場に、本部員、別席取次人、世話人、修理人、教区長、本部在籍者と全教会長など１万5986人が受講。終了直後、深谷表統領は、陽気ぐらし世界実現への具体的な道筋として、「おつとめの完修」「布教活動の推進」という従来の基本路線に加え、「地域に役立つひのきしんの展開」を提唱。

11. 7　インドネシア連絡所開設。

11.14　**２代真柱様20年祭。**
記念して、教会本部より『中山正善写真集』第２・３巻発行（第１巻は52年）、天理図書館では「二代真柱20年祭記念展」、天理大学では13日から３日間、韓国、シンガポール、マレーシアのチームを招いて国際ホッケー大会開催。

12.13　フィリピン連絡所開設。

間の2000キロ自動車道路が連結。

10.12　マサチューセッツ工科大学の利根川進教授にノーベル医学・生理学賞受賞が決定。

この年　国体が全国一巡。霊感商法の被害が広がる。地価暴騰。マイケル・ジャクソン来日、フィーバー。歌「人生いろいろ」島倉千代子、「命くれない」瀬川瑛子。本『サラダ記念日』俵万智、『ノルウェイの森』村上春樹。映「マルサの女」「プラトーン」。

世　界

10.19　ニューヨーク株式市場で、株価大暴落（暗黒の月曜日）。

11.29　ミャンマー沖で大韓航空機が消息を絶つ。12月１日、バーレーンで蜂谷真一・蜂谷真由美名義の偽造パスポートを持つ２人が逮捕。北朝鮮の工作員で、当局の指令で大韓航空機を爆破したことが判明。

12. 9　米ソ、ＩＮＦ（中距離核戦力）全廃条約に調印。

この年　世界の人口50億人。

天理雅楽
ヨーロッパで公演
天理大学改革へ

2.6　**婦人会創立80周年「会員躍進の集い」スタート。**
２年後の創立80周年に向けて６月までに全国304会場で開催。約20万人の会員が参加した。

2.27　かなめ会の席上、深谷表統領が天理時報増部運動を新たに展開すると発表。
道友社では４月から１年間を「天理時報増部運動年」として種々の具体策を展開。４月17日より各教区で「時報読者大会」を開催。11月までに46教区で約３万人が参加。

3.20　「瀬戸大橋博覧会」開幕に伴い、香川会場では教区青年会が165日間の期間中、連日トイレ清掃を実施。
７月９日から函館市で開かれた「青函博覧会」でも、函館支部が72日間連日トイレ清掃。

4.23　「なら・シルクロード博」開会式に天理高校吹奏楽部が出演。同パレードに天理教校附属高校マーチングバンドが出場。
期間中、６月５日と10月２日に「天理教ふれあいデー」。

5.27　**天理雅楽ヨーロッパ公演団出発。**
ウィーン音楽祭に出演のほか、マールブルク、ロンドン、パリ、アムステルダムでも公演。

7月　**天理大学改革案まとまり改革へ着手。**
７月20日、新学長に大久保昭教就任。

ウィーン楽友協会の室内楽用ホール「ブラームス・ザール」で催された天理雅楽の公演

昭和63年・1988年

日　本

1.12　日本医師会の生命倫理懇談会が脳死を個体死と認め、臓器移植を可能とする最終報告書を日本医師会長に答申。

1.18　大阪地検が公明党の田代富士男参議院議員を「砂利船汚職事件」で取り調べる。

2.10　ファミコンソフト「ドラゴンクエストⅢ」が発売され、１日で100万本を完売。

3.13　世界最長の青函トンネル開業（53.85キロ）。

3.17　日本初の屋根つき球場「東京ドーム」完成。

4.1　税制度のマル優が原則廃止となる。

4.10　瀬戸大橋が開通。海峡部9368メートル。

6.7　日本赤軍の泉水博がマニラで逮捕される。

6.18　川崎市の助役がリクルート関連会社の未公開株譲渡で約１億円余の利益を得たことが発覚（リクルート事件の発端）。

7.23　自衛隊潜水艦なだしおと釣り船第一富士丸が衝突、釣り客ら30人が死亡。

9.19　天皇が吐血。以後、重体続く。全国に「自粛」ムード広まる。

9.7　**「教会長研修会」スタート。**

立教150年教義講習会第3次での真柱様のお言葉を受けて、〝その者からの成人〟を期し、全教会長を対象に親里で開催。平成元年12月5日に全日程を終了。

9.25　ソウルオリンピック柔道60キロ級に出場の細川伸二（天理大学教員）が銅メダル獲得。86キロ級に出場の大迫明伸（天理大学ＯＢ）も銅メダル。

9月　道友社企画のテレビ番組「渡辺徹とこどもたちの熱い夏」が全国38局で放映。

10.27　**天理教青年会創立70周年記念第64回総会。**

青年会総会　教祖90年祭以降ひのきしん隊に10回以上参加した隊員に表彰状が贈られた

10月　婦人会・青年会・少年会より小さな子供をもつ親たちへ「家族ぐるみで教会へ参拝しましょう」と提唱。

11.13　和歌山教区で「おうた演奏会」開催。

11.20　天理大学女子ホッケー部が全日本選手権で3年連続5回目の優勝、3年連続3冠王に輝く。12月11日、男子も4年ぶりの3冠王を決め、史上初のアベック3冠王達成。

9.21　ダイエーがプロ野球南海ホークスを買収。10月19日、オリックスが阪急ブレーブスを買収。

11.16　消費税導入を柱とする税制改革6法案が衆議院を通過。12月24日、参議院で可決・成立。

この年　日本列島が道路・鉄道とも1本のラインで結ばれる。反原発運動。ドライビールが大流行。歌「パラダイス銀河」光GENJI、「乾杯」長渕剛。本『キッチン』吉本ばなな。映「となりのトトロ」「ラストエンペラー」。

世　界

8.20　7年余り続いたイラン・イラク戦争で停戦協定成立。

9.17　ソウルオリンピック開幕。カナダのベン・ジョンソン薬物使用で金メダル剥奪。

11.8　米の大統領選挙で共和党のブッシュ候補当選。

11.23　韓国の全斗煥前大統領、光州事件と一族の不正で国民に謝罪、落郷。

昭和64年
平成1年
立教152年／1989年

天理教校親里高校開設
真柱様の部内巡教1000カ所に達す

1.5 **おせち期日の変更。**
この年より「村方」「一般」一本化し、5～7日となる。

（1月7日改元）

1.26 春季大祭神殿講話で真柱様は「今年の合言葉は布教である」と「布教」を強調。

2.1 ギリシャに初の講社誕生。

3月 「教人」の数が20万人を突破（月間統計による）。

4.14 **天理教校親里高等学校開校。**
第1回入学式。第1期生182人。親里で三つ目の高校。奈良県外の教内子弟対象。

4.15 「天理時報活用促進の集い」始まる。
『天理時報』増部運動が2年目に入り、前年の教区単位の読者大会を、この年より支部単位として開催。

6.4 **「天理教青年会関東ブロック大会」開催。**
千葉県浦安市で。関東一円から約3万人が参加。メーン行事である献血では、7258人が約150万cc献血。1日1カ所の最高記録を達成。

6.18 天理大学体育学部武道館で世界初の合気道国際大会を開催。

7.12 アメリカ、ソ連、ブルガリアから3人の宇宙飛行士が来訪。天理小学校で交流会も。

3万人が集まった青年会関東ブロック大会

昭和64年＝平成1年・1989年

日　本

1.7 午前6時33分、昭和天皇崩御（87歳）。平成と改元。

2.13 東京地検がリクルート社の江副浩正前会長ら4人を贈収賄容疑で逮捕する。

2.24 昭和天皇の大葬の礼。

4.1 消費税スタート。ほとんどの商品・サービスに3％の課税。

4.11 川崎市の竹やぶで1億4521万円入りのバッグが見つかる。16日にも9000万円発見。

5.20 朝日新聞社が、沖縄のサンゴの落書きは取材カメラマンによるものと認め、同紙上で謝罪。

6.24 美空ひばり没（52歳）。爆発的なひばりブームが起こる。

7.23 参議院議員選挙で与野党逆転。「マドンナ旋風」で女性候補が22人当選。

8.10 八王子署に強制わいせつ容疑で逮捕されていた26歳の男が連続幼女誘拐殺人を自供。容疑者の自室から、殺害した女児の遺体を撮影したビデオテープや、ホラー映画やアニメなど

国際社会に羽ばたくようぼくの育成を目指して親里高校が新設された（写真は開校式で「誓いの言葉」を述べる新入生代表）

7.26　こどもおぢばがえり始まる。

「かしもの・かりものの教理を教え、ひのきしんとたすけあいを実行させる」ために「しこみのポイント」が設けられ、さまざまな工夫が凝らされる。その一つ「アチコチ体操」が人気を得た。参加者30万1760人。

9.22　**真柱様の部内教会巡教、1000カ所に達す。**

昭和39年、たすけ委員長時代からの通算。

1000カ所目の巡教先、静岡県・和平分教会で講話を行う真柱様

9.25　道友社全国社友大会で道友社のシンボルマーク発表。

11. 1　各教区で布教専従者研修会始まる。

翌年３月末で全日程終了、受講者8819人。

11.26　**オーストラリアに初の教会誕生。**

世界５大陸すべてに教会がそろう。

12. 1　天理大学「心光館」の起工式。

学生・教職員1200人による土持ちひのきしん。以後、大学学舎の新築工事進捗。

12. 5　教会長研修会終了。

昭和63年９月から始まり、第33回をもって終了。各３日間の研修で、総参加者数は１万5486人。

12. 8　道友社新社屋起工式。

約6000本のビデオテープが発見される。

9.27　ソニーが米映画会社コロンビアの買収発表。10月31日には三菱地所がロックフェラーグループ社株の51％買収を発表。

11.13　島根医科大学で日本初の生体部分肝移植手術。

11.15　横浜の坂本堤弁護士一家の失踪が判明。

この年　昭和ブーム。首相が竹下登―宇野宗佑―海部俊樹と目まぐるしく交代。深夜バスが人気。吉野ケ里遺跡の全容が明らかになる。世界的に地球環境保護の動き。本『人麻呂の暗号』藤村由加。映「魔女の宅急便」。

世　界

2.14　イランのホメイニが『悪魔の詩』の作者ルシュディに死刑を宣告。

6. 4　北京で学生・市民が集まる天安門広場を威嚇部隊が武力制圧（天安門事件）。

11. 9　東ドイツでベルリンの壁事実上撤廃。翌日より撤去始まる。

12.22　ルーマニアのブカレストで数十万人のデモ。チャウシェスク政権が崩壊。

この年　東欧に自由化の波。

平成 2 年

立教153年／1990年

天理教ハイスクールバンド、ローズパレードに出場
道友社新社屋竣工

ローズパレードに出場した「天理教ハイスクールバンド」

婦人会創立80周年記念総会　世界各国から帰参した婦人会員が神苑にあふれた

1.1　**アメリカのローズパレードに天理高校吹奏楽部と教校附属高校マーチングバンドが「天理教ハイスクールバンド」名で出場。**
天理高校吹奏楽部は同パレードに2度目の出場。この模様は日本時間2日深夜、UHF11局で衛星中継（道友社提供）された。アメリカとメキシコで独自の演奏活動も行う（8日帰国）。

1.7　天理高校ラグビー部が6度目の全国大会優勝。

1.26　道友社創立百年記念出版としてカセットブック創刊。
『天の与えを頂く』（関粂治著「月日の道」より）。9月に第2巻『信心の一夏一冬』（岡島藤人著「素心凡語」より）。

2.12　丹後半島の貨物船重油流出事故に災害救援ひのきしん隊京都教区隊が出動。
5日間に延べ470人が出動。3月4～10日、第2次隊（京都北部ブロック隊）が出動。

3.27　道の教職員第1回春のおやさと研修会（28日まで）。

3.29　天理高校女子ホッケー部が全日本高校選抜大会に優勝、初の全国制覇。インターハイでは男子が2年ぶり4回目の優勝。

4.1　大阪「花博」開幕に伴い大阪教区では9月30日までの毎日、トイレ掃除、身障者の案内等のひのきしん実施。

4.12　「花博」でツバルのナショナルデー開催。
本教関係者らで結成した「花博ツバル友好友の会」によって準備、式典、アトラクション、会場整理等が行われ、南太平洋のツバル国とホットな交流が生まれた。

4.19　**天理教婦人会創立80周年記念第72回総会開催。**
前夜祭では婦人会員による記念パレード。会員約10万人が参加。道友社では通信衛星を使った衛星生中継を実験的に実施、総会の模様がリアルタイムで天理市内3カ所のモニターに映し出された。
教祖の「お蔵」竣工（教祖殿裏）、婦人会がお供え。

4.26　深谷善和表統領の代行に畑林清次本部員。

5.14　天理大学「研究棟」の起工式。

6.3　高知教区で「おうた演奏会」開催。

平成 2 年・1990年

日　本

1.16　日本医師会の生命倫理懇談会が尊厳死を容認する報告書を発表。

2.16　東大医科学研究所の倫理審査委員会が、脳死者からの肝臓移植を認める結論を出す。

3.8　千葉県が4月以降に新設されるゴルフ場に農薬の使用を全面的に禁止する方針を示す。

4.1　大阪で「国際花と緑の博覧会」（花博）開幕。

6.29　礼宮文仁親王、川嶋紀子さんと結婚、秋篠宮家を創設。

7.6　神戸・高塚高校で、遅刻監視の教諭が閉めた校門に頭をはさまれた女子生徒が死亡。

8.28　サハリンで大やけどを負った3歳の男児が札幌医大病院に搬送され皮膚移植手術を受ける。

11.12　皇居で天皇即位の礼が行われる。パレードの沿道には12万人。自衛隊施設への迫撃弾発射や神社などへの放火があいつぐ。

11.22　皇居東御苑の大嘗宮で大嘗祭が行われる。

12.2　ソ連のソユーズTM11号宇宙船にTBSの宇宙特派員秋山豊寛（48歳）が搭乗。日本人初

6．7　「心の宇宙・宇宙の心――新しい宇宙観を求めて」と題して、天理国際シンポジウム’90開催（天理市文化センターで）。

6.16　「花博」の国際陳列館で「天理雅楽演奏会」開催。

6.20　「天展」から書部門が独立し「天理書展」開催（7月1日まで）。

7．1　天理教青年会北陸ブロック主催の「海岸クリーンキャンペーン」を新潟・富山・石川・福井の4教区27支部で一斉に実施。
　日本海沿岸24カ所で。

7.26　こどもおぢばがえり開幕。
　この年、白川会場を新設、ぬいぐるみマスコットの「ピッキー」が初登場。参加者30万4127人。

おやさとやかた真南棟起工式

8．1　道友社より初のアニメーションビデオ『真心の御供』発売。

8.21　天理高校野球部が4年ぶり2度目の夏の甲子園優勝。

8.25　**おやさとやかた真南棟起工式。**
　おやさとやかたふしんは5年ぶり。総出土持ちひのきしんには約2万5000人が参加。

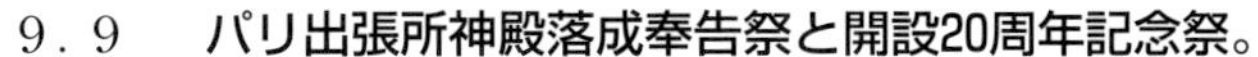

9．9　**パリ出張所神殿落成奉告祭と開設20周年記念祭。**
　真柱様夫妻が臨席。ヨーロッパでは初の瓦葺き入り母屋造りの神殿。

10.15　天理大学雅楽部がボストン美術館東洋部門開設百周年記念展のオープニングセレモニーで、海外で初めて「伎楽」を披露。

10.18　天理図書館と天理参考館で創立60周年記念式を開催。

10.26　**26日午後の別席が21年ぶりに再開。**

11．4　**親里で第1回アジア女子ホッケーナショナルチャンピオンズ選手権大会開幕。**
　10日の最終戦はマレーシアのアズランシャー国王夫妻も観戦。天理大学が初代女王に。

天理大女子ホッケー部は初代
アジア女王の座に輝いた

12.10　真柱様に中華民国総統から「栄誉章」が贈られる。

12.23　**道友社の新社屋竣工。**
　天理市川原城町。6階建て、建築面積1007平方メートル。

この年　教会総数1万7000。天理よろづ相談所「憩の家」世話部の結婚相談に「教会長及び同後継者結婚相談窓口」設ける。

　の宇宙飛行。10日帰還。

この年　紀子さんフィーバー。マンガ「ちびまる子ちゃん」ブーム。歌「おどるポンポコリン」BBクイーンズ。本『愛される理由』二谷友里恵、『「NO」と言える日本』盛田昭夫・石原慎太郎。

世　界

2.11　南アフリカの黒人解放運動の指導者ネルソン・マンデラが28年ぶりに釈放。

3.11　リトアニア共和国が独立宣言を採択。30日にはエストニア共和国、5月4日にはラトビア共和国も独立宣言を採択。

3.13　ソ連の大統領制の導入と共産党の指導性の放棄などを規定した憲法改正法案が成立。15日、ゴルバチョフが初の大統領に就任。

8．2　イラク軍がクウェート領内に侵攻。8日、クウェート併合を宣言。クウェートに在留する西側男性を人質としてイラクの軍事施設などに収容。湾岸戦争へ発展する。

10．3　東西ドイツ統一、ドイツ連邦共和国が誕生。

12．9　ポーランドで連帯のワレサが大統領に当選。

平成 3 年
立教154年／1991年

おやさとやかた初の隅棟ふしん
修養科開設50周年
道友社創立100周年

1.5　道友社、新社屋で業務開始。
4月13日、竣工披露パーティー。

1.12　第9回正力杯国際学生柔道大会無差別級で天理大学養父直人（2年）が初優勝。

2.1　東京教区創立80周年記念「おうた演奏会」（2日も）。
赤坂・サントリーホールで。3月7日、テレビ東京など6局で放映。

おうた演奏会

2.9　宮崎教区青年会、中学の音楽授業で雅楽演奏。
日向市立財光寺中学校の要請で。

3.1　パリ出張所をヨーロッパ出張所と名称変更。

3.3　東京教区創立80周年記念シンポジウム。
「21世紀をめざす信仰」をテーマに江東区文化センターで。

3.23　国際ロータリー地区大会、親里で開催。
大会委員長に真柱様。福井・滋賀・奈良などの会員ら4100人が参加。

4.4　東京教区創立80周年記念「一手一つ喜びのつどい」。
両国国技館で。真柱様らを迎え5500人参集。

4.7　道友社「天理文化講座」開講。
教学関連・医療・家族問題・福祉の4シリーズを毎月第1～4の日曜日（原則）に、道友社6階ホールで。

4.14　モスクワ国営テレビで本教紹介。
ゴルバチョフ大統領来日を前に「日本人のソ連観」と題する特別番組の中で。

4.16　修養科50周年記念写真展（28日まで）。

4.25　**おやさとやかた乾隅棟起工式。**
真柱様夫妻を先頭に総出土持ちひのきしん。北西隅の西右第7・8、北左第7・8棟に当たる。初の隅棟ふしん。

平成 3 年・1991年
日　本

1.3　中国の未踏峰・梅里雪山（標高6740メートル）で日中登山隊の17人が遭難。

1.24　湾岸戦争の多国籍軍に90億ドル（1兆2000億円）の追加資金協力決定。

1.25　バブル経済崩壊のきざし。河村良彦イトマン社長解任。不動産投融資問題社内外で混乱。

2.9　福井県三方郡の関西電力美浜原発2号機事故。

2.23　皇太子「立太子の礼」。

3.14　広島市で60トンの橋げた落下。14人死亡。

4.8　都知事選で自・民都連推薦の鈴木俊一が自・公・民推薦の磯村尚徳らを破って4選。

4.16　ソ連・ゴルバチョフ大統領初来日。

4.24　ペルシャ湾に掃海艇を派遣。

5.14　滋賀県の信楽高原鉄道で列車衝突。死者42人。
横綱千代の富士引退。7月には横綱大乃国も。

5.29　明治大学替え玉受験事件で職員3人逮捕。

6.3　雲仙普賢岳で大規模な火砕流発生。報道関係者や消防団員ら43人死亡。

6.20　野村・日興両証券が160億円の損失補てん。7

災救隊結成20周年大会
南礼拝場前を行進する隊員

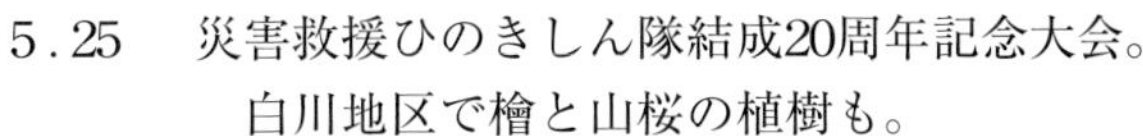

5.25　災害救援ひのきしん隊結成20周年記念大会。
白川地区で檜と山桜の植樹も。

5.26　第1回支部長懇談会。

6.9　教区同和推進研修会始まる（翌年3月まで）。

6.25　「集会」50周年記念式典。

7.1　**雲仙災害救援募金実施。**
6月30日付天理時報で報じ7月31日まで。受付窓口は道友社。
8月13日、島原市と深江町に合わせて1億1991万80円を届ける。

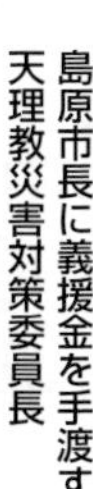

島原市長に義援金を手渡す
天理教災害対策委員長

8.24　「教祖とその時代」東京シンポジウム。
「ひながたと世直し」テーマにお茶の水スクエアで。東京教区と道友社共催。

9.1　修養科第1回韓国語クラス。

9.25　**道友社創立100周年記念「全国社友大会」開催。**
天理市民会館で。

9.28　韓国国立国楽高校と天理高校吹奏楽部による「日韓文化交流ジョイントコンサート」。
天理市民会館で。翌29日、大阪・毎日放送ギャラクシーホールでも公演。

100周年に竣工した道友社の社屋
壁面にはデザイナー・佐々義人による
シンボルマークが掲げられている

10.26　深谷善和が表統領に復帰。
修養科50周年記念感話大会。

10.27　天理教視力障害者布教連盟、聴力障害者布教連盟、肢体障害者布教連盟合同による、第1回「おつとめまなび」開催。

11.27　天理大学研究棟が竣工。

12.22　天理教校附属高校マーチングバンドが台湾を訪問。
「中華民国建国80年慶祝訪問団」として各地でパレードや演奏会に出演。

月、231社、1283億円が明らかとなる。

この年　名古屋の双子姉妹きんさんとぎんさんが数え100歳に、CMなどで人気者となる。

世　　界

1.9　米・イラク外相がペルシャ湾岸危機で会談。

1.13　ソ連軍、リトアニア・ラトビアで武力行使。
デクエヤル国連事務総長とフセイン・イラク大統領が戦争回避のため会談、不成功。

1.17　イラクと米軍主力多国籍軍が湾岸戦争へ突入。

1.25　イラク軍が大量の原油をクウェート沖からペルシヤ湾に流出。史上最大規模の海洋汚染。

2.26　クウェート市解放。イラク軍の占拠から7カ月ぶり。27日、米・ブッシュ大統領「勝利宣言」。28日、停戦（開戦から43日目）。

6.17　南アフリカ、人種差別体制終結宣言。

6.20　統一ドイツの首都、ベルリンに決定。

7.17　ロンドンサミットにゴルバチョフ参加。

8.19　ソ連の保守派がクーデター。21日、失敗。

10.14　ミャンマーのアウンサン・スーチーがノーベル平和賞受賞。

12.25　ゴルバチョフ大統領が辞任。ソ連崩壊。

平成 4 年

立教155年／1992年

真柱継承者 中山善司様結婚
天理大学 新体制でスタート

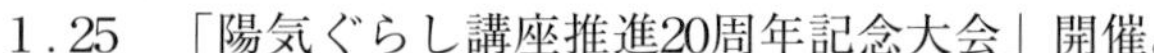

1.25　「陽気ぐらし講座推進20周年記念大会」開催。

1.31　アメリカ、旧ソ連、フランスから来訪した４人の宇宙飛行士が天理小学校で交流会。

2.29　天理養徳院の新院舎が竣工。

3.１　ヨーロッパで13年ぶりに陽気ぐらし講座開催。
　15日にかけて、フランス、スペイン、イタリアの５会場で。

3.20　「日・米・露３国交歓合唱演奏会」開催。
　天理市民会館で。天理教音楽研究会合唱団とアメリカ、ロシアの合唱団が競演。10月18～21日、ロシアで開催された日・露・米・独の４カ国による「アマチュア・オペラフェスティバル」に音研合唱団が出演。

3.24　天理高校吹奏楽部「親善訪韓演奏会」（31日まで）。

4.２　**中山善司様**（33歳）、**橋本はるえ様**（27歳）**と結婚。**
　18日、御成婚祝賀大行進。

約５万人がペンライトなどを手に行進

4.６　新たに設けられた天理語学トレーニング・インスティチュート（TLTI）の入学式。

4.７　**「天理秘蔵名品展」開幕**（５月10日まで）。
　〝民族のいぶき今ここに〟をテーマに大阪市立美術館で。天理図書館・参考館所蔵の、国宝・重要文化財45点を含む約700点を展示。６日、三笠宮夫妻を迎え開会式。

4.18　内統領に山澤秀信、表統領に畑林清次が任命。

「天理秘蔵名品展」の展示をご覧になる三笠宮夫妻

平成４年・1992年

日　本

1.22　「臨時脳死及び臓器移植調査会」が「脳死は人の死である」と発表。

2.14　綾瀬市の海上自衛隊・厚木航空基地内工事現場で事故発生、死者７人、重軽傷者13人。

2.20　福岡県飯塚市で小１女児２人が行方不明に。翌21日、山中で遺体発見（飯塚事件）。

3.１　暴力団対策法が施行。

3.14　東海道新幹線「のぞみ」運行開始。東京－新大阪間が２時間30分。

3.18　日本医師会が「尊厳死」容認の報告書を作成。

3.25　長崎県佐世保市にハウステンボスがオープン。

4.25　歌手・尾崎豊が肺水腫のため死去（26歳）。

5.22　「ミンボーの女」を製作した映画監督の伊丹十三が暴力団員に襲われ重傷。

6.15　ＰＫＯ協力法案が成立、反対派議員が辞職。

7.１　山形新幹線「つばさ」が開業。

7.25　バルセロナ五輪開幕。競泳200メートル平泳ぎで14歳の岩崎恭子が日本人史上最年少の金。

8.16　夏の高校野球２回戦で明徳義塾高が星稜高の

5.11　**天理大学、新学部・学科開設記念式。**
外国語学部を国際文化学部と改め、新たに人間学部人間関係学科と、文学部に歴史文化学科を設置。４学部16学科に。

5.25　**おやさとやかた真南棟竣工。**

5.31　大阪教区で「おうた演奏会」開催。
ロサンゼルス天理道場開設30周年記念柔道大会開催。

6.7　「歌う一手一つ」で、おうた14番「いちれつきょうだい」初演。

7.1　真柱様、60歳の誕生日を目前に『喜びの日日』刊行。

7.29　少年ひのきしん隊20周年記念「わかぎのつどい」開催（８月３日にも）。

「わかぎのつどい」には2000人以上の「わかぎ」が参加

8.12　本土復帰20周年を迎えた沖縄で天理教校附属高校マーチングバンドが初の演奏。
15日にかけて３都市で。15日には天理大学雅楽部も公演。

8.16　「第１回ジャパンエキスポとやま博'92」で「こどもおぢばがえり」のヌイグルミ劇場『タックの大冒険』を上演。

8.26　親里ホッケー場で女子ホッケー日仏親善試合開催（27日も）。
27日には高円宮が観覧。

9.13　ひのきしんスクールの第１回「ホームヘルパー３級課程養成講習会」開催（16日まで）。

9.19　雲仙被災地の規制解除に伴い、災害救援ひのきしん隊長崎教区隊が緊急出動（20日も。10月11・12日、２度目の出動）。

9.26　**中山善司様が少年会２代会長に就任。**

9.28　「朝日チャリティーコンサート」に天理高校管弦楽団が出演協力（大阪のザ・シンフォニーホールで）。

10.26　本部秋季大祭の模様をブラジルへ衛星生中継。
本教初の海外衛星生中継。

11.15　天理楽朋会創立50周年記念総会。

11.25　「全市町村 陽気ぐらし講座推進研修会」開催。

12.1　『写真集 真柱さま――教友と心をつないで25年』刊行。
天理国際シンポジウム'92「人間環境の内と外――自然環境とこころの深層」開催（天理市文化センターで、３日まで）。

松井秀喜を５打席連続敬遠。

9.12　NASAのスペースシャトル「エンデバー」で毛利衛が宇宙飛行。

9.17　カンボジアPKO派遣の自衛隊員第１陣が呉港を出発。

10.17　米国留学中の高校生がパーティの訪問先を間違え射殺される。

10.23　天皇・皇后、中国初訪問。

この年　流行語「バツイチ」。歌「君がいるだけで」米米CLUB、「浅い眠り」中島みゆき。映「紅の豚」「シコふんじゃった」。

世　界

3.3　ボスニア・ヘルツェゴビナが独立、旧ユーゴスラビアの内戦深刻化。

4.23　メキシコでガス爆発、200人以上が死亡。

8.24　中国と韓国が国交を樹立。

10.31　法王・パウロ２世がガリレオ・ガリレイの破門を359年４カ月ぶりに解く。

11.3　米大統領選でビル・クリントンが当選。

12.29　米ロが第二次戦略兵器削減条約（START Ⅱ）に合意、戦略核弾頭を３分の１に削減。

平成 5 年
立教156年／1993年

教祖110年祭打ち出し おやさとやかた初の隅棟竣工

1.4　**教祖110年祭の打ち出し。**
真柱様、年頭あいさつで「一手一つ、仕切って歩む三年千日」を明示。
1.30　天理大学体育学部に新校舎（７号棟）完成。
2.25　初の「新任支部長研修会」（国内布教伝道部主催）開催。
3.29　立正佼成会の庭野日鑛会長夫妻が来訪、真柱様と歓談。
4.3　大阪の毎日文化センターで「天理大学公開講座」始まる。
毎週土曜日の午後に２講座ずつ、１年間。
天理教校附属高校で共学制スタート、女子生徒を受け入れ初の入学式。
4.8　天理大学がモスクワ言語大学と学術交流協定締結。
姉妹校関係にある大学が９大学に。
4.10　視聴覚製品と行事ガイドの専門店「道友社メディアサービス」が天理本通りに開店。
4.23　天理大学で創立記念多元講演会「創設者の心を求めて」開催。
4.27　**かなめ会総会で真柱様が教祖110年祭の詳細を発表。**
「年祭は、立教159年１月26日、１日に限ってつとめる」
「立教159年１年間を教祖110年祭の年と考えて、毎月26日（10月を除く）の月次祭を、明治20年陰暦正月26日にゆかりある日として（その理を受けて）つとめる」など。
5.30　天理大学における民族差別事件についての見解を、畑林表統領が同日付『天理時報』に発表。
6.5　親里ホッケー場で「高円宮杯国際ホッケー大会・女子４カ国対抗」開催（13日まで）。
6.6　「皇太子殿下御成婚記念特別演奏会」で、天理高校吹奏楽部が『祝典行進曲』を演奏（大阪のザ・シンフォニーホールで）。
6.27　全日本学生柔道体重別選手権95キロ超級で天理大学の真喜志慶治（２年）が初優勝。
11月３日、天理大柔道部が全日本学生優勝大会で５年ぶり11度目の優勝。
7.4　道友社が通信衛星（ＣＳ）を活用した「天理教ネットワーク」の試験放送を実施。

優勝した天理大学のメンバー
（前列右端が真喜志選手）

平成 5 年・1993年

日　本

1.13　山形県の中学で、いじめに遭った男子生徒がマットに巻かれ窒息死。
1.15　北海道釧路沖地震（M7.5）、死者２人。
1.27　大相撲・曙が外国人力士として初の横綱に。
4.12　「納采の儀」。皇太子・浩宮徳仁親王が小和田雅子さんと婚約。６月９日、「結婚の儀」。午後からのパレードに19万人の人出。
4.18　岩手県花巻空港でＪＡＳ機が着陸に失敗、炎上。58人が重軽傷。
5.15　日本初プロサッカーリーグ「Ｊリーグ」開幕。
7.12　北海道南西沖地震。死者・行方不明者231人。奥尻島で10メートル超の津波。
7.14　横浜ランドマークタワー完成（296メートル）。
7.18　衆議院選挙で自民党が過半数割れ。８月９日、細川護煕内閣発足。55年体制の崩壊。
8.26　東京都港区にレインボーブリッジが開通。
9.4　鹿児島で台風13号による集中豪雨、死者48人。
10.5　大阪で無人運転の新交通システム「ニュートラム」が暴走。約200人がけが。

奥尻島で海岸の片づけに励む隊員たち

7.19　「北海道南西沖地震義援金」の募金開始（北海道教区が窓口に、8月31日まで）。

8.6　「北海道南西沖地震」で被害を受けた奥尻島に災害救援ひのきしん隊北海道教区隊が出動（12日まで、延べ約1000人）。

9月29日から２度目の出動（148人が４日間）。

8.22　真柱様と山口淑子元参議院議員（李香蘭）の対談が『毎日新聞』に連載開始（毎週日曜日、全10回）。

9.3　真柱様、ブラジル・ヨーロッパ・アメリカ巡教に出発（17日まで）。

12日、ブラジル伝道庁２代庁長就任奉告祭に臨席。

9.26　英訳『おふでさき』改訳版出版。

10.25　**おやさとやかた乾隅棟**（第1期工事）**竣工。**

北左第８棟と西右第８棟。天理教校附属高校・親里高校校舎に使用。

10.26　**諭達第４号発布。**

教祖110年祭に向け「全教の心を一つにしたい」と。

11.3　**天理参考館の所蔵品写真集『ひとものこころ』**（全17巻）**が毎日出版文化賞特別賞を受賞**（17日に贈呈式）。

おやさとやかた初の隅棟、乾隅棟の竣工式

10.28　サッカーW杯アジア予選最終戦で、日本がイラクに後半ロスタイムで同点に追いつかれ本戦進出を阻まれる（ドーハの悲劇）。

11.23　ＪＲ日暮里駅ホームで韓国人スリ団と警官が格闘、発砲の末逮捕。

12.16　田中角栄元首相が死去（75歳）。

世　界

1.30　ケニアで列車が川に転落、300人以上が死亡。

2.26　ニューヨーク世界貿易センタービル地下で爆弾テロ、死者７人、重軽傷者600人。

9.9　イスラエルとPLO（パレスチナ解放機構）が相互承認。13日、パレスチナ暫定自治協定に調印。

9.30　インド中央部でM6.4の地震が発生、犠牲者３万人以上（インド・ラトゥール地震）。

10.3　モスクワで反大統領派と警官隊が銃撃戦。翌日、大統領が軍を動員し鎮圧（10月政変）。

11.1　欧州連合（ＥＵ）発足。

平成 6 年

立教157年／1994年

天理教ネットワーク（ＴＮＷ）開局 天理教語学院（ＴＬＩ）開校

天理教ネットワーク初放送時の道友社４階スタジオ

1.14　埼玉教区が年間1000人の成分献血を達成（前年４月から）。

2.2　本部巡教始まる（４月まで）。
諭達第４号の趣旨を徹底させるため。

3.13　天理大学雅楽部が初の中国公演（20日まで）。
西安・營口・北京で演奏会。

3.23　ひのきしんスクール「ホームヘルパー（３級課程）養成講習会」の修了者が1000人突破。

3.26　「教祖百十年祭の歌」発表。

4.2　福岡教区でおうた演奏会「JOY明日よかコンサート」開催。
「教祖百十年祭の歌」初演。３日、北九州市・厚生年金会館でも。両日合わせて約3000人の観客。

4.3　**天理教ネットワーク**（ＴＮＷ）**開局。**
道友社敷地内の車載型地球局から通信衛星（CS）を介して、月２回１時間の放送。９月17日、道友社屋上に送信用のパラボラアンテナ設置。

4.4　**天理教語学院**（ＴＬＩ）**開校式・第１回入学式。**
13カ国49人の留学生を含む89人が入学。

4.8　布留川改修第２期工事着工お願いづとめ。
「こどもおぢばがえり」後に、真南通りをまたぐ暗渠部分の改修に着手。

4.17　少年会「鼓笛活動40年のつどい」開催。

5.9　真柱様夫妻、タイ・ハワイ巡教に出発（19日まで）。
11日、タイ出張所神殿落成奉告祭に臨席。14日、ハワイ伝道庁創立40周年記念祭に臨席。

5月　**海外一斉巡教始まる。**
11月にかけて、23の国と地域で。

6.19　台湾青年会成立大会。
中山善司青年会長を迎えて。海外青年会の結成は、アメリカ、ブラジル、ハワイ、ヨーロッパ、メキシコ、コロンビアに次いで７番目。

6.25　「エイズ問題公開講演会」開催。
天理教社会福祉研究会主催、道友社６階ホールで。

平成 6 年・1994年

日　本

3.15　女性の胴体が駅構内などで発見された事件で元同僚の女が逮捕される。

4.26　中華航空機が名古屋空港で着陸に失敗して炎上、死者264人。

5.8　香川県小豆島で琴平高校野球部員の乗ったバスががけ下に転落、高校生２人が死亡。

6.27　長野県松本市の住宅街で「サリン」による有毒ガスが発生、死者７人、重軽症者600人。のちにオウム真理教の犯行と判明。

7.8　宇宙飛行士・向井千秋が女性として日本人初の宇宙飛行。

9.4　関西国際空港が開港。

9.20　プロ野球・イチローが史上初の１シーズン200本安打を記録（最終的に210本）。

10.4　北海道東方沖地震（M8.1）、負傷者436人。

10.13　大江健三郎がノーベル文学賞を受賞。日本人の同賞受賞は２人目。

11.25　茨城県つくば市の母子殺人事件で夫の医師を逮捕。

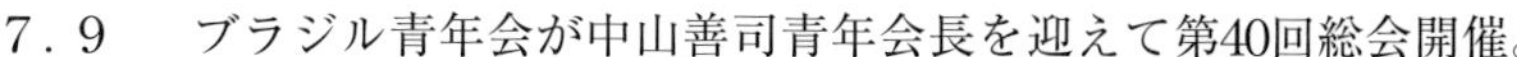

7.9　ブラジル青年会が中山善司青年会長を迎えて第40回総会開催。

8.5　天理教校附属高校雅楽部が全国高校総合文化祭で文化庁長官賞を受賞。

28日、国立劇場での「優秀校東京公演」に出演。

8.8　道の教職員の集いで、初の教育シンポジウム開催。

8.14　真柱様夫妻、ペルー・アメリカ巡教に出発（23日まで）。

21日、アメリカ伝道庁創立60周年記念祭に臨席。

8.20　シンポジウム「盆地の宇宙・歴史の道－大和盆地を中心に－」開催（21日も）。

天理やまと文化会議主催、道友社６階ホールで。梅棹忠夫・国立民族学博物館前館長も講演。

ブラジル・バウルー市に「大竹忠治郎記念広場」完成。

29年ぶりに南米ペルーのリマ教会へ巡教した真柱様夫妻（8月16日）

9.10　真柱様、台湾巡教に出発（13日まで）。

11日、台湾伝道庁創立60周年記念祭に臨席。13日、中華民国総統府で李登輝総統と会見。

9.15　東京学生会が真柱様を迎え創立40周年記念総会開催。

9.30　全教一斉にをいがけデー開催。８月18日から日程を変更。

10.25　天理駅前にアピールタワー「陽気ビジョン」が完成。

天理駅前に完成した陽気ビジョン

10.27　第70回青年会総会。

おやさとふしん青年会ひのきしん隊結成40周年を記念して開催。

11.15　天理大学に「アメリカ研究会」発足。

平成８年に「アメリカス学会」と改称。

12.4　岡山教区が「にをいがけ５千人団参」を実施。

目標を上回る7000人以上が帰参。

東京教区が「教祖110年祭を目指して――一手一つ喜びの集い」開催。

……………………………………………

この年　親里大路のイチョウ並木が「新・日本街路樹百景」の「部門別50景・イチョウの部」に入選。

12.3　ソニーがプレイステーションを発売。

12.20　日本テレビで女優・安達祐実あての郵便物が爆発し、開封した関係者ら３人が重傷。

12.28　三陸はるか沖地震（M7.5）、死者３人。

この年　ドラマ「家なき子」が高視聴率。流行語「同情するなら金をくれ」。

世　界

1.17　ロサンゼルスで地震発生、死者61人。

4.6　ルワンダで大統領専用機が撃墜、内戦勃発。

5.1　イタリアのＦ１レースでアイルトン・セナが事故死（34歳）。

5.6　英仏間の地下にユーロ・トンネルが開通。

7.8　北朝鮮の金日成主席が心臓病で死亡（82歳）。

9.28　フィンランド沖で大型フェリーが沈没、犠牲者800人以上。

阪神・淡路大震災救援活動
おつとめ復元50年

1.17　**阪神・淡路大震災発生に伴い、災害対策委員会を緊急招集し災害救援対策本部を設置。**

18日、救援物資の搬送開始（21日、第４次隊まで）。19日、災害救援ひのきしん隊が復旧活動開始（４月、第12次隊まで）。20日、香川・徳島・奈良・和歌山教区の第１次隊が淡路島へ。「憩の家」が神戸市長田区へ緊急医療班を派遣。同日、「兵庫県南部地震災害救援募金」開始。４月18日締め切り、総額４億円余を兵庫県に寄託。

倒壊家屋の廃材撤去作業に当たる隊員たち（１月21日、淡路島の一宮町で）

天理中・小学生らの持ち寄ったおにぎりが、自衛隊のヘリで被災地へ届けられた（１月20日、天理中グラウンドで）

2.11　**震災復興委員会設置。**

中山善司委員長、副委員長に両統領。被災地の復興に向かって活動を一段と強化するため。３月24日、被災教会に「復興の種」。震災復興委員長から関係直属教会を通して支援金。４月17日、「おやさとの集い―勇んで復興へ」開催。真柱様が被災教会長夫妻を激励。

3.5　静岡教区で「おうた演奏会」開催（アクトシティ浜松で）。

天理教ネットワーク（ＴＮＷ）が実況中継で全国に生放送。

4.1　親里伏せ込み土持ちひのきしん始まる。

おやさとやかた南左第５棟建設予定地で。

学校法人天理大学に人権教育推進室を設置。

4.23　**天理大学創立70周年記念式典。**

4.27　災害救援ひのきしん隊が幹部訓練として被災地へ出動。

平成 7 年・1995年

日　本

1.15　神戸製鋼、ラグビー日本選手権でＶ７。

1.17　阪神･淡路大震災発生。M7.2の直下型地震を観測。死者6434人、負傷者４万3792人、10万戸以上の住宅が倒壊。

2.13　野茂英雄がドジャースと契約。この年13勝をあげナ・リーグ新人王。

3.20　地下鉄サリン事件発生。有毒ガスが撒かれ死者12人、重軽症者5000人以上。

3.24　深海探査機「かいこう」がチャレンジャー海淵の10911.4メートルへの潜行に成功。世界最深部を探査。

3.30　警察庁の國松孝次長官が自宅マンション前で狙撃され重傷を負う。

5.16　上九一色村の教団施設内でオウム真理教教祖の松本智津夫容疑者が逮捕される。

6.21　全日空機ハイジャック事件が発生。

7.5　福島県の女性祈禱師宅で６人の遺体発見。

7.30　東京のスーパーで女性店員ら３人が射殺。

9.4　沖縄米兵少女暴行事件が発生。翌月21日、沖

各教区の隊長クラスの隊員ら119人が復旧作業。

5.1　表統領の直属機関として天理教啓発委員会（前身＝同和推進委員会）が改組、発足。
6月27日、第1回「一れつきょうだい」推進研修会開催。

5.11　東京・天理ギャラリーで第100回記念特別展開催。
天理図書館の「善本50選」と天理参考館の「北京の看板」を展示。10日、三笠宮夫妻を迎えてオープニングセレモニー。

5月　教祖110年祭海外ようぼく講習会始まる。
7月まで、31の国と地域で開催。受講者約6000人。

6.25　天理大学おやさと研究所公開講座スタート。
5月28日、記念講演会。11月までに5回にわたって開催。以後、毎年実施。

7.8　ヨーロッパ出張所でヨーロッパ青年会創立10周年記念総会。
9日、「ヨーロッパようぼく喜びの集い」開催。

8.13　天理高校吹奏楽部が「阪神・淡路大震災の復興を願い」と題して、宮崎県各地でコンサート（17日まで）。

10.26　「復元50年　一手一つてをどりまなび」開催。
総帰参者数、推定12万人。

秋季大祭終了後、神苑一帯で十二下りてをどりまなびが行われた

長年のベトナム難民援護活動で、天理教に内閣総理大臣表彰。

11.20　秋田教区が陽気ぐらし講座の全市町村開催を達成。
12月10・11日、石川、岡山教区も相次いで達成。

縄県民総決起大会に8万5000人参加。

9.6　坂本弁護士一家失踪事件で供述通り遺体が見つかり、岡崎一明容疑者を逮捕。

11.1　東京臨海副都心に「ゆりかもめ」が開業。

11.4　大阪府守口市のマンションで消火器が投げ落とされ女児に直撃、死亡。小学生を補導。

11.23　アメリカのマイクロソフト社が「Windows '95 日本語版」を発売。

12.6　岐阜県・富山県の「白川郷・五箇山の合掌造り集落」が世界遺産に登録。

世　界

1.1　世界貿易機関（WTO）発足。

4.19　米国オクラホマシティ連邦政府ビル爆破事件発生、200人が死亡。

6.29　韓国・ソウルのデパートが崩壊、1400人以上の死傷者を出す。

7.11　米国がベトナムとの国交正常化を発表。

9.5　フランスがムルロア環礁で地下核実験を強行。

11.20　ビートルズ25年ぶり全世界同時新曲「Free As A Bird」発表。

平成 8 年

立教159年／1996年

教祖110年祭執行

1.1　大阪教区毎日おぢばがえり始まる。
「教祖110年祭の年のおぢばをにぎやかに」との思いにこたえて。1年間で77万人が帰参。

1.11　海外布教伝道部がホームページ開設。

1.26　**教祖110年祭執行。**
神殿講話は真柱継承者中山善司様が代読。帰参者約16万人。記念展として「かぐら面展示」「教祖ひながた館」「伝道者資料展」「写真展・道の動き110年」など。1年間を教祖110年祭の年として、さまざまな行事や活動が行われた。

教祖110年祭の日を迎えた親里

1.28　奈良教区「1万人おてふり団参」（1万3000余人が本部中庭で）。

2.13　ブラジルでサンパウロ天理会館落成。

2.26　教会長登殿参拝（12月まで、10月を除く毎月）。

3.28　**教祖110年祭学生おぢばがえり大会。**
例年の「春の集い」に倍する9000余人が参加。

3.31　天理高校吹奏楽部の創部60周年記念特別演奏会。
大阪のザ・シンフォニーホールで。

教祖110年祭の年の行事として、2月から毎月第1・第2日曜日に開催された「1・2のサンデー　ピッキーランド」（2月4日）

平成 8 年・1996年

日　本

1.7　芸術家・岡本太郎が死去（84歳）。

2.10　北海道の豊浜トンネルで岩盤崩落、20人死亡。

2.14　羽生善治棋士が史上初の7冠を達成。

3.14　薬害エイズ訴訟でミドリ十字社が謝罪、患者との和解が成立。

4.1　国内初の商用検索サイト「Yahoo！JAPAN」がサービス開始。

4.27　長野で山火事取材中の長野放送とテレビ信州のヘリコプターが接触して墜落、6人死亡。

6.13　福岡空港でインドネシア航空便が離陸に失敗して炎上、死者3人。

7.13　大阪府堺市の学校給食で病原性大腸菌「O－157」による食中毒が発生。この年、全国で同様の被害が相次ぎ死者12人。

7.28　アトランタ五輪女子マラソンで有森裕子が銅メダル。「初めて、自分で自分をほめたいと思います」が流行語に。

8.4　俳優の渥美清が死去（68歳）。8日、国民栄誉賞授与。

天理大学で行われた村上和雄博士の日本学士院賞受賞記念講演会（6月15日）

第32回献血運動推進全国大会で、皇太子から真柱様に表彰状が授与された

4.28　天地会２万3000人が本部中庭でてをどりまなび。
　北大教会の前身・天地組の流れをくむ直属教会の集まり。
5.25　天理教校専修科同窓会50周年記念総会開催。
5.26　音楽研究会創立40周年記念「3000人のおうた大合唱」開催。
『写真　手話辞典』刊行。
　35年間蓄積された手話研究室のノウハウを集約。
6. 4　天展・天理ビエンナーレ'96が初めて九州で開催。
　福岡県立美術館で９日まで。
6.10　村上和雄・筑波大学教授が日本学士院賞を受賞。
6.12　天理大学アメリカス学会設立（同アメリカ研究会を改組）。
7.11　ひのきしんスクールがホームヘルパー２級課程養成講習会を初めて開催。
7.25　**天理教が「昭和天皇記念献血推進賞」受賞。**
　宗教団体では初めて。
7.26　アトランタオリンピック柔道60キロ級で天理大学の野村忠宏（４年）が金メダル獲得。
　31日、女子板飛び込みで教会本部勤務の元渕幸が６位入賞。３度目のオリンピック出場で、日本女子60年ぶりの快挙。
　８月２日、シンクロナイズドスイミングで天理大学出身の田中順子がチーム銅メダルを獲得。
8.27　教祖ご誕生200年の讃歌歌詞とシンボルマークの募集を開始。
　11月に「教祖御誕生讃歌」の歌詞決定。12月にシンボルマーク決定。翌年３月に「教祖御誕生讃歌」の曲決定。
9. 1　天理看護学院と天理医学技術学校の新校舎が竣工。
9.12　中山善司様夫妻がアメリカ、ハワイ巡教（23日まで）。
　14日、アメリカ伝道庁長就任奉告祭、21日、ハワイ伝道庁長就任奉告祭に臨席。
9.30　全教一斉にをいがけデー。
　リーフレットの全家庭配布を打ち出し1000万部以上を発行。
11. 9　中山善司様夫妻が初の東南アジア巡教（19日まで）。
　16日、ネパール連絡所開設30周年記年祭に臨席。
11.25　天理教少年会創立30周年のつどい開催。

9.23　漫画家、藤子・F・不二雄が死去（62歳）。
11.23　バンダイが携帯ゲーム「たまごっち」を発売。
12. 5　広島県の原爆ドーム、世界遺産に登録される。
12. 6　長野県小谷村で土石流が発生、犠牲者14人。
12.17　ペルー日本大使公邸人質占拠事件、ペルーの日本大使館公邸が武装ゲリラに占拠される。
この年　ナイキ・ブーム、エアマックスが爆発的に売れ始める。本『脳内革命』春山茂雄。映「Shall we ダンス？」。

世　界

2.10　ＩＢＭのコンピュータ「ディープ・ブルー」がチェスで世界王者カスパロフに初勝利。
3.23　李登輝、台湾初の総統直接選挙で当選。
6. 8　中国が地下核実験実施を発表。
7. 5　イギリスで世界初のクローン羊「ドリー」誕生。
7.19　アトランタ五輪開幕、近代五輪100周年。
8.28　英国チャールズ皇太子がダイアナ妃と離婚。
9.10　国連総会で包括的核実験禁止条約（CTBT）が採択される。

平成9年 立教160年／1997年

立教160年 教会長講習会、後継者講習会開催

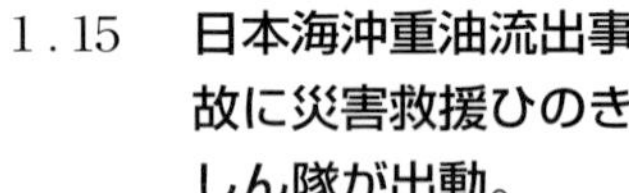

1.15　**日本海沖重油流出事故に災害救援ひのきしん隊が出動。**
　3月14日まで11次にわたり重油回収作業。

海岸に漂着した油を回収する隊員たち

1.26　天理教ネットワーク（TNW）が教会本部春季大祭の模様を、通信衛星を介して全国に生中継。

1.28　**立教160年教会長講習会第1次開催**（29日まで）。
　本部員、直属教会長らを対象に親里で。第2次は2月から4月まで各直属教会で教会長夫妻らを、第3次は5月27日、親里で全教会長を対象に。

3.28　立教160年春の学生おぢばがえり。
　恒例の学生会総会・春の集いの名称を変更して開催。

4.2　『奈良新聞』で「おやさま――中山みき伝」連載開始。

4.9　天理高校野球部が全国選抜大会で初優勝。

優勝が決まった瞬間の天理高ナイン

4.25　**おやさとやかた南右第1棟**（天理参考館）**起工式。**

5.5　天理教公式ホームページ（英語版と日本語版）を公開。

5.27　海外教会長の集い開催。
　教会長講習会第3次を受講した教会長ら217人が参加。

6.4　天理教梅華会が30周年を記念し台湾を親善訪問（7日まで）。
　12月7日、親里で創立30周年記念総会。

7.6　5月に開幕した第1回女子ホッケー日本リーグ（fリーグ）で天理大学が初代チャンピオンに。

7.22　「憩の家」で初めて「夏休み・ふれあい看護1日体験」実施。
　8月22日まで。19回に分け、100人の高校生が参加。

平成9年・1997年

日　本

1.2　ロシアのタンカー「ナホトカ号」が日本海で沈没、重油が流出。

3.11　茨城県東海村の動力炉・核燃料開発事業団東海事業所で爆発事故が発生、作業員が被曝し施設外に放射能が漏れるなどの被害。

3.22　秋田新幹線「こまち」が開業。

4.1　消費税が3％から5％に引き上げ。

4.14　農水省が長崎県諫早湾干拓の堤防すべて閉鎖。

4.22　ペルーの日本大使公邸に特殊部隊突入。127日ぶりに人質71人を救出。

6.17　「臓器移植に関する法律」が成立。本人の意思と家族の同意があれば臓器移植が可能に。

6.28　神戸市児童連続殺傷事件の容疑者、14歳の少年を逮捕。

7.10　鹿児島県出水市で集中豪雨の被害、死者21人。

7.12　青森の八甲田山で訓練中の自衛官3人がガス中毒死。

7.29　松山市ホステス殺人事件の容疑者・福田和子を時効20日前に逮捕。

「世界宗教者平和の祈りの集い」の開会式で祝辞を述べる真柱様

7.26　台風の影響による暴風のため、こどもおぢばがえり初日の行事がすべて中止（翌日も屋外行事の中止が相次ぐ)。

8.2　世界宗教者平和の祈りの集いに真柱様が出席、開会式で祝辞。
日本宗教代表者会議顧問として国内外約2000人の宗教者を前に（国立京都国際会館で)。

8.7　第40回道の教職員の集いを新たに「教職員夏のおぢばがえり」と銘打ち開催（8日まで)。

8.29　**後継者講習会第1次開催**（31日まで)。
2泊3日の合宿で、翌年3月の25次まで（受講者総数2万3210人)。

8.30　東京で「道の経営者の会」(略称ＴＭＡ）発足。
都内を中心とする経営者ら130人が集い設立総会。

8.31　天理教校親里高校雅楽部が東京・国立劇場で開かれた全国高等学校総合文化祭優秀校東京公演に出演。

9.28　**全教一斉にをいがけデーを3日間に拡大して実施**(30日まで)。

10.11　海外布教伝道部主催「後継者研修会」始まる。
後継者講習会の内容に準じて台湾伝道庁で(12日まで)。翌年3月まで海外各地で開催。

10.26　**立教160年秋季大祭。**

11.2　京都教区で「おうた演奏会」開催。
昭和58年に次いで2度目。京都コンサートホールで。
ニューヨークセンター内に天理柔道場開設。

11.14　**2代真柱様30年祭。**
天理大学が「2代真柱様30年祭記念講演会」(4日）開催。天理図書館は国宝・重要文化財89点を収めた『善本図録』を記念出版、「2代真柱様著作展」(12〜18日）も開催。30年祭記念国際ホッケー大会（14〜16日)、ラグビー大会（9月15日)、天理柔道親睦大会（11月24日）なども。

12.7　コロンビア出張所でお目標様の鎮座奉告祭。
中山善司様夫妻迎え執行。

12.14　オーストラリアにオセアニア出張所開設。
開所奉告祭に引き続き「天理青年の家」起工式。

10.1　長野新幹線「あさま」が開業。

11.16　サッカー日本代表が初のＷ杯出場を決定。

11.24　山一証券が3兆5000億円の負債抱え自主廃業。

12.1　地球温暖化防止京都会議。11日、京都議定書採択。

12.16　テレビ東京「ポケットモンスター」を見た子供に痙攣などの発作、翌年3月まで放送休止。

この年　マンガ「ONE PIECE」の連載が『週刊少年ジャンプ』で始まる。流行語「パラサイトシングル」。本『失楽園』渡辺淳一、『少年H』妹尾河童。映「もののけ姫」「タイタニック」。

世　界

7.2　イギリスが香港を中国に返還。

7.3　アメリカが未臨界核実験実施。

8.31　元イギリス皇太子妃ダイアナが事故死(36歳)。

9.5　ノーベル平和賞を受賞したカトリック修道女、マザー・テレサが死去（87歳)。

10.8　北朝鮮で金正日が総書記に就任。

11.17　エジプトのルクソールでイスラム過激派による無差別テロ、観光客60人が死亡。

12.18　韓国大統領選で金大中が当選。

平成10年

立教161年／1998年

教祖ご誕生200年
真柱継承奉告祭

1.4　真柱様が年頭あいさつで、真柱の立場を継承者中山善司様に譲る旨を発表。

1.28　長野教区が冬季オリンピック長野大会で運転ひのきしん。
　2月23日まで延べ270人。3月のパラリンピックでも。

3.9　ローマ教皇グレゴリアン大学で「ローマ天理教展」開催。
　21日まで。天理大学とグレゴリアン大学の教授らによるシンポジウムと、写真やビデオなどによる天理教紹介の展示。「天理教とキリスト教の対話」が実現。

4.18　**教祖ご誕生200年、教祖誕生祭執行。**
　17日から26日まで慶祝旬間。期間中毎日「よろこびの広場」。17日、天理やまと文化会議がフォーラムズ「生命・女性・環境――21世紀・天理実践教学の展開を目指して」開催（18日、24日も）。24日、道友社主催教祖御誕生200年記念文化講演会。ほか記念行事多彩。教祖御誕生200年記念展示館（1日オープン）には26日までに10万人が来訪。

「よろこびの広場」のフィナーレでは、3000個の風船が大空へ（4月26日）

4.19　婦人会第80回総会。

4.26　**真柱「継承の儀」執行。**
　午後7時30分、存命の教祖の御前で中山善司様が真柱の理を継承。お礼のおつとめ後、礼拝場を埋め尽くした参拝者を前に「新しい次の道を皆さまと共に」とあいさつ。

4.28　内統領に松村義和、表統領に飯降政彦が任命。

4.29　全日本柔道選手権大会で篠原信一（天理大ＯＢ）が初優勝。
　正木嘉美に次いで2人目の栄冠。平成12年まで3連覇。

6.6　真柱様夫妻がオーストラリア巡教（15日まで）。
　真柱として初の海外巡教。歴代真柱を通して初めてオセアニアへ。8日、「天理青年の家」竣工式典に臨席。

6.26　国内布教伝道部によのもと会の活動を吸収・移管。布教部庶務課、にをいがけ課、ひのきしん課、文化体育課を新設。

7.17　天理やまと文化会議が国際シンポジウム「女性と宗教」開催（米国「女性と宗教研究所」と共催、20日まで）。

9.2　栃木、福島の水害被災地へ災害救援ひのきしん隊が出動。
　11日まで（延べ約1000人）。28日～10月3日、高知県の豪雨

平成10年・1998年

日　本

2.2　郵便番号が5桁から7桁に。

2.7　長野五輪（22日まで）。モーグルの里谷多英が冬季五輪で日本人女子初の金メダル。

4.5　明石海峡大橋が開通（全長3911メートル）。

4.11　茨城県大子町で祭りの山車の列に飲酒運転のワゴン車が突っ込み5人死亡、23人重軽傷。

4.14　埼玉県浦和市の小学校で小3男児が誤作動した自動防火シャッターに首を挟まれ死亡。

5.27　貴乃花と若乃花、史上初の兄弟横綱が誕生。

6.10　サッカー・フランスW杯開幕。初出場の日本は1次リーグ敗退、開催国フランスが優勝。

7.4　日本初の火星探査機「のぞみ」打ち上げ成功。

7.25　和歌山市の夏祭りでカレーライスにヒ素が混入、4人が死亡、67人が中毒症状。12月9日、林真須美容疑者を逮捕。

8.22　夏の全国高校野球決勝戦で松坂大輔がノーヒットノーラン。横浜高校が春夏連覇。

8.31　北朝鮮のロケット「テポドン」が日本上空を通過して太平洋に着弾。

被災地へも出動（延べ約600人）。

9.28　全教一斉にをいがけデー（30日まで）。
本部勤務者はこの年から大阪府堺市の泉北ニュータウンへ。

10.24　真柱継承奉告祭記念写真展（11月６日まで）。
夕づとめ後「慶びの大行進」。西礼拝場前から第２食堂前まで行進。５万人余のペンライトが〝光の大河〟を描き出した。

10.25　**真柱継承奉告祭執行。諭達第１号発布。**
真柱様神殿講話「この新しい門出に当たって、全ようぼくが心を合わせて積極的に世に働きかけるならば、陽気ぐらしの実現はそれだけ早まると信ずる」。祭典後、本部中庭で「一手一つ慶びの集い」。南門周辺で「よろこびフェスティバル」（26日も）。26日、『天理時報』号外発行。

継承奉告祭の祭典終了後に行われた「一手一つ慶びの集い」で、天理小学校の児童からお祝いの花を受ける真柱様夫妻

道の医療者の会の設立総会。

10.27　**創立80周年記念第74回青年会総会。**
記念行事として「海外布教希望者の発掘と派遣」「オーストラリア布教」「お道の本を世界の図書館へ」を推進・継続。
真柱継承奉告祭教会長披露宴（29日まで）。11月６日、教外来賓披露宴。

12. 2　**「諭達講習会」本部巡教始まる。**
翌年３月まで各直属教会で。国内外251カ所で開催。

12.27　天理教ネットワーク（ＴＮＷ）の放送終了。
翌年からＣＳデジタル放送へ移行。

---

9. 6　映画監督・黒澤明が脳卒中のため死去（88歳）。国民栄誉賞受賞。

10.16　埼玉医大が国内初の性転換手術に成功。

12.24　東京都の女性の宅配毒物による自殺が判明。翌日、送り主の札幌の男性の自殺も判明。

世　界

2. 3　イタリアのガバレーゼで米軍機がロープウェーのケーブルを切断、ゴンドラが落下し、乗客20人が死亡。

5. 4　インドネシアでスハルト政権抗議の暴動が発生。21日、スハルト大統領辞任、独裁に幕。

5.11　インドが地下核実験を実施。同月、パキスタンも地下核実験を行う。

8. 7　ケニアとタンザニアの米大使館で同時爆弾テロ。20日、米国がアフガニスタンとスーダンを報復攻撃。

9.27　米・メジャーリーグでマーク・マグワイアがシーズン最多本塁打記録を70号まで更新。

平成11年

立教162年／1999年

ようぼく躍進 地方講習会開催

1.10　『天理時報特別号』の題字が「人間いきいき通信」となる。

1.26　CD－ROM「『稿本天理教教祖伝』を読む」発売（道友社）。

2.6　シンガポール天理文化センターが移転し、新たにオープン。

3.1　40年ぶりに「天理教教規　規程及規則」など大幅改定。
「教規」に関しては理に関する条項を整備。「教会本部規程」では煮炊場掛を廃止し神饌掛を新設。「教庁規程」では総務部を新設、海外布教伝道部を海外部、国内布教伝道部を布教部に改称など。4月1日施行。
「布教推進懇談会」「後継者育成会議」「教化育成審議会」「文教審議会」の四つの表統領諮問委員会を設置。

3.20　全国高校柔道選手権女子78キロ級で天理高校の五戸芳（1年）が優勝、女子柔道部から初のチャンピオン。

4.1　ＣＳデジタル放送のテレビ「天理教の時間」がスタート。
平日15分、日曜30分の毎日放送。

4.5　親里で「フランス柔道指導者講習会」開催（10日まで）。

4.29　全日本柔道連盟の創立50周年記念式典で、中山善衞天理柔道会会長に「功労賞」授与。

5.8　「天理ドッジボールフェスティバル」初開催（9日まで）。

6.4　3代真柱様夫妻がブラジル巡教（18日まで）。
12日、ブラジル婦人会総会に出席。

7.9　ようぼく躍進地方講習会の講師研修会第1次開催（12日にも）。
本部講師205人を対象。8月27日に第2次を開催。

7.26　**コロンビアに初の教会設立。**
島ヶ原コロンビア教会。8月15日に設立奉告祭。

8.2　天理よろづ相談所「憩の家」に医の倫理委員会が発足。
30日、厚生省の「臓器提供施設指定」受諾を決定。

8.30　トルコ大地震被害に対する義援金をトルコ駐日大使に寄託。
9月6日から海外部「国際たすけあいネット」で海外の災害に対する募金を呼びかける。11月11日、在日トルコ共和国大使館の代表者に義援金を寄託。

全日本選手権で連覇を成し遂げた篠原信一選手と握手を交わす3代真柱様　同日夕刻の全柔連50周年記念式典で〝天理柔道〟が長年にわたり日本柔道の発展に寄与したとして、3代真柱様に功労賞が贈られた

平成11年・1999年

日　本

1.29　地域振興券の交付始まる。

4.14　山口県光市で18歳少年が婦女暴行目的でアパートに侵入、主婦と生後11カ月の幼児を絞殺。

6.29　福岡、広島など各地で豪雨災害が発生。死者38人、行方不明者1人。

7.23　全日空ジャンボ機がハイジャックされ機長が刺殺される。

8.12　改正住民基本台帳法が成立。

8.14　神奈川県で集中豪雨が発生。キャンプ中に増水した玄倉川中州に取り残された13人が死亡。

9.8　東京都・池袋の路上で男が通行人を次々と襲い、2人が死亡、6人が重軽傷を負う。

9.24　台風18号の被害により熊本県で死者12人、全国で30人。

9.29　山口県下関駅構内に男が乗用車で突っ込み、乗客らをはねた後、包丁で切りつけるなどして3人が死亡、12人が重軽傷を負う。

9.30　茨城県東海村の民間ウラン加工施設「JCO」で臨界事故が発生し、作業員49人が被曝。の

ようぼく躍進地方講習会　初日に実施された会場の一つ、城法大教会へ向かう坂道には大きな看板が立てられた

9.1　**「ようぼく躍進地方講習会」始まる。**
論達第1号の精神に沿い、世界たすけを目指す日々の実動を誓う。12月まで国内外1942会場で開催。受講者は37万7997人。

9.10　第300回教会長任命講習会。

9.25　天理大学おやさと研究所がシンポジウム「環境問題と天理教」を開催。

9.28　台湾大地震の被害に対し義援金を寄託。
台湾伝道庁では震災直後から「災區服務隊」を結成し救援活動。海外部では「国際たすけあいネット」への募金を10月末まで延長。11月12日、台北駐大阪経済文化弁事処の代表者に義援金を寄託。

9.30　高潮で大きな被害を受けた熊本県不知火町へ災害救援ひのきしん隊が出動（10月6日まで、延べ533人）。

10.1　兵庫・加古支部で天理時報の手配りがスタート。
翌年4月、北海道・空知支部でも。

10.12　「憩の家」が放射線治療装置「リニアック」の最新鋭機を導入。

10.25　バチカン市国で開催された「諸宗教の集い―第3000年紀を前に」に飯降政彦表統領らが出席。
26日、プログラムのコンサートで教友が「おうた」を独唱。

「おうた演奏会なら」では、作曲家の團伊玖磨氏が初めて音楽研究会オーケストラを指揮した

10.30　「おうた演奏会なら」開催。
奈良市の「なら100年会館」で。

11.1　集中豪雨で被災した岩手県軽米町へ災害救援ひのきしん隊出動（6日まで）。

11.6　ペルーへの日本移民100年を記念する「ビバ ペルー イン 天理」開催（海外部主催、9日まで）。

11.27　天理准看護婦養成所で最後の戴帽式。

ちに2人が死亡。

世　界

3.24　NATOがコソボ自治州のアルバニア系住民の独立をめぐる紛争でユーゴスラビアを空爆。

4.20　コロラド州のコロンバイン高校で生徒2人が銃を乱射、死者15人、重軽傷者11人。

8.17　トルコ大地震が発生、犠牲者2万人以上。

9.21　台湾中部大地震が発生、犠牲者2000人以上。

9.23　ロシア、チェチェン共和国に空爆開始（第2次チェチェン紛争）。

12.20　マカオがポルトガルから中国に返還される。

12.31　パナマ運河運営権がアメリカからパナマに返還される。
ミレニアムのカウントダウンが世界各地で催される。

平成 12 年
立教163年／2000年

かんろだい据え替え
天理教校
創立100周年

1.11 **天理高校第2部に介護福祉科設置認可。**
4月6日、入学式。福祉の現場で活躍する人材養成へ。

1.26 **本部春季大祭の祭典執行時間が11時30分に変更。**
前年までの10時半から1時間繰り下げ。十二下り終了後、2時を待って参拝者すべてが存命の教祖に一斉礼拝。

天理大学おやさと研究所から月刊誌『グローカル天理』創刊。

3.18 「淡路花博ジャパンフローラ2000」会場で兵庫教区の教友が連日ひのきしん（9月17日まで、延べ1万536人）。

4.7 天理日仏文化協会がパリ1区に移転（パリ14区から中心街へ）。

4.19 **婦人会創立90周年記念第82回総会。**
国内外から10万人余が参加。前日の夕づとめ後「一手一つ喜びのパレード」。16〜26日、記念写真展開催。

婦人会創立90周年記念「一手一つ喜びのパレード」

5.7 英国連絡所開所式。

5.8 3代真柱様がペルー政府から同国最高位勲章「グランクルス位」を受賞。東京のペルー大使公邸で伝達式。

6.25 ひのきしんスクール20周年記念大会。
河合隼雄・京都大学名誉教授の基調講演とシンポジウムも。これまでに基本コース4万8553人、専門コース延べ1万2503人が修了。

7.4 北海道虻田町へ災害救援ひのきしん隊が出動。
23年ぶりの有珠山噴火による避難指示区域の一部解除に伴い。約2カ月間、5次にわたり延べ約2000人が除灰作業。

7.22 三宅島で災害救援ひのきしん隊が火山灰の除去作業（23日も）。

7.24 **かんろだい据え替えの儀。**
本部夕づとめ後に執行。続いてお礼のかぐらづとめ。6月本部月次祭祭典中に見せられたふしに伴い。

平成12年・2000年

日　本

1.28 新潟県柏崎市で加害者宅に9年2カ月監禁されていた女性を発見、保護。

2.13 1984年のグリコ森永事件の時効が成立。

3.8 営団地下鉄日比谷線で脱線事故。反対側から来た電車と衝突し死者5人、重軽傷者64人。

4.2 小渕恵三首相が脳梗塞のため緊急入院。

4.6 桶川女子大生ストーカー殺人事件で適切な捜査をしなかった上尾署の本部長ら12人を処分。

5.3 佐賀県で17歳の少年が高速バスを乗っ取り、女性1人を刺殺。

5.19 犯罪被害者保護法公布。

7.10 雪印乳業の集団食中毒事件で不正工作が発覚。

7.19 紫式部を肖像とした2000円札が発行される。

7.21 名護市で主要国首脳会議（沖縄サミット）。

9.1 東京・三宅島の噴火に対して、全島民へ島外避難指示が出される。

11.4 東北旧石器文化研究所の藤村新一が、過去数十点の旧石器発掘はねつ造だったと謝罪。

11.28 少年法改正案が成立、刑事罰の対象年齢が16

天理大学雅楽部の第13回海外公演として中国の世界遺産「莫高窟」前で演奏　このほか蘭州、北京でも演奏した

7.26　こどもおぢばがえりの行事会場を神殿周辺に集中し開催。

7.30　天理大学雅楽部が中国の敦煌「莫高窟」前で演奏会。

9.1　真柱様がヨーロッパ巡教（12日まで）。
9日、ヨーロッパ出張所でお目標様の鎮座祭を執行。10日、奉告祭と開設30周年記念祭。欧州各国から約200人が参集。

9.15　台風で被災した愛知県西枇杷島町と岐阜県上矢作町へ災害救援ひのきしん隊が緊急出動（22日まで、7教区隊延べ1644人）。

9.16　天理大学ＯＢの野村忠宏がシドニーオリンピック柔道男子60キロ級で２大会連続優勝。
22日には100キロ超級で天理大学ＯＢの篠原信一が銀メダル。26日、天理駅前から本部神殿前まで凱旋パレード。

10.1　天理養徳院に児童家庭支援センター「てんり」を開設。
平成９年の児童福祉法改正に伴い法制化された新施設。地域に根差した子育て支援を目指す。16日、開設記念式。

10.7　天理大学で朝鮮学会の創立50周年記念大会開催（８日も）。
天理大学に本部を置く国際学会。学術研究を通して日韓交流に寄与。

10.9　鳥取西部地震で被災した鳥取県日野町へ災害救援ひのきしん隊が出動（計５日間）。19日、島根県伯太町にも。

10.15　天理プールの50周年を記念して『天理水泳史』発刊。

10.19　天理図書館開館70周年記念展（11月７日まで）。

10.22　第１回天理スポーツ・ギャラリー展「天理柔道——その栄光の軌跡・21世紀に向けて」開催（29日まで）。

10.29　白梅寮の創立30周年記念式。

11.14　コンゴ布教40周年記念講演会「二代真柱とコンゴ布教」開催。

11.25　**天理教校創立100周年記念式。**
１世紀にわたり、本教の布教師養成の本流として数多くの人材が輩出。式典後は約4000人の参加者が東泉水プール前広場で、てをどりまなび。

11.30　**おやさとやかた南右第１棟の建築工事終了。**
平成13年11月、天理参考館としてオープン。

12.4　東京教務支庁の別館竣工、道友社東京支社が本郷から移転。

歳から14歳に。

12.10　ノーベル化学賞に筑波大の白川英樹名誉教授。導電性高分子の発見と発展に貢献。

12.12　都営地下鉄大江戸線が開通。

12.31　東京都世田谷区の会社員宅で家族４人が殺害されているのが見つかる。

世　界

6.13　韓国の金大中大統領と北朝鮮の金正日総書記が南北首脳会談。14日、共同声明を発表。

6.26　米セレーラ社と日米欧の国際チームがヒトゲノム（人間の全遺伝情報）の解読をほぼ終了。

7.2　メキシコ大統領選で71年ぶりの政権交代。

7.25　超音速旅客機コンコルドがパリで離陸直後に墜落、乗員・乗客全員死亡。

8.12　ロシア原潜がバレンツ海に水没、死者118人。

9.6　国連ミレニアムサミット開催（８日まで）。

11.7　米大統領選で開票をめぐり混乱。12月14日、ブッシュの当選確定。

平成13年
立教164年／2001年

教会長おやさと講習会開催
３代真柱様夫人中山まさ様出直し
新・天理参考館オープン

災區服務隊の結成式　２年前の大地震を契機に急きょ伝道庁で結成された服務隊が、本部公認の正式な災救隊となった

1.９　飯降政彦表統領が台湾の陳水扁総統と会見。
本教の教えや台湾における伝道の歩みについて会談。

2.25　陽気ぐらし講座提唱30周年推進大会。
年間10万人の未信者参加を目指し、天理市民会館で。直属・教区布教部長、支部長、支部担当者ら約700人が参加。

2.27　集会60周年記念式典開催。

3.５　天理大雅楽部がロシアとウクライナへ演奏旅行（19日まで）。
５都市７会場で公演。

3.９　天理准看護婦養成所で最後の卒業式。12日、閉所式。

3.10　**台湾に海外初の災害救援ひのきしん隊「災區服務隊」結成。**
平成11年の台湾大地震を機に活動開始。この日、伝道庁で成立大会（結成式）。

3.15　東礼拝場の基壇改修工事が竣工。正面からの昇降が可能に。

3.26　内統領に板倉知雄、表統領に飯降政彦（再任）任命。

3.28　芸予地震で被災した広島県呉市へ災害救援ひのきしん隊が出動（31日まで）。

4.４　**立教164年教会長おやさと講習会第１次**（６日まで）。
内容は講話、ねりあい、ビデオ上映、シンポジウムなど。
９月まで19次に分けて開催。１万4551人が受講。

4.９　天理医学技術学校に「臨床工学専攻科」（１年制）新設、入学式。
人工心肺や人工透析などの機器を操作する技師を養成。

4.10　天理本通りに道友社の新書店「ＢＯＯＫＳ道友」オープン。
一般書も扱う。西販売所とメディア店は３月30日に閉鎖。

4.25　「さんさいの里」開所30周年記念式典。

5.６　天理大学女子ホッケー部が高円宮牌ｆリーグ（日本リーグ）で４年ぶり２度目の優勝。
恩田昌史監督は男子部時代から通算100度目の全国制覇。

6.６　真柱様夫妻がブラジル巡教（19日まで）。
10日、ブラジル伝道庁創立50周年記念祭に臨席。翌日から管内11カ所の教会を巡教。

8.１　インド西部大地震の被災地で天理大生が支援活動（15日まで）。
国際参加プログラムと銘打ち18人の学生とスタッフが渡印。

平成13年・2001年

日　本

1.26　東京都のＪＲ山手線新大久保駅で、線路に転落した男性と助けようとした韓国人男性ら３人が電車にはねられ死亡。

2.９　ハワイ沖で一般人が操作する米海軍原子力潜水艦が宇和島水産高校の実習船えひめ丸に衝突、実習生ら８人が死亡、１人が行方不明。

3.３　サッカーくじ「toto」の販売開始。

3.31　大阪府にユニバーサル・スタジオ・ジャパンがオープン。

4.26　小泉純一郎内閣が始まる。

5.１　埼玉県に「さいたま市」が誕生。

6.８　付属池田小事件が起こり、児童８人が死亡。

7.21　兵庫県明石市で花火大会の見物客が将棋倒しになり、死者11人。

9.１　東京都新宿区歌舞伎町の雑居ビルで火災が発生、死者44人。

9.４　東京ディズニーシーがオープン。

9.10　日本で初めて狂牛病に感染した乳牛発見。

12.１　皇太子妃・雅子さまが愛子内親王を出産。

中山まさ様　告別式には教内外から２万人余が参列した

8.15　**３代真柱様夫人中山まさ様出直し**（65歳）。

17日、みたまうつしの儀。18日、発葬儀。24日、告別式。

9.2　北海道で初のおうた演奏会（札幌キタラ大ホールに4000人）。

9.10　豪雨に見舞われた高知県土佐清水市へ災害救援ひのきしん隊が出動（13日まで延べ343人）。

9.14　アメリカ伝道庁ニューヨークセンターで、同時多発テロ犠牲者の追悼と世界の治まりを祈念して教友らがお願いづとめ。

15日、被害者支援バザー。23日、婦人会総会の内容を大幅に変更し、周辺の教友86人が十二下りのお願いづとめ。

9.18　台風で被災した台北市へ台湾伝道庁災區服務隊が出動。

24日まで延べ150人。正式結成後、初の救援活動。

10.10　**中山はるえ様が婦人会６代会長に就任。**

11月３日、第22回女子青年大会であいさつ。大会には１万8000人余の会員が参集。

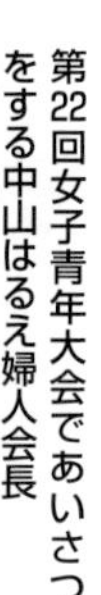

第22回女子青年大会であいさつをする中山はるえ婦人会長

10.17　天理大学雅楽部が「伝統文化ポーラ地域賞」を受賞。

おやさとやかた南右第１棟竣工並びに天理参考館移転披露式の「殿外の儀」では、三笠宮がテープカット

11.1　**天理参考館がおやさとやかた南右第１棟でオープン。**

10月29日、三笠宮迎え、竣工並びに移転披露式。

11.12　天理大学でシンボルマーク発表会。

コンセプトは「世界に羽ばたく天理青年の姿」。フミ・ササダによるデザイン。

11.25　天理教点字文庫開設30周年記念のつどい。

11.26　災害救援ひのきしん隊結成30周年記念大会。

27日、白川地区駐車場で記念式典。47教区隊と台湾隊の合わせて約4000人が一堂に集う。記念行事として同地区で約3500本の植樹や遊歩道の整備など。

12.15　天理日仏文化協会で設立30周年記念式典。

12.10　ノーベル化学賞に名古屋大の野依良治教授。キラル触媒による不斉水素化反応の研究で。

世　　界

2.13　MicrosoftがＯＳ「WindowsＸＰ」を初公開。

3.12　アフガニスタンのイスラム原理主義タリバンがバーミヤン大仏破壊。

3.23　露の宇宙ステーション「ミール」が南太平洋に落下。

3.28　米国が温暖化防止の京都議定書から離脱。

6.1　ネパール国王夫妻らが王宮内で射殺される。

9.11　米国で同時多発テロ発生。

10.7　米・英がアフガニスタンへの空爆を開始。

10.11　米・炭疽菌感染で５人が死亡、テロの疑い。

11.13　アフガニスタンのタリバン政権が崩壊。

11.20　メジャーリーグでイチローが首位打者・盗塁王・新人王・MVPを獲得。

平成14年
立教165年／2002年

論達第2号公布
親里で天理教とキリスト教の対話Ⅱ

婦人会総会に引き続いて行われた記念行事「土持ちひのきしん」

1.5　第2回天理スポーツ・ギャラリー展「〝天理ラグビー〟その足跡と一手一つ」開催（14日まで）。

1.26　道のヘルパーの会発足。8月25日、親里で第1回研修会開催。

2.24　台湾学生会発足。8月19～28日、初のおぢばがえり。

3.10　コロンビア出張所で創立30周年記念式典。

3.14　「憩の家」白川分院の起工式（天理市岩屋町白川地区）。
　長期療養病棟、精神科病棟など配置。

3.24　天理高校吹奏楽部初代指揮者の矢野清が「日本高校吹奏楽殿堂」の第1回顕彰者に選出。

4.1　**教庁に「教化育成部」新設。**
　布教部から講習課を移管し、企画課を新設。併せて布教部も機構改革。布教1課、布教2課、にをいがけ課、ひのきしん課、福祉課、文化体育課の6課体制に。

4.19　**婦人会会長就任記念第84回総会。**
　国内外から7万6000余人が参集。記念行事「土持ちひのきしん」には4万5000人が参加。前日夕方、委員部長1万6000人が南門周辺でてをどりまなび。

4.26　「教祖120年祭準備会議」の下に「たすけ推進委員会」「おやさと伏せ込み委員会」「教義研鑽委員会」が発足。
　年祭活動の具体的な施策の検討と迅速な活動の促進を図る。

4.28　「天理ラグビークラブ」設立（会長・中山善衞3代真柱様）。
　「天理ＯＢラグビークラブ」を発展的に改組。

5.3　男子ホッケーの第1回高円宮牌日本リーグが親里ホッケー場で開幕（6月23日まで）。
　天理大学は2位。6年目の女子は2年連続3度目の優勝。
　女子最終日の6月9日、高円宮が視察と表彰式のため来訪。

5.6　團伊玖磨氏追悼「おうた演奏会」（横浜みなとみらいホール）。

5.12　提唱70周年「全教一斉ひのきしんデー」。
　国内外2400会場で過去最高の45万人が参加。

6.15　真柱様が東南アジア巡教（20日まで）。
　16日、シンガポール出張所開設30周年記年祭に臨席。歴代真柱として初めてインドネシアとフィリピンに。

平成14年・2002年

日　本

1.23　雪印食品が輸入牛肉の詰め替え詐欺容疑で一斉捜査を受ける。4月30日、雪印食品が解散。

2.15　自衛隊の東ティモール派遣が決定。ＰＫＯ協力としては、これまでで最大規模。

3.4　武富士弘前支店が放火され5人が焼死した事件でタクシー運転手逮捕。

4.1　みずほ銀行、みずほコーポレート銀行が誕生。初日から大規模なシステム障害。

5.8　中国で北朝鮮からの亡命者5人が日本領事館に駆け込み失敗。

5.31　日韓共同開催のサッカーW杯で日本がベスト16。韓国はベスト4、優勝国はブラジル。

6.19　衆議院議員の鈴木宗男があっせん収賄容疑で逮捕。

8.5　住民基本台帳ネットワークが稼動。

8.7　インターネット掲示板「2ちゃんねる」で子猫の虐殺を中継したとされる男が動物愛護法違反容疑で逮捕。

9.17　北朝鮮の金正日総書記が小泉首相との会談で

7.15　台風により水害の発生した岩手県釜石市と東山町へ災害救援ひのきしん隊が出動。16日、栃木市へも（17日まで）。

7.28　愛町分教会吹奏楽団が「2002年マーチングバンド世界大会」で世界１位に。

8.15　３代真柱様夫人、中山まさ様１年祭。

8.27　全教一斉ひのきしんデーを立教168年から４月29日に固定すると発表。

9.11　３代真柱様がアメリカ、コロンビア、メキシコを巡教（24日まで）。

22日、ロスアンゼルス天理道場40周年記念柔道大会に臨席。

9.15　天理高校の穴井隆将（３年）が世界ジュニア柔道選手権100キロ級で優勝。同部から初のジュニア世界チャンピオン。

9.28　**天理大学とローマ教皇グレゴリアン大学共催の国際シンポジウム「天理教とキリスト教の対話Ⅱ」を天理大学で開催。**

30日まで。28日、河合隼雄文化庁長官が特別講演。30日、共同声明を世界に向けて発信。

提唱70周年「全教一斉にをいがけデー」（30日まで）。

昭和７年に「全国一斉路傍講演デー」として始まる。

秋季大祭の神殿講話で「諭達第２号」を発表する真柱様

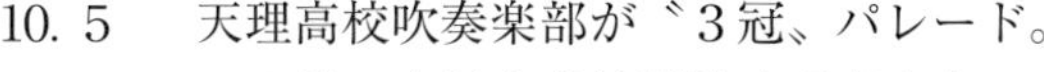

10. 5　天理高校吹奏楽部が〝３冠〟パレード。

３月の全日本高校選抜吹奏楽大会でのゴールデン賞、８月の全日本高校吹奏楽大会でのグランプリ、９月の全日本吹奏楽コンクールの金賞の報告に天理駅前から本部神殿まで。

10.12　韓国伝道庁で移転ならびに庁長就任奉告祭。

10.26　**諭達第２号発布。**

教祖120年祭に向け、にをいがけ・おたすけの実践を強調。

10.28　海外部再設置50周年（創設75年）「記念の集い」。

24～29日、記念写真展。約5350人が来場。

11. 3　天理楽朋会創立60周年記念総会。

11.20　諭達第２号の発布を受け本部巡教がスタート。

翌年２月まで全直属教会で。

日本人拉致事件を認め謝罪。10月15日、日本人拉致被害者５人が24年ぶりに帰国。

11.21　スカッシュの練習中に心室細動のため倒れた高円宮が薨去（47歳）。

12.10　小柴昌俊東大名誉教授がノーベル物理学賞を受賞。島津製作所の田中耕一所員は43歳の異例の若さでノーベル化学賞受賞。

世　界

1.1　欧州単一通貨ユーロが12カ国で流通開始。

1.29　米国ブッシュ大統領が北朝鮮、イラン、イラクを悪の枢軸と批判。

5.20　東ティモール民主共和国独立。

7.9　アフリカ連合（ＡＵ）が発足。

10. 7　メジャーリーグでバリー・ボンズがシーズン最多本塁打記録を73号に更新。

10.12　バリ島で爆弾テロ、190人が死亡。

10.23　チェチェンの武装勢力がモスクワの劇場占拠。26日、特殊部隊が突入し犯人全員を射殺。

11. 8　国際連合安全保障理事会が大量破壊兵器査察を求める対イラク決議を採択。

12.12　北朝鮮が核施設稼働・建設再開を宣言。

平成 15 年
立教166年／2003年

教祖120年祭地方講習会開催
天理教基礎講座スタート

1.4　「教祖百二十年祭の歌」完成。
　年頭あいさつで3代真柱様が披露。25日から頒布。

1.18　第3回天理スポーツ・ギャラリー展「〝天理野球〟――一手一つの輝き」(27日まで)。

1.26　教祖120年祭の勤め方について真柱様から発表。
　「祭典は1月26日1日とし、年祭期間は設けない。立教169年の1年間を教祖120年祭の年と考え、親里をにぎやかに」。

3.1　**教祖120年祭地方講習会が始まる。**
　当初6月末までの予定が、新型肺炎(SARS)などの影響で海外の一部の会場が延期となり、12月7日に全会場終了。
　国内外2058会場で34万3402人が受講。

3.3　天理女子学院高校で最後の卒業式と閉校式。

4.1　**天理教基礎講座がスタート。**
　未信の人を対象とした天理教紹介コース。教化育成新システムの一つとして、おやさとやかた東左第3棟地下1階で。
　天理大学の新体制がスタート。
　国際文化学部の11学科をアジア学科とヨーロッパ・アメリカ学科に統合、など。

6.25　**西境内地拡張整備ふしん始まる。**
　教祖120年祭に向けた親里整備計画の一環として。事始めのお願いづとめに続き、2万人が総出土持ちひのきしん。以後、連日土持ちひのきしんが展開される。

西境内地拡張整備ふしん　事始めのお願いづとめに続いて行われた総出土持ちひのきしん

6.26　**アルゼンチンに初の教会誕生。**
　ブエノスアイレス教会。7月12日に設立奉告祭。

平成15年・2003年
日　本

1.29　朝青龍がモンゴル人として初めて横綱に昇進。

3.24　宮崎駿監督の「千と千尋の神隠し」がアカデミー賞長編アニメ映画賞を受賞。ベルリン国際映画祭グランプリやアニー賞なども受賞。

4.1　日本郵政公社が営業開始。
　六本木ヒルズがオープン。

5.9　小惑星探査機「はやぶさ」打ち上げ。

6.10　政府が、りそなホールディングスに対し1兆9600億円の公的資金注入を決定。

7.9　長崎市で幼児が立体駐車場の屋上から突き落とされ死亡した事件で、12歳の少年が補導。

7.20　九州地方で集中豪雨、死者23人。

7.26　宮城県北部で震度6クラスの地震が3回発生、負傷者約700人、約1万戸の住宅が被害。

9.16　名古屋市東区のビルで人質事件が発生。人質解放直後に爆発が起き、犯人と残された人質、捜査員の3人が死亡。

11.29　イラク北部で日本大使館の公用車が襲撃され、外交官2人が死亡。

天理市岩屋町の白川地区に完成した白川分院

全国各地の教会や教区・支部などで「にをいがけ標語」の活用が始められた（写真は大和郡山市の秋津大教会）

6.30　**天理よろづ相談所「憩の家」白川分院竣工式。**
療養病棟・回復期リハビリテーション病棟と、精神神経科病棟。7月7日開院式。

7.7　真柱様、ブラジル巡教（14日まで）。
12日、ブラジル青年会創立50周年記念総会に臨席。同日、ブラジル伝道庁スポーツセンターでテープカット。

7.26　**第50回こどもおぢばがえり開幕。**

7.27　熊本県水俣市の豪雨被災地へ災害救援ひのきしん隊が出動。
29日まで。8月3日、宮城県北部の連続地震による被害の大きかった矢本町と鳴瀬町へ出動（11日まで、延べ822人）。

8.26　真柱杯天理国際ホッケー大会開催（30日まで）。
天理大学ホッケー部創立50周年を記念して親里ホッケー場で。海外の強豪など12チームが熱戦。

8月　**教祖120年祭 にをいがけ標語発表。**
1259点の応募の中から「感謝、慎み、たすけあい―陽気ぐらしのキーワード」「『Ｙｏｕ＆Ｉ』―れつきょうだい　たすけあい」「たすけあう心で築こう明るい社会―天理教」の３点を選定。

9.1　「憩の家」事情部講師の服装をブレザーに変更。

9.3　天理大学で28年ぶりに日本宗教学会学術大会開催（５日まで）。
国内外から600人の研究者が集う。

9.25　**おやさとやかた南右第２棟起工式。**
布教部で「にをいがけドリル」を制作。ドリルを使った研修会の実施要項を発表。

11.11　「憩の家」外来棟の起工式。

11.30　静岡教区で「ようぼく決起大会」と「おうた演奏会」開催（静岡市のグランシップ大ホールで）。

12.19　天理大学がタイのチェンマイ・ラーチャパット大学と学術交流協定を締結。
国際文化学部の全10コースで海外協定校が設けられた。

…………………………………………………………………

3.30　天理駅前広場が完成、竣工式。

12.1　地上デジタル放送開始。

世　界

1.10　北朝鮮が核拡散防止条約を脱退。

1.25　世界規模のインターネット接続障害が発生。

2.1　米・スペースシャトル「コロンビア」が大気圏再突入時に空中分解。乗組員７人が死亡。

3.12　ＷＨＯがＳＡＲＳ（重症急性呼吸器症候群）感染拡大を警告。７月の終息宣言までに774人が死亡。

3.20　イラク戦争勃発。12月14日、米軍がフセイン元大統領拘束。

4.14　国際ヒトゲノム計画に基づくヒトゲノム解読の全作業を完了。

8.29　フランスで熱波による死者１万人以上と発表。

教祖120年祭 道の先達大会 三日講習会スタート

道の先達大会では教会長夫妻、布教所長らが、本部講師の話に真剣に聴き入った（2月1日、岐美大教会で）

1.5　道友社から『すきっと』創刊号発売。
働き盛りの人たちを対象に「〝すきっと〟した気分で暮らす」生き方を提案。Ａ４判カラー104ページ（２号以降112ページ）。７号まで年３回、８号から６月・12月の年２回発行。

1.17　第４回天理スポーツ・ギャラリー展「『天理ホッケー』――栄光への半世紀」（26日まで）。

2.1　**教祖120年祭道の先達大会始まる。**
教会長と布教所長を対象に。全教の先頭を切って岐阜と大分で開催。５月31日まで国内98、海外８会場で、３万5777人が参加。

2.21　アメリカ・ラスベガス市で、おやさと練成会20周年記念大会。
５月29日、ハワイ伝道庁でも。

3.23　天理大学ホッケー部創立50周年記念祝賀会。
高円宮妃迎え第３食堂で。トロフィーや盾なども展示。

3.25　教誨師連盟創立50周年記念大会。

3.28　天理教基礎講座の受講者が２万人を突破。

4.1　**天理大学大学院開設。**
臨床人間学研究科臨床心理学専攻の第１期生８人が入学。

4.2　**「三日講習会Ⅰ」がスタート。**
仕事や家庭の事情で修養科を志願できない人たちが基本教理とおつとめを学ぶ機会として。

4.8　「浜名湖花博」会場で静岡教区の教友が連日ひのきしん。
187日間で延べ3720人が参加。

4.17　鼓笛活動50年のつどい開催。
昭和29年第１回「おぢばがえりこどもひのきしん」直後に鼓笛バンド創設提唱。以来、国内外で600余の隊結成。

5.2　北海道教務支庁で天理教基礎講座開催（親里以外で初）。

6.16　真柱様夫妻がアメリカ巡教（22日まで）
20日、アメリカ伝道庁創立70周年記念祭に臨席。

6.27　**天理教校附属高校と同親里高校の統合を発表。**
翌年、天理教校学園高校として開校。

平成16年・2004年

日　本

1.12　山口県の養鶏場で日本では79年ぶりに鳥インフルエンザが発生。

1.16　自衛隊をイラクへ派遣。

2.11　米国での狂牛病発生に伴う米国産牛肉の輸入停止の影響で、吉野家が牛丼の販売を中止。

3.26　東京都の六本木ヒルズで男児が自動回転ドアに頭を挟まれて死亡。

4.1　東京都の営団地下鉄と成田空港が民営化。

5.9　京都府警がファイル共有ソフト「Winny」開発者の東京大学助手を逮捕（のちに無罪確定）。

5.22　カンヌ国際映画祭で「誰も知らない」の出演俳優、柳楽優弥が最優秀男優賞を受賞。

6.1　長崎県佐世保市の小学校で、小６女児が同級生の女児をインターネット上でのトラブルからカッターナイフで切りつけ殺害。

6.13　プロ野球の近鉄とオリックスが来季からの球団合併に合意。

7.12　長野県の白骨温泉で入浴剤の混入が発覚。その後、各地の温泉で同様の行為が発覚。

7.10　ブラジル婦人会創立50周年記念総会に中山はるえ婦人会長が臨席。
天理大学雅楽部が「万国文化フォーラム――2004」に出演。
　サグラダ・ファミリアを背景に公演。
7.17　新潟・福島豪雨の被災地へ災害救援ひのきしん隊が出動。
　21日まで。20～23日、福井豪雨の被災地へも。
8.14　アテネオリンピック柔道男子60キロ級で天理大学ＯＢの野村忠宏が史上初の３連覇。

オリンピック３連覇の偉業を成し遂げた野村選手は、親里で凱旋パレードを行い、神殿に参拝した後、関係者やファンに感謝の言葉を述べた（８月25日）

9.8　保安室境内掛西支所が完成、業務開始。
9.14　真柱様夫妻がハワイ巡教（21日まで）。
　18日、ハワイ伝道庁創立50周年記念祭に臨席。
10.24　新潟県中越地震に対し災害対策委員会を設置。
　26日、地震の被災地へ給水車派遣。台風と地震災害救援募金を開始。飯降表統領が12月10日新潟県知事に、20日兵庫県知事に見舞金を手渡す。
10.25　おうた演奏会に台湾おうた合唱団が海外から初参加。
10.27　第80回青年会総会。
　おやさとふしん青年会ひのきしん隊結成50周年記念。
　24～27日、記念展示館開催。
10.31　西境内地拡張整備ふしんの土持ちひのきしんが終了。
　参加人数は延べ88万1882人。
９～10月　台風による被災地へ災害救援ひのきしん隊の出動相次ぐ。
　15号、16号、21号、22号、23号。香川、愛媛、岡山、鹿児島、三重、奈良、和歌山、愛知、静岡、京都、兵庫、大阪の各教区隊など。

冬に備え、地震により被災した民家で屋根や窓にブルーシートをかぶせる隊員たち（11月18日、新潟県川口町で）

11.11　真柱様夫妻が台湾巡教（16日まで）。
　14日、台湾伝道庁創立70周年記念祭に臨席。
11.15　新潟県中越地震の被災地で本格的な復旧作業に着手。
　12月６日までに13教区隊、延べ1126人が出動。
12.29　海外部「国際たすけあいネット」がスマトラ沖地震による津波被災地に義援金を寄託。

8.9　福井県の関西電力美浜原子力発電所で蒸気漏れ事故が発生、作業員５人が死亡。
10.13　大手スーパー・ダイエーが産業再生機構に支援要請。
10.23　新潟県中越地方で震度６強の地震が３回発生、死者39人、被災者10万人以上。震災後の過労などによる死者が相次いだほか、上越新幹線で開業以来初の脱線事故。
12.7　北朝鮮が提供した横田めぐみさんの遺骨が別人と鑑定される。
この年　イラクで日本人を人質にした事件が発生。

世　界

3.17　コソボ暴動が発生。
5.1　中東欧10カ国がＥＵに加盟、25カ国体制に。
8.13　アテネ五輪開幕。男子マラソンで元牧師のアイルランド人がレースを妨害。
11.11　ＰＬＯのアラファト議長没（75歳）。
12.26　インドネシアのスマトラ島沖でM9.0の地震発生、津波による被害で日本人32人を含む約29万人が死亡。

平成17年
立教168年／2005年

西境内地拡張整備ふしん竣工
天理教校学園高校開校

海外では初となる「おうた演奏会 in 台湾」

1.10　天理高校吹奏楽部がＮＨＫの特別番組に生出演。
　ＮＨＫホールでサックス奏者の平原まこと、歌手の平原綾香と共演。
1.30　災害救援ひのきしん隊新潟教区隊が中越大地震被災地で雪下ろし（２月１日まで）。
　２月21日群馬、富山、新潟、福島、山形の５教区隊が、22〜23日東京教区隊が除雪に出動。
3.8　天理看護学院の第２看護学科を廃止、卒業式に続いて閉科式。
　第１看護学科を看護学科と改称。４月から助産学科新設。
3.25　愛知万博（愛・地球博）開幕、愛知教区が連日ひのきしん。
　185日間で延べ9188人が実動。
4.3　海外初の「おうた演奏会」が台湾で開催。
　３代真柱様を迎えて台北市の国家音楽庁で。
4.6　**天理教校学園高校の第１回入学式。**
4.13　天理参考館で「創設者写真展」開催（６月13日まで）。
4.15　天理大学国際文化学部公開シンポジウム開催。
　大学創立80周年を記念して。５月７日に文学部、14日に人間学部、９月１日に体育学部、11月５日に言語教育研究センターが公開シンポジウム。
4.20　社会福祉法人天理の設立記念式典。
　４月１日から天理養徳院の運営を移行。
4.23　**天理大学創立80周年記念式典。**
　若江の家をリニューアルした「創設者記念館」オープン。
4.24　天理ラグビー創立80周年記念式典。
4.29　全教一斉ひのきしんデー。
　この年から４月29日に固定して実施。
5.9　真柱様夫妻がメキシコ巡教（18日まで）。
　15日、メキシコ出張所お目標様鎮座奉告祭、開設20周年記念祭に臨席。
5.10　三日講習会Ⅱがスタート。
6.11　台湾伝道庁「災區服務隊」が「救災聖労隊」と改称し、初の実地訓練（12日まで）。

平成17年・2005年

日　本

1.6　年末年始、全国で偽札が大量に見つかる。
1.8　広島県の特別養護老人ホームでノロウイルスの集団感染、６人が死亡。１週間後には全国で死者８人、発症者4100人。
3.16　島根県議会で２月22日を「竹島の日」とする条例が成立、韓国政府が抗議。
3.25　愛知県で「愛・地球博覧会」が開幕。
4.1　個人情報保護法が全面施行。
4.2　自殺志願の男が仙台市の商店街をトラックで暴走。３人がはねられ死亡。
4.25　尼崎市でＪＲ福知山線快速電車の脱線事故。死者107人、負傷者400人以上。
5.6　プロ野球でセ・パ交流戦が始まる。
7.17　アスベストが原因で死亡した疑いのある患者が49社490人と判明。
8.8　参議院で郵政民営化関連法案が否決。同日、小泉首相が衆議院を解散（郵政解散）。
11.17　千葉県の姉歯建築設計事務所で設計された建物の耐震強度偽装問題が発覚。

第１回福祉フェスティバルの会場に設けられた「福祉機器展示体験コーナー」

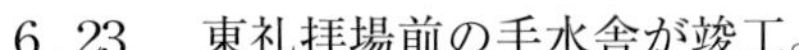

6.23　東礼拝場前の手水舎が竣工。

6.25　**第１回福祉フェスティバル開催。**
「天理教の福祉活動展」と「障害者スポーツ大会」のほか「福祉機器展示体験コーナー」も。3083人が訪れた。

7.8　天理大学体育学部キャンパス内に総合体育館が竣工。

7.14　大分県の水害被災地へ災害救援ひのきしん隊出動（16日まで）。

7.22　西境内地の整備が終了、通り初め。

8.2　「こどもおぢばがえり」の通算参加者が1000万人を突破。

8.29　天理高校吹奏楽部が創部70周年記念演奏会。
大阪のザ・シンフォニーホールで。

9.4　初の地方開催となる第24回女子青年大会始まる。
11月にかけて国内外58会場に3万6500人が参加。
音楽研究会50周年記念「おうた演奏会」。
大阪のフェスティバルホールで。17日、東京オペラシティコンサートホールでも。

9.11　天理大学ラグビー部、バレーボール部が国際親善試合。
創立80周年を記念して。12月までに、ホッケー、バスケットボール、水泳、バドミントン、柔道の各部も。

9月　台風による被害を受けた山口・宮崎の両県へ、災害救援ひのきしん隊が相次いで出動。

10.1　基礎講座の受講年齢を17歳以上から15歳以上に引き下げ。

10.22　白川管理棟竣工。白川地区グラウンドの整備も完了。

10.25　**西境内地拡張整備ふしん並びにおやさとやかた南右第２棟竣工式。**
24日、旧天理中学校跡地の西の参道通り初め。

11.5　**天理幼稚園創立80周年記念式典。**
天理大学体育学部開設50周年記念総会。

11.16　板倉知雄内統領の代行に田中善太郎本部員。
26日、内統領に就任。

11.27　**天理小学校創立80周年記念式典。**

竣工式前日に行われた西の参道通り初め（上）と、上空から見た竣工式当日の南右第２棟

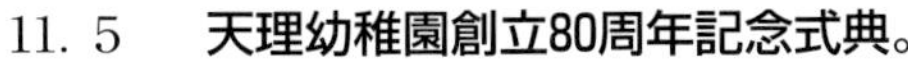

11.28　横綱朝青龍が史上初の７連覇と年間６場所完全制覇を達成。

12.8　みずほ証券が株を誤発注、400億円の損失。

12.22　1899年以来初めて死亡数が出生数を上回る。

世　界

4.2　ローマ法王ヨハネ・パウロ２世没（84歳）。

7.7　ロンドンの地下鉄や路線バスで同時刻に自爆テロ。死者50人以上。

7.23　エジプト・シャルムエルシェイクのホテルなどで同時爆弾テロ。83人が死亡。

8.31　イラク・バクダッドでモスクに向かっていた巡礼者が将棋倒しになり、圧死するなどして648人が死亡。

10.8　パキスタン北東部でM7.6の地震が発生。死者約７万5000人。

11.8　仏で移民暴動が拡大。非常事態法を適用。

11.22　アンゲラ・メルケルがドイツ初の女性首相に就任。

平成18年
立教169年／2006年
教祖120年祭執行

1.5　第5回天理スポーツ・ギャラリー展「天理水泳――栄光の波動・未来へのウェーブ」開催（14日まで）。

1.10　**「憩の家」の外来診療棟が竣工。**

1.16　教会本部南門の看板掛け替え。

1.24　**おやさとやかた南右第2棟の映像・展示が公開。**

天理教基礎講座も東左第3棟から移転して開講。

25日、「陽気ホール」こけら落としの「おうた演奏会」。

道友社から各詰所への映像配信開始。

12月末まで、本部祭典日前後と土曜・日曜・祝日、こどもおぢばがえり期間中に配信。スタジオからの生放送番組も。

1.26　**教祖120年祭執行。帰参者約17万人。**

年祭活動の一環として拡張整備された西境内地、西の参道も帰参者でいっぱいに

1.28　ビデオ＆レクチャーシリーズ「世界たすけの道」開催。

映像と講話で海外布教の現状を紹介。4月に第2回・第3回、10月に第4回を開催。

2.5　「みんなあつまれ　ピッキーランド」始まる。

教祖120年祭の年の催事として12月10日まで、日曜・祝日などに27回開催、5万3519人が来場。

2.26　教会長登殿参列始まる（秋季大祭を除く12月まで）。

婦人会「教祖120年祭おはなし会」と「教祖120年祭おぢばがえり女子青年のつどい」開催。

教祖百年祭以来20年ぶりに南門の看板が掛け替えられた（真柱様揮毫）

平成18年・2006年

日　本

1.15　年末年始の大雪による死者94人。

1.18　ライブドア本社に強制捜査。23日、堀江貴文社長と取締役3人を証券取引法違反容疑で逮捕。

2.6　東横インのホテルで不正改造が発覚、法令違反の系列ホテルが全国で60軒。

3.21　第1回ワールド・ベースボール・クラシック（WBC）で王貞治監督率いる日本が優勝。

4.8　プロ野球・阪神の金本知憲が903試合連続全イニング出場、大リーグのカル・リプケンの世界記録に並ぶ。続く試合で記録を更新。

6.3　東京のマンションで高校生がエレベーターのドアに挟まれ死亡。

6.5　村上世彰がインサイダー取引で逮捕。

6.21　汚染血液製剤を投与されC型肝炎に感染したとして、患者が国などに損害賠償を求めた裁判で患者側が勝訴。

7.31　埼玉県の市営プールで女児が吸水口に吸い込まれ死亡。市が管理不十分を認める。

8.25　福岡市職員の男が飲酒運転で車に追突、海に

11月まで、おはなし会は7回、つどいは4回開催。

3.18　教祖120年祭記念「『元の理』展――『火・水・風』」。
道友社ギャラリーで3月28日まで。

3.25　海外初のひのきしんスクール、台湾で「基本コース」開催。

3.27　天理大学で国際シンポジウム「戦争・宗教・平和」開催。

3.28　**教祖120年祭学生おぢばがえり大会。**
過去最多の9250人参加。

5.12　**「三日講習会Ⅲ」開講。**
Ⅰは「気づき」、Ⅱは「深め」、Ⅲは「広め」をテーマに、全課程がそろう。

7.22　長野県の豪雨被災地へ災害救援ひのきしん隊が出動（8月9日まで、延べ378人）。

こどもおぢばがえりの帰参者が14年ぶりに30万人を突破した（32万296人）

7.26　教祖120年祭こどもおぢばがえり（8月5日まで）。

8.10　天理教校学園高校マーチングバンド部が韓国遠征(20日まで)。
12～15日、マーチングショーバンド世界大会に出場し2位。

8.17　3代真柱様が初めて韓国巡教（19日まで）。

9.5　ドイツ・マールブルクで国際シンポジウム「相互行為としての祈り」開催（天理大とフィリップス大の共催、7日まで）。
真柱様夫妻がコンゴ、ヨーロッパ巡教（15日まで）。
9日、コンゴブラザビル教会創立40周年記念祭に臨席。

9.17　宮崎県の台風被災地へ災害救援ひのきしん隊が出動（21日まで、延べ144人）。

10.25　おうた19カンタータ「成人の道」お供え演奏。
21年ぶりのおうた大曲発表。11月4日、愛知県芸術劇場コンサートホールでの「おうた演奏会」で披露。

11.8　真柱様夫妻がネパール、タイ、香港巡教（15日まで）。
11日、ネパール連絡所開設40周年記念祭に臨席。

11.12　天理大学で「天理教とキリスト教の対話」記念講演会。
グレゴリアン大学元学長のヨゼフ・ピタウ大司教が講演。

11.25　少年会創立40周年のつどい開催。
27～30日「縦の伝道総合講座」(前期)開講（後期は翌年1月27～30日）。

転落させ子供3人が死亡。

9.15　オウム真理教教祖・松本智津夫の死刑確定。

9.17　九州を中心に台風13号が猛威。死者8人、負傷者200人。

11.7　北海道佐呂間町で瞬間風速80メートル前後の竜巻発生。9人が死亡、21人が重軽傷を負う。

11.12　日本で最後の灯台守が勤務していた女島灯台がこの日から自動化。

世　界

2.4　紅海でエジプトのフェリーが沈没、乗客1100人が死亡。

2.17　フィリピン・レイテ島で地滑り。犠牲者2000人以上。

6.3　モンテネグロ独立。

6.8　サッカーW杯ドイツ大会で、引退を表明しているフランスのジダンが決勝で頭突き、退場。

8.24　国際天文学連合が太陽系惑星から冥王星を除外。冥王星は準惑星に。

9.19　タイで軍部によるクーデターが発生。

10.9　北朝鮮が地下核実験実施と発表。

12.30　イラクのフセイン元大統領の死刑執行。

平成19年
立教170年／2007年

教会長おやさと研修会スタート
後継者講習会開催

2.11　香港天理日語学校開設20周年記念セレモニー。

2.15　第6回天理スポーツ・ギャラリー展「武道――輝かしい伝統・希望の未来」開催（26日まで）。

2.25　布教部・道友社「合同決起大会」。
『天理時報』の普及と手配り推進を提唱。

3.4　「家族そろっておぢばがえり」の正午のおつとめ始まる
1年間、日曜と祝日の正午に拍子木を入れてのおつとめ。

3.15　真柱様夫妻が台湾巡教。
16日、台湾総統府を表敬訪問し、陳水扁総統と会見。18日、台湾伝道庁長就任奉告祭に臨席。

4.4　「天理時報普及・手配り・ようぼくネットワーク作り推進大会」が東京教区を皮切りにスタート（年内に38教区で開催）。

4.5　新設の天理教校本科実践課程に24人が入学。

4.7　能登半島沖地震に災害救援ひのきしん隊出動。
5月25日までに石川、福井、富山、新潟教区隊、おやさと隊の延べ624人が出動。

4.25　布教の家修了者の集い開催。
昭和26年の創設以来初の会合。約1200人の元寮生が参集。

5.20　高松大教会で「天理時報活用推進読者大会」開催。
以後、直属教会での時報の普及・活用の動きが活発化。

6.26　**教会長おやさと研修会が開講**（28日まで）。
教会長就任後3年から5年までの教会長と配偶者が対象。

6.29　**真柱様夫妻が初の韓国巡教**（7月4日まで）。
1世紀以上にわたる韓国の道の歩みの中で、真柱夫妻の巡教は初めて。30日の韓国伝道庁長就任奉告祭、7月1日の韓国婦人会・韓国青年会結成式に臨席。

伝道庁長就任奉告祭には各地から約6500人の教友が参集した

平成19年・2007年

日　本

1.20　関西テレビ制作「発掘！あるある大事典II」で、番組内のデータ捏造が発覚。

2.18　第1回東京マラソン。

3.21　インフルエンザ治療薬「タミフル」の服用で異常行動を起こす疑い。

3.25　能登半島沖地震、震度6強の地震が発生、死者1人、重軽傷者170人。

3.26　「イギリス人女性死体遺棄事件」で、市橋達也容疑者を死体遺棄容疑で指名手配。

4.17　長崎市の伊藤一長市長が暴力団の男に拳銃で撃たれ死亡。

5.5　エキスポランドの立ち乗りジェットコースターの車軸が折れ脱線。19歳女性が死亡。

5.14　国民投票法が成立。

7.16　新潟中越沖で震度6強の地震が発生。死者7人、負傷者800人以上。

7.29　参議院選挙で自民党が民主党に歴史的大敗。

9.12　安倍晋三首相が退陣表明。23日、福田康夫が新総裁。初の親子2代の首相。

村上教授のトークショーでは多くの人が道友社ブースに詰めかけた

信仰についての思いなどを率直に語り合う後継者講習会の受講者たち

7.5　**道友社が「東京国際ブックフェア」に初出展**（8日まで）。
　8日、村上和雄・筑波大学名誉教授によるトークショーとサイン会も。平成27年まで9年連続出展。

7.17　新潟中越沖地震の被災地へ給水車を派遣。
　8月18日まで延べ1209人の災害救援ひのきしん隊員が実動。

8.7　第50回「心を育てる教職員の集い」（8日まで）。
　昭和33年に「道の教職員の集い」が始まって以来50回目。

8.21　天理高校新体育館の起工式。

8.25　海外後継者研修会がイギリスを皮切りにスタート。

8.28　**後継者講習会第1次開催**（30日まで）。
　平成9年以来10年ぶり。20歳から40歳までの道の後継者を対象に翌年4月まで30次にわたって開催。

9.12　アテネ五輪金メダリストの北島康介選手と、中村礼子・上田春佳両選手、平井伯昌コーチが天理小学校を訪問。
　北島選手が東京天理教館が運営する東京スイミングセンターの出身である縁から。交流会や水泳教室など。

9.23　天理大学野球寮竣工（天理市櫟本町）。

9.25　初の「福祉担当者研修会」開催。
　教内の福祉関係者ら303人が参加。
　天理大学雅楽部が中国・西安市で開かれた「中秋の名月コンサート」に出演。
　3年後の平城遷都1300年記念事業の一環として。

9.28　真柱様夫妻がオーストラリア巡教に出発（2日まで）。
　30日、オセアニア出張所開設10周年記念祭に臨席。

10.12　ブラジル・サンパウロで「天理移民50周年記念式典」開催。

10.27　天理大学ホッケー部とOBG会が講演会「二代真柱様と天理スポーツ――二代真柱様お出直し40年にあたって」を開催。

11.25　視力障害者布教連盟の創立50周年記年式典。

12.1　修養科が第800期。
　昭和16年の新設から64万人が修了。
　音楽研究会合唱団が第50回記念定期演奏会。

12.5　布教部福祉課が天理駅前の旧幅下詰所に移転。

10.1　郵政民営化がスタート。

12.7　法務省が死刑執行された死刑囚と執行場所を初めて公表。

この年　偽装事件相次ぐ。1月に不二家が消費期限、8月に「白い恋人」賞味期限、10月に「赤福」製造年月日と、ミートホープが食肉、12月に料亭「船場吉兆」が産地などを偽装。

世　界

4.16　米・バージニア工科大で韓国人学生が銃を乱射し自殺。学生ら32人を殺害、15人に重軽傷。

4.23　ロシアのエリツィン前大統領が死去（76歳）。

8.1　米・ミネアポリスでミシシッピ川に架かる橋が崩落。死者7人、60人以上が負傷。

9月　ミャンマーで反政府デモ。軍隊による鎮圧で、日本人ジャーナリストなど死亡。

11.3　パキスタンのムシャラフ大統領が大統領選後の混乱に非常事態宣言。

平成20年

立教171年／2008年

『天理時報』手配り全教区で達成
天理中学・高校創立100周年

天理勢９人を擁する「さくらJAPAN」は北京オリンピックで６試合を戦い10位に（写真は８月16日の対イギリス戦）

ブラジル団鼓笛隊の335人が一手一つの演奏行進を披露

1.25　道友社が、にをいがけ標語横断幕をリニューアル。
　平成15年に公募で選ばれた３点のうち「感謝、慎み、たすけあい―陽気ぐらしのキーワード」のみ。

3.9　ＮＨＫ奈良放送局が女子ホッケー日本代表の応援イベントを親里ホッケー場で開催。
　「奈良から北京へ――はばたけ！さくらJAPAN」と題して。北京オリンピックには天理勢９人が出場。

3.20　第７回天理スポーツ・ギャラリー展「球技――球に魅せられ玉（ボール）を求めて」開催（30日まで）。

3.29　布教の家入寮研修会（30日まで）。
　13年ぶりに100人超が入寮。

4.13　**「後継者講習会」終了。**
　11日からの30次で全日程を終了。受講者総数２万3076人。

5.1　「天理時報普及・手配り・ようぼくネットワーク作り推進大会」が全教区終了（参加者総数約１万6700人）。

5.9　天理大学が瑞松韓日学術賞を受賞。
　韓国・朝鮮学研究への長年の貢献を認められ。

5.18　少年会韓国団結成。

5.25　「天理青年一手一つ躍進の集い」決起大会。
第１回合同福祉大会開催。
　全国各地から福祉活動に携わる707人が参加。

6.1　北海道洞爺湖サミットのイベントで北海道教区が植樹に協力。
　前日には植樹祭の安全とサミットの成功を祈って「いちれつ兄弟世界平和祈願祭」を執行。

6.21　ブラジルの日本移民100周年記念式典のパレードに少年会ブラジル団鼓笛隊が出演。
　記念行事として７日から16日にかけて、村上和雄・筑波大学名誉教授がブラジル国内９カ所で講演。18日、日本文化公演会でブラジル天理教雅楽同好会が演奏。

平成20年・2008年

日　本

1.11　新テロ対策特別措置法、薬害肝炎被害者救済特別措置法が国会で成立。

1.30　中国製冷凍餃子で食中毒。ＪＴフーズが自主回収。29日にギョーザのパックから農薬「メタミドホス」検出。

2.7　時津風部屋の力士が外傷性ショックで死亡した問題で、親方と力士３人が傷害致死容疑で逮捕。

2.11　沖縄県の米海兵隊員が14歳少女の暴行容疑で逮捕。反基地感情高まる。

2.19　千葉県野島崎沖で海上自衛隊のイージス艦が民間の漁船と衝突。

3.14　土井隆雄宇宙飛行士らが日本初の有人実験棟「きぼう」を国際宇宙ステーションへ設置成功。

4.28　沖縄で全国初の緊急地震速報が発表される。

6.8　秋葉原で戦後最悪の通り魔事件発生。死者７人、重軽傷者10人。

7.22　東京都八王子市のショッピングセンター内で通り魔事件。女性店員１人が死亡。

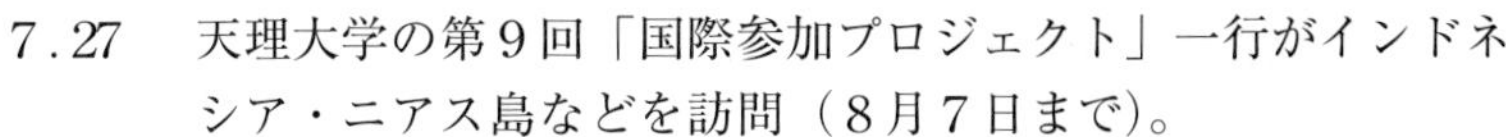

7.27　天理大学の第9回「国際参加プロジェクト」一行がインドネシア・ニアス島などを訪問（8月7日まで）。
　学生と教員ら31人が、地震と津波の被災地で復興支援や国際交流活動など。同事業は日本政府から、国交50周年を迎えた日本とインドネシアの友好事業に認定。

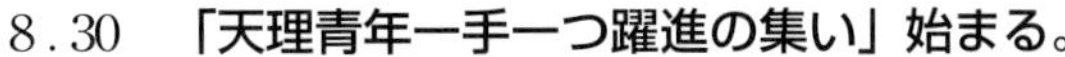

8.30　**「天理青年一手一つ躍進の集い」始まる。**
　北海道、埼玉、東京の3会場で。12月まで国内外の111会場で開催、3万3349人が参加。
　天理高校総合体育館と天理中学校の新正門が完成。

「天理青年一手一つ躍進の集い」 東京会場の日比谷公会堂には1236人の青年会員らが集まった

9.1　愛知県岡崎市の豪雨被災地へ災害救援ひのきしん隊が出動。
　7日まで延べ551人が実動。

9.9　東京スイミングセンター（東京天理教館運営）出身の北島康介選手と、同センター所属の中村礼子選手、上田春佳選手、平井伯昌コーチが本部神殿参拝。
　真柱様夫妻を訪ねオリンピックの結果を報告した後、前年に続いて天理小学校を訪れ「感謝の会」に出席。

天理中学校・天理高等学校
創立100周年記念式典

9.21　**天理中学校と天理高校の創立100周年記念式典。**

10.9　天理大学の松尾勇教授が韓国大統領から文化褒章を受章。

10.18　天理教一れつ会創立80周年記念式。

10.25　第1回「お道の福祉 ウェルフェア」開催。
　2年後のお道の福祉100周年に向け、帰参者に福祉活動に親しんでもらうもの。約6000人が参加。

10.27　創立90周年記念青年会総会。

10月　**沖縄教区で天理時報手配りスタート、全教区での手配り達成。**
　10月12日号から。

11.9　京都で「おうた演奏会」（京都コンサートホールで）。
　おうた19カンタータ「成人の道」公開録音。

11.13　天理大学がＪＯＣスポーツ賞「トップアスリートサポート賞」優秀団体賞を受賞。

11.25　学生担当委員会発足30年記念学生担当者大会。

8.8　北京オリンピック開幕。北島康介が2大会連続2冠の快挙。

10.1　松下電器がパナソニックに社名変更。

12.10　日本人4人がノーベル賞を受賞。益川敏英、小林誠、南部陽一郎が物理学賞、下村脩が化学賞を受賞。

12.31　派遣切りなどにあった人を支援する「年越し派遣村」（東京・日比谷公園）が開設。

世　界

3.10　中国・チベット自治区でデモ。14日、僧侶・住民のデモ隊と武装警察部隊などが衝突。犠牲者少なくとも19人。

5.2　サイクロンがミャンマーに上陸。死者行方不明者は10万人以上。

5.12　中国・四川省で大地震。死者6万人以上。

7.11　アップル、iPhone 3G発売。

9.15　米・大手投資銀行のリーマン・ブラザーズが経営破綻（リーマン・ショック）。

11.4　アメリカ大統領選でバラク・オバマが当選。

11.15　G20の金融サミット。世界金融安定への規制強化を合意。

平成21年

立教172年／2009年

韓国伝道庁創立100周年

1.12　天理教校学園高校マーチングバンド部が初の定期演奏会。

1.18　韓国伝道庁で第１回「韓国修養会」開催（２月17日まで）。

1.19　第８回天理スポーツ・ギャラリー展（28日まで）。
「身体表現　栄光の軌跡・未来への飛躍（ジャンプ）」をテーマに、ダンスや体操、バドミントン、陸上など。

2.25　陽気ぐらし講座推進大会開催。
天理時報普及キャンペーンがスタート。
８月末まで、半年間の新規購読料を1000円に値引き。締め切りまでに２万3049部の新規購読。

3.9　大相撲の日馬富士関が本部神殿に大関昇進のお礼参拝。
１月場所から大関となり３月場所を前に。５月場所では初優勝、６月13日に再びお礼参拝。

穴井選手の優勝祝賀会が行われた６月13日、３代真柱様は日馬富士関と穴井選手の健闘をたたえ固い握手を交わした

3.14　天理参考館１階ホールで初のミュージアムコンサート。
「参考館メロディユー」と銘打ち継続して開催。

3.25　布教部と道友社が天理時報普及活用促進大会開催。

4.10　海外部「国際たすけあいネット」がイタリア中部地震に義援金。
10月６日、フィリピン水害、スマトラ地震にも。

4.25　『陽気』（養徳社発行）創刊60年記念式典。

4.29　天理大学職員の穴井隆将が全日本柔道選手権大会で初優勝。

5.1　**創立100周年婦人会員決起の集いがスタート。**
和歌山教区を皮切りに、９月30日まで国内外375会場で。15万8620人が参加。

5.4　天理教基礎講座の受講者が10万人突破。

5.24　天理教里親連盟が初の専門研修会「コモンセンス・ペアレンティング・トレーナー養成研修会」開催（25日まで）。

6.29　真柱様夫妻が韓国巡教（７月３日まで）。

6.30　**韓国伝道庁が創立100周年記念祭。**
真柱様夫妻が臨席。韓国全土から4000人余が参拝。海外拠点で初の100周年。
天理大学の改革案を文部科学省が正式受理。
国際学部の新設と、体育学部の専門コース拡充など。

平成21年・2009年

日　本

3.10　日経平均株価が終値ベースでバブル崩壊後の最安値7054円98銭を記録。

3.13　1985年の阪神タイガース優勝時に道頓堀川に投棄されたカーネル・サンダース人形が24年ぶりに発見される。

3.23　ETC割引制度がスタート。地方圏で高速道路が土・日・祝日、上限1000円で乗り放題。
第２回ワールド・ベースボール・クラシック決勝で日本が韓国を破り２連覇。

6.4　足利事件で無期懲役刑に服していた容疑者のＤＮＡ再鑑定の結果、遺留品と不一致と判明。17年ぶりに釈放。その後、再審開始。

6.11　日本の月周回衛星「かぐや」が使命を終え、月面へ落下。

7.16　北海道大雪山系トムラウシ山で、ツアーガイドを含む登山者９人が低体温症で死亡。

8.3　裁判員裁判がスタート。

8.30　衆院選で民主党が圧勝し政権交代。９月16日、鳩山由紀夫内閣誕生。

7.22　山口県の豪雨被災地へ災害救援ひのきしん隊が出動。
山口教区隊をはじめ、おやさと隊、鳥取・広島・岡山・島根教区隊が相次いで出動。
８月11日から、台風により被災した兵庫県、岡山県へも。
12日から台湾で救災聖労隊が台風の被災地へ出動。
8．9　初の「道の心理臨床家の集い」開催。
9．1　北海道教区が初のサハリン訪問団派遣（４日まで）。
教会の跡地を巡り、日本人合同墓地の前で先人の慰霊祭。
平成23年まで３度訪問。

「世界宗教者平和の祈りの集い」の閉会式で〝平和のろうそく〟に火をともす真柱様

9．3　真柱様夫妻がヨーロッパ巡教（14日まで）。
7・8日、ポーランド・クラクフで開催された「世界宗教者平和の祈りの集い」を初めて視察。
9.15　別所よろこび寮竣工。
天理看護学院と天理医学技術学校の女子学生独身寮。
9.26　布教部福祉課が「一手一つ決起の集い」と「民生・児童委員連盟創立50周年記念式典」を開催。
翌年のお道の福祉活動100周年を前に。
9.27　韓国伝道庁創立100周年記念講演会。
李元範・東西大学大学院日本地域研究科主任教授が「韓国人研究者から見た天理教」をテーマに天理大学ふるさと会館で講演。
10.20　婦人会第１回別席月間（11月30日まで）。
翌年３～５月に第２回、10～11月に第３回。
10.25　道の経営者の会が第１回「天理経営者全国大会」開催。
10.26　内統領に山澤廣昭、表統領に上田嘉太郎が任命。
10.27　天理河原町雅楽会がドイツ・ケルンを拠点として各地で雅楽公演（11月９日まで）。
ドイツの３カ所とオランダ１カ所で。京都市の民間外交使節としてケルン市長を表敬訪問。
11.21　天理大学が国立台湾大学と共同で初の公開シンポジウム「台湾と日本における宗教の比較研究」を現地で開催（22日まで）。

11.11　事業仕分け開始。八ツ場ダム計画中止など新政権の政策続々と。
11月　円高。デフレ宣言。日航経営危機など企業業績悪化。
この年　新型インフルエンザが大流行、死者は100人以上に。

世　界

4．5　北朝鮮がミサイル発射、太平洋に落下。５月、地下核実験実施。
オバマ米大統領が「核なき世界」を提唱（プラハ演説）。10月、ノーベル平和賞受賞。
4.30　アメリカの自動車大手クライスラーが経営破綻。６月、ＧＭも経営破綻。
6.11　ＷＨＯが新型インフルエンザをパンデミック判定。
6.25　マイケル・ジャクソンが死去。ＣＤなどが爆発的に売れ、死の直前のリハーサル映像を収録した映画も大ヒット。
7．5　中国・新疆ウイグル自治区で暴動。
12. 1　ＥＵの新基本条約（リスボン条約）発効。欧州理事会議長にファン・ロンパイが就任。

平成22年

立教173年／2010年

婦人会創立100周年 お道の福祉活動100年

1.18　海外部「国際たすけあいネット」がハイチ大地震に義援金。
　3月10日、チリ大地震に義援金。

2.7　福岡で「おうた九州よろこびコンサート」。
　宗像ユリックスホールで。おうた演奏会初のブロック開催。
　6月13日、滋賀でも初のおうた演奏会（びわ湖ホールで）。

4.1　天理大学が新体制でスタート。
　国際文化学部を国際学部に改組し、外国語学科と地域文化学科の2学科に改編など。

ひのきしんスクールがリニューアル。
　専門コースの各課程をベースに再編成。基本コースは内容をそのまま「ひのきしんの意義と実践」と銘打った講座に。

4.8　直属教会主催の布教推進講習会がスタート。
　天理時報の積極的な活用を呼びかけ、直属教会で随時開催。

4.14　**天理参考館創立80周年記念特別展がスタート。**
　翌年2月まで、メキシコ、ヤマト、アラビアをテーマに三つの特別展覧会を開催。

4.19　**婦人会創立100周年記念第92回総会。**
　明治43年から1世紀の歩み。12万余の会員が参集。式典後、市内7会場で記念講演会。18日、女子青年のつどい、婦人会よろこび広場。20・21日、海外帰参者懇親会。3月20日から5月10日まで、記念展示会開催（1万6338人が来場）。

本部中庭はもとより、四方の礼拝場を取り囲むように設けられた1万3700脚のパイプいすは瞬く間に埋め尽くされた

平成22年・2010年

日　本

4.20　国内で10年ぶりとなる口蹄疫が宮崎県で確認。感染は5市6町に拡大し、約29万頭が殺処分の対象になるなど甚大な被害。

4.24　奈良で平城遷都1300年祭（～12月5日）。

5.28　沖縄の基地移設問題で県外移設を断念。普天間移設で日米が合意。鳩山由紀夫首相が6月2日に退陣。

6.13　小惑星探査機「はやぶさ」が大気圏再突入。イトカワの微粒子が回収される。月以外の天体との往復は世界初の快挙。

7.11　参院選挙で民主党が大敗。ねじれ国会に。

7.29　東京・足立区で戸籍上111歳の男性の遺体発見。全国調査で所在不明の高齢者のいることが続々と判明。「無縁社会」が流行語に選ばれる。

9.7　沖縄県・尖閣諸島周辺の日本領海内で中国漁船が海上保安部の巡視船に衝突。中国人船長が逮捕される。

9.10　郵便割引制度に関係した偽の証明書発行事件で、村木厚子元厚生労働省局長に無罪判決。

「平城遷都1300年祭」のフィナーレを飾る「奈良マラソン2010」では約１万人のランナーが親里を駆け抜けた（12月5日）

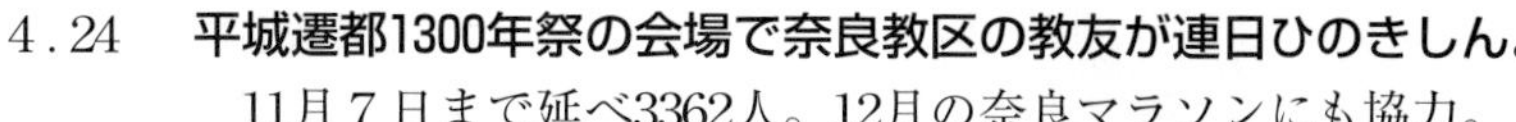

4.24　**平城遷都1300年祭の会場で奈良教区の教友が連日ひのきしん。**
11月７日まで延べ3362人。12月の奈良マラソンにも協力。

4.25　**天理養徳院開設100周年記念式典。**
引き続き、お道の福祉活動100年の記念行事として、第３回合同福祉大会と記念講演会開催。

6.27　『天理時報』創刊80周年記念シンポジウム「いま、なぜ里親なのか――子どもが幸せに育つ社会をめざして」開催。
『〝たましいの家族〟の物語』刊行を記念して。

7.14　真柱様夫妻がアメリカ巡教（20日まで）。
ニューヨークセンターの新神殿に初めて参拝。17日、アメリカ伝道庁長就任奉告祭に臨席。

7.19　山口県美祢市の豪雨被災地へ災害救援ひのきしん隊が出動。
23日から山陽小野田市、27日から広島県庄原市へも。

8.30　真柱様夫妻がヨーロッパ巡教（９月10日まで）。
９月１日、バチカンを訪問しローマ教皇と会見。４日、ヨーロッパ婦人会結成記念第１回総会、５日、ヨーロッパ出張所開設40周年記念祭に臨席。

9.9　穴井隆将が世界柔道選手権男子100キロ級で初優勝。

9.11　静岡県小山町の豪雨被災地へ災害救援ひのきしん隊が出動。
19日まで。14日、山梨教区隊が山中湖周辺の被災地に出動。

9.18　天理大学とドイツ・マールブルク大学の学術交流50周年記念国際シンポジウム開催（20日まで）。
「清める―心と身体の宗教的変容」をテーマに天理大学で。

9.25　ひのきしんスクール開設30周年記念行事（式典と講演）開催。

10.8　平城遷都1300年記念祝典に天理大学雅楽部が出演。
天皇・皇后両陛下をはじめ54カ国の政府代表などが出席。

10.18　**天理図書館開館80周年記念式典。**
19日から記念特別展（11月７日まで）、23日に記念講演会。

10.24　奄美大島の豪雨被災地へ災害救援ひのきしん隊出動。
11月７日まで、延べ412人が復旧作業。

11.1　天理大学が文部科学省新設の「スポーツ功労団体表彰」受賞。

11.25　点字文庫開設40周年と点字研究室設置50周年の記念のつどい。

80回目の開館記念日を迎え、式典を前に記念撮影に臨む天理図書館関係者ら

特捜検事らを証拠偽造で逮捕。

11.4　尖閣諸島問題で、中国漁船衝突映像が流出。

12.10　ノーベル化学賞に北海道大の鈴木章名誉教授、米パデュー大の根岸英一特別教授。

この年　観測史上最高の猛暑。熱中症多発で死亡者が相次ぐ。

世　界

1.4　ドバイにブルジュ・ハリファ開業（世界一高い建造物、828.9メートル）。

3.25　ＥＵ首脳が財政危機のギリシャ支援を合意。

7.25　ウィキリークスが米軍機密文書を公開。

8.5　チリのサンホセ鉱山で落盤事故。10月13日、生存者を救出。

9.1　オバマ大統領がイラク戦闘任務終了を宣言（イラク戦争終結）。

11.23　北朝鮮が韓国の延坪島を砲撃。

12.18　チュニジアでジャスミン革命。民主化運動が他のアラブ諸国へ波及（アラブの春）。

この年　中国のＧＤＰが日本を抜き世界第２位に。

平成23年
立教174年／2011年

東日本大震災救援活動

1.27　**教人資格講習会がスタート。**

教会長資格検定講習会の前期を改定。「前期」「中期」「後期」（各５日間）の３期を受講すると教人の資格が得られる。

2.８　霧島連山・新燃岳の噴火による降灰被災地へ災害救援ひのきしん隊宮崎教区隊が出動（10日まで。３月、４月にも）。

3.12　**東日本大震災被災者のたすかりと、被災地の復興を願って、真柱様を芯に本部神殿でお願いづとめ**（14日まで）。

お願いづとめで拍子木をつとめる真柱様

災害救援対策本部を設置し、「災害救援募金」「被災教区・災救隊支援募金」の実施を決定。16日、給水車５台を派遣。19〜22日、岩手・宮城・福島の３県へ見舞金を寄託。22日、被災者3000人を詰所や本部施設に無償で受け入れる方針を決定。30日、心のケア対策室を設置。

災害救援ひのきしん隊は17日の新潟教区隊を皮切りに、本部隊、各教区隊を次々と派遣。７月20日まで延べ１万8621人が出動。そのほか、「憩の家」の医師や看護師、各直属や教区、学生や若者など、教友の救援活動が相次ぐ。

3月16日正午、親里を出発する給水車

災救隊の実動現場の付近には、津波に押し流されたＪＲ気仙沼線の車両が横たわっていた（４月23日、宮城県気仙沼市で）

3.27　ＣＳデジタル放送のテレビ「天理教の時間」が終了。

４月から「道友社ホームページ」内で動画作品を配信。

3.28　春の学生おぢばがえりの後夜祭「春まつり」に代えて「明日へのつどい」開催。

4.６　真柱様が被災教友のお見舞いと救援・支援活動に当たる関係者激励のため被災地を訪問（８日まで）。

20・21日、５月５日にも。

5.４　東京教務支庁創立100周年記念祭。

平成23年・2011年

日　本

2.５　大相撲の八百長問題で相撲協会が春場所を中止。八百長に関与した力士ら25人を追放。

3.６　東北新幹線でＥ５系電車がデビュー。最速列車「はやぶさ」運行開始。

3.11　東日本大震災発生。津波などにより死者・行方不明者は１万8466人、避難者は40万人以上。福島第一原子力発電所では１・２・３号炉で炉心溶融（メルトダウン）。

6.24　小笠原諸島がユネスコ世界自然遺産に登録。

7.17　ドイツ女子サッカーW杯で日本代表「なでしこジャパン」が初優勝。欧米勢以外での初制覇でチームに国民栄誉賞、紫綬褒章授与。

7.24　地上波放送が地上デジタル放送に完全移行。

7月　東京電力と東北電力管内で約37年ぶりに電力使用制限令が発動、大企業は15％削減を強制され自動車メーカーに輪番休業などの影響。

9.２　６月に辞意表明した菅直人首相が３カ月居座り８月末に退陣。野田佳彦内閣が誕生。

10.31　震災直後に約16年ぶりの戦後最高値を更新し

大漁旗を先頭に神苑を歩く気仙沼支部の帰参者たち(7月28日)「こどもおぢばがえり」には、岩手・宮城・福島・茨城の４教区から前年の２倍強にあたる約3000人が帰参した

5.26　**災害救援対策本部を発展的に解消し、「東日本大震災復興委員会」を設置。**
　27日、こどもおぢばがえりへの被災教区の帰参に対する支援計画を発表。
5.27　かなめ会で「十全の守護」と「八つのほこり」暗唱を呼びかけ。
5.28　ハワイ伝道庁主催「天理教ハワイコンベンション2011」開催。
　30日まで。８つの国と地域から320人が参加。
6.7　災害救援募金から東北３県へ義援金。
　山澤廣昭内統領が岩手、宮城、福島の各県庁を回り、各１億円を手渡す。
6.9　真柱様夫妻がブラジル・アルゼンチン巡教（20日まで）。
　12日、ブラジル伝道庁創立60周年記年祭に臨席。
7.20　衆参両院のようぼくおよび別席運び中の議員ら88人が「お道の勉強会」(参議院議員会館で)。
　上田嘉太郎表統領を講師に、平成25・26年にも開催。
7.25　被災教会へ教会本部から「復興の種」として義援金。
8.2　豪雨被災地へ災害救援ひのきしん隊新潟教区隊が出動。
　近隣教区も参加の２次隊、３次隊も。９月には台風による被災地へ和歌山、奈良、三重の教区隊が出動。
8.27　集会発足70周年の記念式典。
　聴力障害者布教連盟創立50周年記念式典。
9.9　ドイツ・ケルン大学で開かれた「日独交流150周年記念シンポジウム」に天理大学の飯降政彦学長らが出席。
　10日、ヨーロッパ公演中の天理大学雅楽部も特別出演。
10.24　**天理医療大学の設立認可**（翌年４月に開学）。
10.25　被災した教会長夫妻を対象に「おやさとの集い」開催。
11.6　「おうた九州よろこびコンサート」。
　熊本で初の「おうた演奏会」。九州で２度目のブロック開催。
11.30　「憩の家」新入院棟起工式。
12.27　東日本大震災への救援・支援募金の受付終了。
　募金総額は、災害救援募金と天理教被災教区・災救隊支援募金を合わせて９億2074万1586円。

た円相場が、１ドル75円32銭と再更新。政府と日銀が市場介入開始。
11.11　野田首相がＴＰＰ交渉参加を表明。
11.27　大阪府知事選と市長選が40年ぶりに同日投開票。市長に橋下徹、知事に松井一郎が当選。

世　界

1.28　ハッブル望遠鏡、132億光年離れた銀河を発見。
2.12　エジプトのムバラク大統領が辞任。
5.2　米軍がパキスタンでアルカイダの指導者ウサマ・ビンラディンを射殺。
7.21　最後のスペースシャトルが帰還。
8.23　リビアの首都トリポリが陥落しカダフィ政権崩壊。
9.26　タイで記録的洪水、多数の犠牲者。
10.26　国連人口基金が「世界人口白書」を発表、31日に世界総人口が70億人を突破すると推計。
12.17　北朝鮮の金正日総書記が死去（70歳）。19日、三男の金正恩の後継を発表。

平成24年
立教175年／2012年

諭達第３号発布
教祖130年祭
決起の集い

全国大学ラグビー選手権決勝で、相手選手のタックルを受けながらも果敢に突進する立川理道キャプテン

国立劇場で初となる伎楽公演　演技者が使用する装束は正倉院御物のレプリカ

1.8　天理大学ラグビー部が全国大学選手権で準優勝。
　創部87年で初の決勝進出。
2.1　豪雪災害の新潟県長岡市へ災害救援ひのきしん隊が出動。
　14日から本部隊と東京、福島、長野、神奈川教区隊も順次出動。兵庫教区隊は３日、兵庫県新温泉町で除雪作業。
3.6　真柱様、ペルー・コロンビア巡教（15日まで）。
　11日、コロンビア出張所創立40周年記念祭に臨席。
3.9　岩手教区が「東日本大震災慰霊祭」（釜石市沿岸部の会場で）。
3.14　天理大学雅楽部が岩手県釜石市で慰問公演。
　15日に宮城県多賀城市、16日に福島県いわき市でも。
4.3　**天理医療大学開学、第１回入学式。**
　天理看護学院と天理医学技術学校を統合。５月26日、開学記念講演会開催。
4.27　第１回天理教グラウンド・ゴルフ大会。
　全国から96チーム、389人が参加。
4.29　提唱80周年の全教一斉ひのきしんデー。
5.3　西泉水プールに野外ステージ完成。
　こけら落としに天理教校学園高マーチングバンド部が演奏。
5.13　天理大学職員の穴井隆将が全日本選抜柔道体重別選手権男子100キロ級で４連覇。ロンドン五輪出場を決める。
　６月14日、ロンドン五輪女子ホッケー日本代表に天理勢６人が選出。７月９日、天理大学で日本代表選手らの壮行式。
5.14　竜巻被害の茨城県つくば市へ災害救援ひのきしん隊が出動。
　22日まで、９教区隊延べ691人。
5.26　教祖130年祭準備会議のもと、たすけ委員会発足。委員任命。
5.28　災害救援ひのきしん隊の東北・北海道ブロックが宮城県復興支援活動。
　通常のブロック訓練に代えて。気仙沼市と東松島市で延べ1783人の隊員が多面的な活動を展開。
6.2　天理大学雅楽部が国立劇場で伎楽初公演。
　特別企画公演「伎楽――日本伝来1400年」の舞台に。

平成24年・2012年

日　本

1.1　首都高速道路、阪神高速道路が均一制から距離別料金に移行。
3.1　国内初の格安航空会社ピーチ・アビエーション就航。７月、ジェットスター・ジャパンも。
4.12　京都市祇園でてんかんの持病を持つ男が運転する車が歩行者をはね、通行人７人が死亡。
5.5　北海道泊原子力発電所の３号機が発電を停止。
　42年ぶりに国内の原発稼働基数がゼロに。
5.21　北太平洋地域で金環食を観測。東京で173年ぶり、大阪で282年ぶり、名古屋で932年ぶり。
　６月４日には部分月食を観測。
5.22　東京スカイツリーが開業（634メートル）。
6.3　オウム真理教事件の菊地直子容疑者逮捕。15日、最後の特別手配犯・高橋克也を逮捕。
6.29　朝鮮総連本部の土地建物が競売となる。
8.12　ロンドン五輪の最終日、日本のメダル獲得数が史上最多の38個（金７・銀14・銅17）に。
11.7　五輪と世界選手権、合わせて13大会連続優勝のレスリング吉田沙保里が国民栄誉賞受賞。

6.18　福岡教区で「天理教基礎講座」初の夜間講座開催。
翌年6月、東京でも。

7.17　豪雨被災地へ災害救援ひのきしん隊が出動。
本部隊と九州管内6教区隊が熊本県阿蘇市へ7日間。福岡県八女市、大分県竹田市へも。8月18・19日、京都府宇治市へ。

8.18　真柱様夫妻がシンガポール・マレーシア巡教（22日まで）。
19日、シンガポール出張所開設40周年記念祭に臨席。

8.24　「教会長夫妻特別講習会」第1次開催。
初めて年祭活動を迎える教会長夫妻を対象に、9月25日の第5次まで開催、3375人が受講。

秋季大祭神殿講話で真柱様が「諭達第3号」発布

8.27　**第1回「教会長おやさと大望塾」開講**（28日まで）。
50歳未満かつ就任後6年以降の教会長とその配偶者を対象に、年3回開催。

9.25　里親連盟創立30周年記念大会。

9.28　ロスアンゼルス天理道場が穴井隆将選手を招き開設50周年記念レセプション。

10.26　**諭達第3号発布。**
教祖130年祭活動に取り組む指針として。真柱様の神殿講話「この旬に、1人でも多くのようぼくが、おたすけを実行できるようになってほしい」。

10.27　**教祖130年祭決起の集い開催。**
本部員、つとめ人衆婦人、本部准員、別席取次人、直属教会長、教区長、海外拠点長ら463人が参集。

11.3　天理楽朋会創立70周年記念総会。

11.20　「本部巡教」開始。
諭達の趣旨徹底を図り各直属教会や海外拠点へ（翌年2月まで）。巡教を受けた直属教会では部内教会への「全教会一斉巡教」を実施（翌年5月まで）。

12.25　道友社ＤＶＤアニメ『カレーファイブ』発売。

12.2　中央自動車道笹子トンネル上り線（東京方面）で天井板が崩落し9人が死亡。

12.10　iPS細胞の作製などの功績で京都大学の山中伸弥教授がノーベル生理学・医学賞受賞。

12.16　衆院選で自民党が大勝、単独で絶対安定多数確保（294議席）。26日、第2次安倍内閣発足。

世　　界

3.14　ブリタニカ百科事典が書籍版打ち切りを発表。

4.1　ミャンマーの国会選挙でアウンサン・スーチーが当選。

6.26　シリアのアサド大統領が内戦突入と表明。

8.6　米国の探査機キュリオシティが火星に着陸。

8.22　ロシアがＷＴＯに加盟。

9.15　中国で日本の尖閣諸島国有化に抗議する反日デモが拡大。

10.9　パキスタンで女子が教育を受ける権利を訴えたマララ・ユスフザイ（15歳）が武装勢力に襲撃され、重傷。

12.19　韓国大統領選で朴槿恵が当選。韓国初の女性大統領誕生。

12.21　マヤ暦の「人類滅亡の日」に各地で混乱。

平成25年
立教176年／2013年

中山大亮様を真柱継承者に推戴
定時のおつとめ始まる

1.4　「教祖百三十年祭の歌」と、ロゴマークを発表。

1.5　花園ラグビー場での全国高校ラグビー大会50年を記念して、50年前の決勝戦で対戦した天理高校と北見北斗高校のメンバーが花園で再戦。

1.26　教祖130年祭準備委員任命。

3.1　横綱日馬富士関が伊勢ヶ濱親方らと共に本部参拝。
　1月場所は全勝で横綱昇進後初優勝し、大阪での春場所を前にお礼参拝。6月26日には本部中庭で土俵入り。

3.11　真柱様夫妻が韓国巡教（15日まで）。
　12日、韓国伝道庁長就任奉告祭に臨席。

3.22　国立台湾歴史博物館の特別展に天理参考館の資料を出品。
　8月4日まで。海外へ初の資料貸し出し。9～11月、大阪の国立民族学博物館でも公開。

3.28　天理高校軟式野球部が福島県南相馬市の仮設住宅を訪れ支援活動。翌日、復興を願って交流試合。

4.4　中田善亮本部員の長男・大亮様が、真柱様夫妻の養子に。教祖殿で「養子縁組の儀」執行。

4.18　イギリス・ロンドン大学ＳＯＡＳ（アジアアフリカ学院）のブルネイギャラリーで「天理図書館所蔵日本古典籍展」開催。
　6月22日まで。来場者数はギャラリー史上最多の1万人超。

4.29　穴井隆将が全日本柔道選手権で4年ぶり2度目の優勝。
　試合後、現役引退を正式発表。

5.3　大阪おうた演奏会（ザ・シンフォニーホールで）。
　大阪教区合唱団の創立20周年を記念して。大阪では8年ぶり4回目。

5.12　全日本選抜柔道体重別選手権男子81キロ級で天理大学の丸山剛毅（3年）が優勝、安田知史（4年）が準優勝。

6.2　**定時のおつとめ始まる。**
　本部行事のある日を除く日曜・祝日および25日の正午に本部神殿で拍子木を入れておつとめ。おつとめ終了後、願い出た者に神殿おたすけ。この日に合わせて「おやさと伏せ込みひのきしん案内所」を設置、カレー弁当の配食も。

定時のおつとめ終了後、願い出た帰参者に御用方室おたすけ掛員がおさづけを取り次いだ

平成25年・2013年

日　本

1.9　大阪市立桜宮高校で体罰自殺事件が発覚。

2.7　中国の軍艦船が海上自衛隊護衛艦への火器管制用レーダーを照射。

3.23　交通系ＩＣカードの相互利用がスタート。

3.27　新歌舞伎座開場。

4.19　公職選挙法改正案が参院で可決成立。インターネット選挙運動が解禁される。

5.1　棋士の里見香奈が女流5冠を達成。

5.5　松井秀喜の引退式と、長嶋茂雄・松井秀喜の国民栄誉賞授与式が東京ドームで行われる。

6.8　東日本大震災の津波に耐えた岩手県陸前高田市「奇跡の一本松」の復元工事が完了。

6.22　富士山が世界文化遺産に登録される。

7.17　宝塚音楽学校創立100周年記念式典。

8.12　高知県四万十市で国内最高の気温41.0度を観測。全国で記録的な猛暑。

10.8　楽天の田中将大投手が開幕24連勝。史上初の「無敗で最多勝」。

11.20　小笠原諸島・西之島の南南東500mで噴火、新

6.12　真柱様がハワイ巡教（17日まで）。
　15日、ハワイ伝道庁長就任奉告祭に臨席。

結界内でかぐら・てをどりを拝す
登殿参列の教会長

6.26　教会長登殿参列始まる。
　春季・秋季大祭を除く、翌年12月の月次祭まで。
7.10　真柱様がブラジル巡教（15日まで）。
　13日、ブラジル青年会創立60周年記念総会に臨席。
8.27　少年会「縦の伝道総合講座」（30日まで）。
　「未来のようぼくを育てるために」をテーマに６年ぶり開講。
8.28　世界柔道選手権73キロ級で天理大の大野将平（４年）が初優勝。
9.12　天理大学柔道部の暴力に関する不祥事で、飯降学長が「お詫びと今後の取り組みについて」と題するコメント発表。
10.10　天理大学雅楽部が中国の「北京伝統音楽祭」に出演（11日も）。
10.24　**中山大亮様が真柱継承者に推戴される。**
11.23　道友社から「天理カレー」発売。
　こどもおぢばがえりのカレーレシピを再現したレトルト食品。翌24日に完売し追加発注。
11.27　「全教会一斉巡教」の受講者総数が約32万6000人と報告（定時集会において）。
11月　天理時報の手配り拠点が2000カ所達成。

この年　豪雨や竜巻、台風などの被災地へ災害救援ひのきしん隊の出動が相次ぐ。
　静岡、新潟、山口、島根、岩手、秋田、埼玉、京都、青森、滋賀、東京教区隊など。山口へは近隣教区隊も。

土砂が流入した建物で作業に当たる隊員たち
（8月13日、島根県津和野町で）

　しい陸地が出現。
12.6　「特定秘密の保護に関する法律」成立。
この年　出雲大社と伊勢神宮がそろって遷宮。

世　界

1.3　中国で社説差し替え事件。７日より出版の自由を求めるデモ。
2.12　グアムの繁華街で通り魔事件が発生。
2.15　ロシアのチェリャビンスク州に隕石落下、大気圏内で爆発し、約1200人が負傷。
3.13　法王に初の南米出身者、ベルゴリオ枢機卿。
3.14　中国国家主席に習近平氏が選出。
4.15　米・ボストンマラソン競技中に爆弾テロ。
6.6　米国家安全保障局（ＮＳＡ）が極秘に世界規模で個人情報を収集していることが発覚。
7.24　スペインで高速鉄道の脱線事故。79人が死亡、約140人が負傷。
9.21　ケニア・ナイロビのショッピングモールをイスラム過激派が襲撃。62人が死亡。
11.8　観測史上最大級の台風30号「ハイヤン」がフィリピンを直撃し、壊滅的な被害。
11.23　中国が東シナ海に防空識別圏を設定と発表。

平成26年
立教177年／2014年

教祖130年祭
ようぼくの集い開催
3代真柱様出直し

3月1日に始まった「ようぼくの集い」は初日からの4日間で100会場を数えた
（3月1日、東京都の大美町分教会で）

1.1　天理高校ラグビー部が花園通算100勝を達成。
　全国高校ラグビー大会出場61回目で。史上2校目。

1.12　**「憩の家」新入院棟の落成披露式典**（2月3日開院）。

1.26　天理教ホームページの未信仰の人向けサイト「はじめての方へ」公開。

3.1　**「教祖130年祭ようぼくの集い」始まる。**
　6月30日まで国内外1807会場で実施、参加総数27万1007人。

3.12　天理高校弦楽部が東日本大震災の被災地で復興支援の演奏会。
　13日まで宮城県気仙沼市、岩手県陸前高田市と大船渡市で。天理教校学園高校マーチングバンド部も21～23日、福島県の会津若松市といわき市で。同部は福島教区の要請を受け翌年も実施。

3.14　天理看護学院閉校式。
　22日、天理医学技術学校も。両校とも昭和42年開設。延べ卒業者数は看護学院が2822人、医学技術学校が1383人。

4.25　布教部と道友社合同による「教祖130年祭おたすけ推進大会」。
　副題は「総力を結集し、おたすけ活動の更なる前進を！」。

4.27　花園ラグビー場で昭和59年の全国高校大会決勝、天理高校・大分舞鶴高校の出場メンバーによる再戦が実現。
　第8回「関西ラグビーまつり」で。観客4000人、マスコミ16社が取材。

5.3　天理大学雅楽部が、国際宇宙ステーションに搭乗中の若田光一宇宙飛行士とのコラボ演奏。
　インターネット回線を通じて、天理大学ふるさと会館で。

5.14　真柱様夫妻がハワイ巡教（20日まで）。
　17日、ハワイ伝道庁創立60周年記念祭に臨席。

6.9　真柱様夫妻がアメリカ巡教（17日まで）。
　15日、アメリカ伝道庁創立80周年記念祭に臨席。

平成26年・2014年

日　本

1.30　理化学研究所などの研究チームが英科学誌ネイチャーにSTAP細胞に関する論文を発表。データ偽装が疑われ、のちに論文取り下げ。

2.15　ソチ五輪男子スキージャンプで葛西紀明（41歳）が2位。冬季日本人最年長メダリスト。

3.31　国際司法裁判所が日本の調査捕鯨中止の判決。

6.12　ニホンウナギが絶滅危惧種に指定される。

6.21　富岡製糸場などが世界文化遺産に登録。

7.1　不明朗な政務活動費で兵庫県議が号泣会見。

7.17　最高裁は法律上の父子関係について、血縁関係がないと判明でも無効にできないと判断。

8.5　朝日新聞が慰安婦報道に誤りがあったとして一部取り消す。9月、福島第一原発事故の「吉田調書」に関する誤報でも謝罪。

8.20　広島市で大規模な土石流が発生。死者74人、重軽傷者44人。

9.8　テニス全米オープンで錦織圭が準優勝。

9.27　御嶽山が噴火。登山者が噴火に巻き込まれ、57人が死亡、6人が行方不明。

6.24　**3代真柱中山善衞様出直し**（81歳）。

27日、みたまうつし。28日、発葬儀。7月6日、告別式。

教内外から2万人余が参列した3代真柱様の告別式

7.13　山形の豪雨被災地に災害救援ひのきしん隊出動（17日まで）。

８月から９月にかけて、山口、京都、兵庫、広島などの豪雨被災地へ出動相次ぐ。広島へは近隣の６教区隊も出動。12月、長野北部地震の現場へも。

8.25　**中山大亮様が青年会５代会長に推戴。**

8.28　婦人会本部主催「委員部長講習会」始まる。

11月まで11次にわたり親里で開催。海外では婦人会が結成されている７カ国・地域で12月までに実施。

9.17　天理大学とマールブルク大学の共同国際シンポジウム開催。

ドイツ・マールブルク大の宗教博物館で19日まで。2006年（ドイツ）、2010年（天理）に続く３回目の開催。

10.25　天理教学生会創立50周年記念式典。

10.27　第90回青年会総会。

５代会長就任記念、おやさとふしん青年会ひのきしん隊結成60周年記念と銘打って。24日から、ひのきしん隊結成60周年記念展示（11月30日まで）。

第90回青年会総会で告辞を述べる中山大亮青年会長

10.28　天理教語学院創立20周年記念式典。

11.1　年祭活動〝仕上げの年〟を迎えるに当たり本部巡教始まる。

12月末まで各直属教会や海外拠点で。

11.14　真柱様夫妻と青年会長が台湾巡教（19日まで）。

15日、台湾伝道庁創立80周年記念祭に臨席。

10.7　青色発光ダイオード（LED）開発により赤崎勇、天野浩、中村修二がノーベル物理学賞受賞。

この年　消費税率８％に。危険ドラッグの事件相次ぐ。

世　界

2.19　中国で公安と警察が児童売買組織を摘発。382人の赤ん坊を救出し、容疑者1094人を拘束。

3.1　中国雲南省昆明駅前で無差別殺傷事件発生。

3.8　マレーシア航空の旅客機370便が消息を絶つ。

3.17　クリミアがロシアに編入（91年ロシア連邦成立後、初の本格的な領土拡大）。

4.9　Windows XPのサポート期間終了。

5.22　タイ軍がクーデター宣言。憲法を停止。

6.29　イスラム過激派組織（ＩＳ）がカリフ制国家樹立を宣言。８月８日、アメリカなどがＩＳに対して空爆開始。

7.17　イスラエル軍がガザ地区へ侵攻（８月26日、無期限停戦で終息）。

8.8　ＷＨＯはエボラ出血熱流行を受け、「国際的に懸念される公衆衛生上の緊急事態」を宣言。

9.28　香港で反政府デモ（雨傘革命）。

11.12　無人探査機「ロゼッタ」が世界初の彗星着陸。

平成27年
立教178年／2015年

別席団参が相次ぐ
かんろだい据え替え

1.25　スロープ昇降口ふしんのお願いづとめ。

2.18　天理教ホームページの教内者向け新サイト「信仰している方へ」公開。

2.25　直属教会布教部長決起集会。

3.15　カナダの日系少年の野球チーム「バンクーバー新朝日」が親里を訪れ、天理中学野球部員らと親善試合。

3.26　内統領に山澤廣昭（再任）、表統領に中田善亮任命。
　年祭前に任期を繰り上げ新体制始動。16年ぶりに教庁機構を改編し、４月１日から新機構でスタート。

3.29　天理高校軟式野球部が福島県南相馬市で復興応援の交流試合。
　県内４校の軟式野球部と練習試合など通じて交流。

4.12　『天理時報』の手配り率が50パーセントを超える。
　12日号現在で50.2パーセント。８年前の「合同決起大会」開催時の所期の目標を達成。

4.15　**天理参考館で天理大学創立90周年記念特別展「ギリシア考古学の父 シュリーマン――初公開！ ティリンス遺跡原画の全貌」開催**（６月８日まで）。
　天理参考館と天理図書館が所蔵するドイツの考古学者・シュリーマンの直筆資料など。49日間で8699人が来場。７月から岡山、東京、横浜、名古屋の４都市で巡回展を実施。

4.23　**天理大学創立90周年記念式典。**

4.24　『新天理図書館善本叢書』刊行開始。
　23日、刊行を記念して「古典籍の至宝」展を開催。

4.26　天理大学雅楽部が奈良県とベトナム・フートー省の文化交流事業の一環として訪越（29日まで）。
　８月27～29日、奈良市の要請を受け韓国へも。

5.17　メキシコ出張所創立30周年記念祭。
　真柱様夫妻と青年会長が臨席。

6.24　３代真柱中山善衞様１年祭。

8.26　大野将平が世界柔道選手権で２年ぶり２回目の優勝。

8.30　北海道教区で「洞爺湖町緑化ひのきしん30周年記念式典」。

「シュリーマン展」開幕の前日、天理大学長と、来賓の大阪・神戸ドイツ連邦共和国総領事、天理市長によるテープカットが行われた

平成27年・2015年

日　本

1.20　イスラム過激派組織（ＩＳ）による日本人拘束事件が発生。のち２人が殺害される。

3.14　北陸新幹線開業。

5.29　鹿児島・口永良部島で爆発的噴火。噴煙高度は9000m以上。火砕流が海岸まで到達。

6.1　日本年金機構、不正アクセスにより個人情報約125万件が外部に流出したことを発表。

6.30　東海道新幹線車内で男が焼身自殺を図り火災発生、死者２人。

7.23　油井亀美也を乗せたソユーズ打ち上げ。国際宇宙ステーションに約５カ月滞在、無人補給機「こうのとり」の捕捉などに従事。12月11日、地球に帰還。

8.11　九州電力の川内原発１号機が再稼働。

8.14　戦後70年の安倍内閣総理大臣談話を発表。

9.18　ラグビーW杯イングランド大会開幕。日本は世界ランク３位の南アフリカに勝利するも、３勝１敗で決勝トーナメント進出ならず。

9.19　安全保障関連法成立。

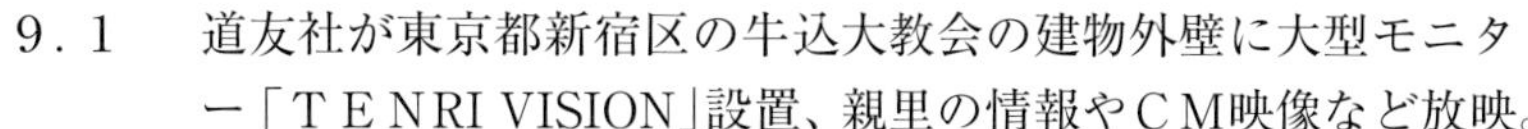

9.1　道友社が東京都新宿区の牛込大教会の建物外壁に大型モニター「ＴＥＮRI VISION」設置、親里の情報やＣＭ映像など放映。

9.7　オリンピック柔道で３連覇の野村忠宏が真柱宅を訪れ現役引退を報告。

9.11　第12回奈良県宗教者フォーラムが親里で開催。
フォーラムに先立ち、本部神殿で平和祈願祭。

9.12　ヨーロッパ青年会が青年会長を迎え結成30周年記念総会。

9.16　関東・東北豪雨の被災地へ災害救援ひのきしん隊出動。
23日にかけて茨城県常総市に本部隊はじめ計10教区隊。16・17日、宮城教区隊が宮城県大和町へ。10月29日〜11月３日、茨城教区隊と埼玉教区隊が再び常総市へ。

完成した「スロープ昇降口」

9.20　天理教音楽研究会創立60周年記念のオープニングコンサート。
翌年９月まで各種演奏会を記念演奏会として開催。

9.24　**スロープ昇降口竣工。**

10.9　「かんろだいすえかえ事始め之儀」執行。

10.17　ラグビーワールドカップで活躍した天理大出身の立川理道選手が真柱宅を訪れ、日本代表の歴史的勝利など報告。
天理ラグビークリニックにも参加し小中学生を指導。

10.22　**教祖年祭回顧展始まる。**
教祖130年祭の行事の一環として翌年５月まで開催。

10.24　**「かんろだいすえかえ之儀」執行。**

11.15　天理託児所で創立90周年記念式典。

「定時のおつとめ」の後、別席場へと向かう人々（10月25日）10月24日から27日にかけて別席団参を実施した直属教会は75カ所、４日間の別席者は7871人に上った

この年　**「別席場をいっぱいに」を合言葉に、直属教会系による合同別席団参が相次ぐ。**

天理大学でフォーラムや講演会、公開講座、シンポジウム、など、創立90周年を記念するさまざまな行事を開催。

10.5　マイナンバー法が施行。

12.11　大村智がノーベル医学生理学賞を、梶田隆章が物理学賞を受賞。

世　界

1.7　フランスで風刺週刊紙『シャルリー・エブド』襲撃事件が発生。

1.23　イエメンでイスラム教ザイド派武装勢力が首都を制圧、大統領が辞任。

4.11　米・オバマ大統領とキューバ・カストロ国家評議会議長が59年ぶりに首脳会談。

4.25　ネパールで大地震（M7.8）。死者8000人以上。

6.26　米・最高裁が同性婚を合法と判断。

7.29　Windows 10の無料アップグレード提供開始。

8.24　中国株式市場を中心に世界同時株安。

9.18　フォルクスワーゲンの排ガス不正問題が発覚。翌月15日、850万台リコール。

11.13　ミャンマー総選挙、アウンサン・スーチー率いる国民民主連盟が圧勝。

11.14　フランス・パリ中心部で同時多発テロ事件。130人余が死亡、200人以上が負傷。

索　引

○数字は本文のページ数を示す。○原則として50音順に配列したが、項目によっては年代順に一括して表示した。

あ　行

さ　行

た　行

な　行

は　行

ま　行

や　行

ら　行

わ　行

ビジュアル年表

天理教の百三十年 明治21年(1888)—平成27年(2015)

立教179年(2016年) 2月1日　初版第1刷発行
立教180年(2017年) 2月26日　初版第2刷発行

編　者　天理教道友社

発行所　天理教道友社
〒632-8686　奈良県天理市三島町1番地1
電話　0743(62)5388
振替　00900-7-10367

印刷所　株式会社天理時報社
〒632-0083　奈良県天理市稲葉町80

ISBN978-4-8073-0596-4
定価はカバーに表示